आज़ादी

आज़ादी

अरुंधति रॉय

अनुवाद
रेयाज़ुल हक़

राजकमल पेपरबैक्स

मूल कृति *AZADI* का अनुवाद

राजकमल पेपरबैक्स में
पहला संस्करण : 2020
दूसरा संस्करण : 2022

राजकमल पेपरबैक्स : उत्कृष्ट साहित्य के जनसुलभ संस्करण

राजकमल प्रकाशन प्रा. लि.
1-बी, नेताजी सुभाष मार्ग, दरियागंज
नई दिल्ली-110 002
द्वारा प्रकाशित

शाखाएँ : अशोक राजपथ, साइंस कॉलेज के सामने, पटना-800 006
पहली मंजिल, दरबारी बिल्डिंग, महात्मा गांधी मार्ग, प्रयागराज-211 001
36 ए, शेक्सपियर सरणी, कोलकाता-700 017
वेबसाइट : www.rajkamalprakashan.com
ई-मेल : info@rajkamalprakashan.com

यश प्रिंटोग्राफिक्स
ग्रेटर नोएडा-201 310 (उत्तर प्रदेश)
द्वारा मुद्रित

मूल्य : ₹299

AZADI
Non fiction by Arundhati Roy
Translated by Reyazul Haque

ISBN : 978-93-89598-70-4

दुआ करें
कि आने वाला कल
आज का ही दूसरा नाम न हो।

एदुआर्दो गालेआनो, *चिल्ड्रेन ऑफ़ द डेज़*

क्रम

शुरुआत

मुझसे पूछा गया था : मेरे मन में जब 'आज़ादी' की बात उठती है तो मुझे क्या ख़याल आता है। यूनाइटेड किंगडम के मेरे प्रकाशक सिमोन प्रोस्सर और मैं इस किताब के नाम को लेकर बातें कर रहे थे। उनके सवाल पर मैंने बिना किसी हिचक जो जवाब दिया उससे मैं ख़ुद भी हैरान रह गई। मैंने कहा, 'एक उपन्यास'। क्योंकि उपन्यास एक लेखक को ऐसी आज़ादी मुहैया कराता है जिसमें वह चाहे जैसा भी जटिल ताना-बाना रच सकती है—दुनियाओं, ज़ुबानों, और वक़्त के आर-पार जा सकती है, समाजों, समुदायों और सियासत के बीच आवाजाही कर सकती है। एक उपन्यास बेहद जटिल और अनेक परतों वाला हो सकता है, लेकिन इसका मतलब यह नहीं है कि वह ढीला-ढाला, बोझिल और बेतरतीब होगा। बन्धनों से मुक्त, सचमुच की आज़ादी। इस किताब के कुछ लेख एक उपन्यासकार की नज़र से लिखे गए हैं, उनमें उसके उपन्यासों की दुनिया रची-बसी है। कुछ लेख इसके बारे में हैं कि क़िस्से किस तरह से दुनिया में दाख़िल होते हैं और दुनिया बन जाते हैं। ये सारे लेख 2018 से 2020 के बीच लिखे गए। ये दो साल भारत में दो सौ सालों की तरह महसूस हुए हैं। इस बीच, जब कोरोना महामारी तेज़ी से हम सबको अपने पंजे में जकड़ती जा रही है, हमारी दुनिया एक दहलीज़ पर आ खड़ी हुई है। हम एक ऐसी जगह पहुँच गए हैं,

वहाँ से वापसी नामुमकिन लग रही है। कम से कम अपने अतीत से—सामाजिक, राजनीतिक, आर्थिक और विचारधारात्मक अतीत से—अपने रिश्ते को कुछ हद तक तोड़े बग़ैर यह नामुमकिन ही है। इस संग्रह का आख़िरी लेख इसी के बारे में है। कोरोना वायरस के साथ ही आई है आज़ादी की एक और ख़ौफ़नाक समझ : इस आज़ाद वायरस ने अन्तरराष्ट्रीय सरहदों को बेमानी बना दिया है, पूरी की पूरी आबादियों को क़ैद कर दिया है और आधुनिक दुनिया को इस कदर ठहराव पर ला दिया है जैसा पहले कभी भी कोई चीज़ नहीं कर पाई थी। हमारी अब तक की ज़िन्दगियों को इसने एक नई रोशनी में पेश किया है। इसने हमें मजबूर किया है कि हम उन मूल्यों पर सवाल उठाएँ, जिन पर हमने आधुनिक समाजों की नींव डाली थी। हम किन चीज़ों के पीछे भागते रहे, और किन चीज़ों को दरकिनार कर दिया। अब जब हम इस दहलीज़ से होकर एक दूसरी क़िस्म की दुनिया में क़दम रख रहे हैं, हमें ख़ुद से यह पूछना होगा कि हमें अपने लिए किन चीज़ों को बचाना चाहिए, और किन चीज़ों से मुक्त हो जाना चाहिए। मुमकिन है कि हमारे पास हमेशा चुन सकने की आज़ादी न हो—लेकिन यह भी मुमकिन नहीं है कि हम इसके बारे में न सोचें। और इसके बारे में सोचने के लिए हमें गुज़री हुई दुनिया की एक गहरी समझ हासिल करने की ज़रूरत है। उस तबाही को समझने की ज़रूरत है जो हमने अपनी धरती पर मचाई है। उस गहरी नाइंसाफ़ी को समझने की ज़रूरत है जिसे हमने अपने हमसफ़र इनसानों की क़िस्मत बना दिया, और मान लिया कि यह जायज़ है। उम्मीद है कि ये लेख, जिनमें से एक को छोड़कर बाक़ी सब हम पर आई हुई इस महामारी के पहले लिखे गए हैं, इस नई राह की तलाश में थोड़ी-बहुत मदद कर पाएँगे। और कुछ न भी हो तो इनमें कम से कम इतिहास का एक ऐसा पल दर्ज है, जब हम एक

अनजान मंजिल के सफ़र में अपने ख़याली हवाई जहाज़ में बैठे रनवे पर उड़ान का इन्तज़ार कर रहे थे। आने वाले कल के इतिहासकारों की दिलचस्पी की चीज़।

पहला लेख एक व्याख्यान था, डब्ल्यू. जी. सीबाल्ड लेक्चर ऑन लिटरेरी ट्रांसलेशन, जो मैंने जून 2018 में लंदन में ब्रिटिश लाइब्रेरी में दिया था। इसमें ज़्यादातर इस बात की चर्चा है कि जिस ज़ुबान को हम हिन्दुस्तानी नाम से जानते हैं, उसको दो अलग-अलग लिपियों के साथ दो अलग-अलग ज़ुबानों में बाँटने की कार्रवाई कितनी उलझी हुई है। यह दुख की बात है कि अब इन्हें अलग-अलग और काफ़ी हद तक मनमाने तरीक़े से हिन्दी और उर्दू कहा जाता है (जिसमें ग़लत तरीक़े से हिन्दी को हिन्दुओं के साथ और उर्दू को मुसलमानों के साथ जोड़ दिया जाता है)। एक सदी से भी ज़्यादा पुरानी इस बात में उस ख़तरे की निशानी छिपी थी, जो आज हिन्दू राष्ट्रवाद की परियोजना के रूप में हमारे सामने मौजूद है।

हममें से कइयों ने यह उम्मीद की थी कि 2018 नरेन्द्र मोदी और उनकी हिन्दू राष्ट्रवादी पार्टी की हुकूमत का आख़िरी साल होगा। इस संग्रह के शुरुआती लेखों में इस उम्मीद की झलक दिखाई देती है। ज्यों-ज्यों 2019 के आम चुनाव क़रीब आते गए, जनमत सर्वेक्षणों में मोदी और उनकी पार्टी की लोकप्रियता नाटकीय रूप से घटती दिखाई दे रही थी। हममें से कइयों को अन्देशा था कि कोई फ़र्ज़ी हमला हो सकता है, या कोई जंग छिड़ सकती है, जिससे देश का मिज़ाज बदल जाएगा। एक लेख—एक ख़तरनाक लोकतंत्र में चुनाव का मौसम—(3 सितम्बर 2018) बाक़ी बातों के अलावा इसी डर के बारे में है। मुल्क सहमा हुआ था। और फिर फरवरी 2019 में हमला हुआ, जब चुनाव महज़ कुछ हफ़्ते दूर थे। कश्मीर में एक आत्मघाती बमबार ने ख़ुद को उड़ा लिया और चालीस सुरक्षाकर्मियों की

जान चली गई। फर्ज़ी हो या नहीं, हमले का समय एकदम सटीक था। मोदी और भारतीय जनता पार्टी पूरे दमखम के साथ सत्ता में लौट आई।

और अब भाजपा के दूसरे कार्यकाल के पहले ही साल में, एक के बाद एक उठाए ख़ौफ़नाक क़दमों से, जिन पर इस किताब में चर्चा की गई है, भारत इस तरह बदल गया है कि इसे पहचानना मुश्किल है। संविधान में धर्मनिरपेक्ष, समावेशी, गणतंत्र की जो कल्पना की गई है—उसके साकार होने में ख़ामियाँ भले रही हों लेकिन हममें से कइयों ने जिसके सपने देखे (और उन सपनों से पूरी तरह मुँह नहीं मोड़ा है जो इस किताब से ज़ाहिर भी होता है)—उसकी बुनियाद ही ख़तरे में है। फ़ासीवाद का पूरा ढाँचा हमारी निगाहों के सामने है, महामारी ने इस बदलाव की रफ़्तार को इस कदर तेज़ कर दिया है जिसकी हम कल्पना तक नहीं कर सकते थे। और इसके बावजूद हम इसका असली नाम लेने से गुरेज करते हैं।

मैंने यह भूमिका तब लिखनी शुरू की थी, जब संयुक्त राज्य अमेरिका के राष्ट्रपति डोनॉल्ड ट्रंप और उनका परिवार फरवरी 2020 के आख़िरी हफ़्ते में भारत के आधिकारिक दौरे पर था। इसलिए इस भूमिका को भी इस गहरे बदलाव के दौर से, महामारी की दहलीज़ से होकर गुज़रना पड़ा है। भारत में कोरोना वायरस के पहले मामले की ख़बर 30 जनवरी को आई थी। तब किसी ने इस पर ग़ौर नहीं किया, सरकार ने तो और भी नहीं। तब तक जम्मू और कश्मीर राज्य को उसके विशेष दर्जे से महरूम किए 200 से अधिक दिन हो गए थे, और तब से उसे एक ऐसी घेरेबन्दी में रखा गया है कि वहाँ से कोई भी ख़बर बाहर आना मुश्किल है। तब तक असंवैधानिक नए नागरिकता क़ानून को आए हुए दो महीने से अधिक बीत चुके थे, जिसे व्यापक रूप से मुसलमान-विरोधी माना गया और

जिसके विरोध में लाखों आन्दोलनकारी भारत की सड़कों पर उतर आए। डोनॉल्ड ट्रंप ने मोदी और ट्रंप का मुखौटा पहनी हुई एक भीड़ के सामने भाषण देते हुए भारतीय लोगों को इस बात की जानकारी दी कि वे लोग क्रिकेट खेलते हैं, दीवाली मनाते हैं, और बॉलीवुड फ़िल्में बनाते हैं। हम अपने बारे में जानकर शुक्रगुज़ार हुए। बातों की ओट में उन्होंने 3 अरब डॉलर मूल्य के एमएच-60 हेलीकॉप्टर भारत को बेच दिए। भारत ने बहुत कम मौक़ों पर इस तरह सरेआम ख़ुद को अपमानित किया है।

लेकिन दिल्ली होटल के उस ग्रैंड प्रेसीडेंशियल स्वीट से, जहाँ ट्रंप ने अपनी रातें गुज़ारीं, और हैदराबाद हाउस से, जहाँ उन्होंने मोदी के साथ कारोबारी बैठकें कीं, बहुत क़रीब ही दिल्ली जल रही थी। शहर के पूर्वोत्तर में मज़दूर मुहल्लों में मुसलमानों पर हमले हो रहे थे। हिंसा का माहौल कुछ समय से बना हुआ था, जब से सत्ताधारी दल के नेताओं ने उन मुसलमान औरतों के ख़िलाफ़ खुली धमकियाँ दी थीं, जो नए नागरिकता क़ानून के ख़िलाफ़ शान्तिपूर्ण धरने पर बैठी हुई थीं। जब हमला शुरू हुआ तो मुसलमानों ने इसका जवाब दिया। घर, दुकानें, गाड़ियाँ जलाई गईं। एक पुलिसकर्मी समेत कई लोग मारे गए। गोलियों से ज़ख़्मी अनेक लोग अस्पतालों में भर्ती हुए। इंटरनेट पर ख़ौफ़नाक वीडियो सामने आए। इनमें से एक में गम्भीर तौर पर ज़ख़्मी हुए और सड़क पर पड़े कुछ मुसलमान नौजवानों को वर्दीधारी पुलिसकर्मी इकट्ठा करके उन्हें राष्ट्रगान गाने पर मजबूर कर रहे थे। (आगे चलकर उनमें से एक, फैज़ान की मौत हो गई। *हफिंग्टन पोस्ट* ने एक ख़ौफ़ज़दा कर देने वाली रिपोर्टिंग की कि कैसे उसे यातना दी गई थी और एक पुलिसकर्मी ने उसके गले में अपना डंडा धँसा दिया था।)[1]

अपने चारों तरफ़ तैरती इस दहशत के बारे में ट्रंप ने एक शब्द नहीं कहा। बल्कि उन्होंने नरेन्द्र मोदी को 'राष्ट्रपिता' का

ख़िताब दे दिया। हाल तक यह ख़िताब गांधी का हुआ करता था। मैं गांधी की तरफ़दार नहीं हूँ, लेकिन इतना तो तय है कि उनके साथ भी ऐसा सलूक नहीं होना चाहिए था।

ट्रंप के जाने के बाद भी कुछ दिनों तक हिंसा चलती रही। पचास से ज़्यादा लोगों की जान गई। क़रीब 300 लोग गम्भीर रूप से ज़ख़्मी होकर अस्पताल में भर्ती हुए। हज़ारों लोगों को शरणार्थी शिविरों की पनाह लेनी पड़ी। संसद में गृहमंत्री ने अपनी और पुलिस की तारीफ़ में कसीदे काढ़े। बेवकूफी-भरी हँसी हँसते अपने समर्थकों की जय-जयकार के बीच दूसरे नेताओं ने भाषण दिए, जिनमें उन्होंने कमोबेश हर बात के लिए मुसलमानों को ही गुनहगार ठहराया—हिंसा भड़काने के लिए, अपने ही ऊपर हमले करने के लिए, अपने घरों और दुकानों को जलाने के लिए, और अपने मुहल्लों के बीच से गुज़रने वाले खुले सीवेज नालों में ख़ुद अपनी लाशें फेंकने के लिए। मुख्यधारा के मीडिया की हर कोशिश यही रही कि इस हिंसा को हिन्दू-मुसलमान के बीच 'दंगा' बताया जाए। मैं इसे दंगा नहीं कहूँगी। मैं कहूँगी कि यह एक हथियारबन्द फ़ासीवादी भीड़ द्वारा मुसलमानों के क़त्लेआम की एक कोशिश थी।

और जब नालों और मलबों में से लाशें अभी मिल ही रही थीं, कि भारतीय सरकारी अधिकारियों ने वायरस को लेकर अपनी पहली बैठक की। 24 मार्च को मोदी ने जब राष्ट्रव्यापी लॉकडाउन का ऐलान किया, भारत के ख़ौफ़नाक राज़ दुनिया भर के सामने उजागर हो गए।

आगे क्या होना है?

हमें एक नई दुनिया का तसव्वुर करना है। सिर्फ़ यही।

1

मज़लूम शहरों पर किस ज़ुबान में गिरती है बारिश?

द *मिनिस्ट्री ऑफ़ अटमोस्ट हैपीनेस** का *अन्दरूनी मौसम***

मेरे पहले उपन्यास द *गॉड ऑफ़ स्मॉल थिंग्स**** को प्रकाशित हुए अभी क़रीब एक हफ़्ता गुज़रा था। कोलकाता में एक कार्यक्रम था जिसमें मुझे इस किताब के कुछ हिस्से पढ़कर सुनाने थे। कार्यक्रम के दौरान सुनने वालों में से एक शख़्स उठा और उसने साफ़ तौर पर विरोधी लहजे में पूछा : 'क्या कभी किसी लेखक ने एक पराई ज़ुबान में कोई महान रचना लिखी है? ऐसी ज़ुबान जो उस (आदमी) की मातृभाषा न हो?'

मैंने एक महान रचना लिखने का दावा नहीं किया था (न ही 'आदमी' होने का), लेकिन जो भी हो अपने बारे में उनका ग़ुस्सा मेरी समझ में आ गया था। मैं एक ऐसी लेखक थी जो भारत में रहती थी, लेकिन जिसने अंग्रेज़ी में लिखा और

* हिन्दी में *अपार ख़ुशी का घराना* शीर्षक से प्रकाशित।

** 5 जून, 2018 को ब्रिटिश लाइब्रेरी में दिया गया डब्ल्यू. जी. सीबाल्ड लेक्चर ऑन लिटरेरी ट्रांसलेशन। 25 जून, 2018 को लिटरेरी हब और 27 जुलाई, 2018 को Raiot.in पर प्रकाशित।

*** हिन्दी में *मामूली चीज़ों का देवता* शीर्षक से प्रकाशित।

एकबारगी ही उसे भारी-भरकम शोहरत मिल गई थी। उनके सवाल का मैंने जो जवाब दिया, उससे उन्हें और भी ग़ुस्सा आ गया। मैंने कहा था, 'नाबोकोव'। और वे उस हॉल से तेज़ी से निकलकर चले गए।

बेशक आज उस सवाल का सही जवाब होगा, 'अलगोरिदम्स'। हमें बताया जाता है कि आर्टिफिशयल इंटेलीजेन्स किसी भी ज़ुबान में महान रचनाएँ लिख सकती है और दूसरी ज़ुबानों में उनका अनुवाद करके उन्हें महान रचनाएँ बना सकती है। यह ज़माना जिसे हम जानते हैं, और जिसके बारे में हमारा ख़याल है कि मोटे तौर पर हम इसे समझते हैं, जब यह ज़माना तमाम होने को है, तो शायद हम और हममें से सबसे ख़ास लोग भी, महज़ बेकार इनसानों का एक ऐसा समूह है जो यहाँ भाषा जैसी एक चीज़ में अबूझ-सी दिलचस्पी लिये हुए जमा हुए हैं, जो हम जैसे ही कुछ बेकार इनसानों से उपजी है।

मातृभाषा/महान रचना वाली घटना के महज़ कुछ ही हफ़्तों बाद मैं लंदन में एक लाइव रेडियो शो में शामिल हुई। इस शो में एक अंग्रेज़ इतिहासकार भी शामिल थे, जिन्होंने एक सवाल के जवाब में ब्रिटिश साम्राज्यवाद की शान में तारीफ़ के पुल बाँध दिए। 'यहाँ तक कि आप भी,' उन्होंने बहुत गर्व के साथ मेरी तरफ़ मुड़ते हुए कहा, 'यही बात कि आप अंग्रेज़ी में लिखती हैं, ब्रिटिश साम्राज्य के प्रति एक श्रद्धांजलि है।'

तब मैं रेडियो शो के रंग-ढंग से बहुत वाक़िफ़ नहीं थी, इसलिए कुछ समय तक मैं चुप रही, जैसा कि एक सलीकेदार और हाल ही में सभ्यता की दहलीज़ पर पहुँचे एक असभ्य व्यक्ति को होना चाहिए। लेकिन फिर मुझसे रहा नहीं गया, और मैंने कुछ ऐसी बातें कह दीं जो बेहद चोट पहुँचाने वाली थीं। इतिहासकार परेशान हो गए, और शो के बाद उन्होंने मुझसे कहा कि वे जो कह रहे थे वे शाबासी के तौर पर कह रहे थे, क्योंकि

उन्हें मेरी किताब पसन्द आई थी। मैंने उनसे पूछा कि क्या उन्हें यह भी लगता है कि जैज़, ब्लूज़ और सारा अफ्रीकी-अमेरिकी लेखन और कविताएँ असल में ग़ुलामी की प्रथा को श्रद्धांजलि थे। और क्या पूरा का पूरा लातीनी अमेरिकी साहित्य स्पेनी और पुर्तगाली उपनिवेशवाद को श्रद्धांजलि था।

मेरा ग़ुस्सा अपनी जगह है, लेकिन दोनों ही मौक़ों पर मैंने जो जवाब दिए वे बचाव में कही गई बातें थीं। वे सचमुच में मुकम्मल जवाब नहीं थे। क्योंकि ये घटनाएँ सुलगते हुए सवालों के एक सिलसिले को छूती हैं—मसलन, उपनिवेशवाद, राष्ट्रवाद, प्रामाणिकता, कुलीनता, जाति और सांस्कृतिक पहचान के सवाल। अपने काम को गम्भीरता से लेने वाले किसी भी लेखक के लिए ये संवेदनशील और गम्भीर मुद्दे हैं। लेकिन उन दोनों आदमियों ने ज़ुबान को अपने-अपने तरीक़ों से जिस तरह एक नया जामा पहना दिया था, उसमें ज़ुबान की अपनी आवाज़ गुम हो गई थी। जब ऐसा होता है तो फिर लिखी गई बात का कोई मतलब नहीं रह जाता, और ऐसी बहसों में अक्सर ही ऐसा होता है। यह एक ऐसी बात थी, जिसे चुपचाप मान लेना मेरे लिए मुश्किल था। और इसके बावजूद मैं जानती हूँ—मैं जानती थी—कि भाषा सब चीज़ों में सबसे निजी चीज़ होते हुए भी सबसे सार्वजनिक चीज़ है। मेरे सामने जो चुनौतियाँ रखी गईं वे ईमानदार चुनौतियाँ थीं। और ज़ाहिर है कि अब जब मैं उनके बारे में बातें कर रही हूँ, तो मैं अभी तक उनके बारे में सोच भी रही हूँ।

कोलकाता मेरे अलग हो चुके पिता का शहर है। यह लाल जीभ और अनेक बाँहों वाली देवी काली का शहर भी है। उसी कोलकाता शहर में हुए उस कार्यक्रम की रात मैं इस सोच में डूब गई थी कि मेरी मातृभाषा असल में क्या है। सियासी तौर पर सही, सांस्कृतिक तौर पर वाजिब, और नैतिक तौर पर मुनासिब वह कौन-सी ज़ुबान है जिसमें मुझे सोचना और लिखना

चाहिए? मेरे दिमाग़ में यह बात आई कि मेरी माँ असल में एक एलियन थीं—पराई, अजनबी। काली जितनी बाँहें नहीं थीं उनके पास, लेकिन ज़ुबानें उनके पास कई थीं। पक्के तौर पर अंग्रेज़ी उनमें से एक है। मेरी अंग्रेज़ी ने मेरी पराई माँ की दूसरी ज़ुबानों की लय और ताल का विस्तार, और उनकी गहराई पाई है। मैंने 'पराई' कहा, क्योंकि मैं नहीं कह सकती कि मेरी माँ के पास उनका अपना कुछ है। राष्ट्र के आकार वाली उनकी देह को पहले तो एक शाही ब्रिटिश क़लम की एक हरकत से हिंसक तरीक़े से जोड़ा गया और फिर हिंसक तरीक़े से ही उसे अलग भी कर दिया गया। मैंने 'पराई' इसलिए भी कहा क्योंकि जो लोग उनसे अपना कोई रिश्ता नहीं रखना चाहते (मसलन कश्मीरी), और जो उनसे अपना रिश्ता रखना चाहते हैं (जैसे भारतीय मुसलमान और दलित) उन लोगों पर इसी माँ के नाम पर हिंसा होती है, जिससे वह एक ऐसी माँ बन जाती हैं, जिनमें ज़रा भी ममता नहीं है।

उनकी कितनी ज़ुबानें हैं? आधिकारिक तौर पर क़रीब 780, जिनमें से महज़ बाईस को भारतीय संविधान में स्वीकृति दी गई है, जबकि अड़तीस को यह दर्जा पाने का इन्तज़ार है। इनमें से हरेक का उपनिवेश बनाने और उपनिवेश बन जाने का अपना इतिहास है। ऐसी ज़ुबानें बहुत कम हैं जो सिर्फ़ पीड़ित या सिर्फ़ अपराधी थीं। राष्ट्रीय ज़ुबान कोई भी नहीं है। कम से कम अभी तक। हिन्दी और अंग्रेज़ी को 'आधिकारिक भाषाओं' का दर्जा हासिल है। भारत के संविधान के मुताबिक़ (हमें इस पर ग़ौर करना चाहिए कि यह अंग्रेज़ी में लिखा गया था), इस दस्तावेज़ को अपनाए जाने के पन्द्रह सालों के बाद 26 जनवरी, 1965 को आधिकारिक मामलों में राज्य द्वारा अंग्रेज़ी का उपयोग ख़त्म हो जाना चाहिए था। देवनागरी लिपि में लिखी जाने वाली हिन्दी को इसकी जगह लेनी थी।[1] लेकिन हिन्दी को राष्ट्रीय भाषा बनाने

के किसी भी गम्भीर क़दम के जवाब में देश के ग़ैर-हिन्दी भाषी इलाक़ों में दंगे भड़क उठते रहे हैं। (आप सारे यूरोप में एक अकेली ज़ुबान थोपने की कोशिश की कल्पना कीजिए।) इस तरह अंग्रेज़ी अपनी जड़ें मज़बूत करती गई—अपराधबोध के साथ, अनधिकृत रूप से, किसी विकल्प के बग़ैर। इस मामले में अपराधबोध के अहसास से कोई मदद नहीं मिलने वाली। एक देश, एक राष्ट्र-राज्य के रूप में भारत एक ब्रिटिश विचार था। इसलिए भारत में अंग्रेज़ी का विचार उतना ही अच्छा या बुरा है, जितना ख़ुद भारत का विचार। अंग्रेज़ी में लिखना या बोलना, ब्रिटिश साम्राज्य का शुक्रिया अदा करना नहीं है, जैसा कि ब्रिटेन के उस शाही इतिहासकार ने कहने की कोशिश की थी। यह उन हालात का एक व्यावहारिक समाधान है जिन्हें इस साम्राज्य ने पैदा किया।

बुनियादी तौर पर भारत कई तरह से अभी भी एक साम्राज्य है। इसके इलाक़ों को एक साथ बनाए रखने का काम सशस्त्र बल करते हैं, जिन पर हुकूमत दिल्ली से चलती है, जो अपनी प्रजा से उतनी ही दूर है जितनी दूर कोई विदेशी महानगर होगा। अगर भारत भाषायी गणतंत्रों में बँट गया होता, जैसा कि यूरोप के मुल्कों में हुआ, तो शायद अंग्रेज़ी से भी आज़ादी मिल गई होती। लेकिन इसके बावजूद सचमुच में ऐसा नहीं होता और आने वाले वक़्त में भी कोई बदलाव नहीं होना है। हालात जैसे हैं, उसमें अंग्रेज़ी ही है जो तरक़्क़ी करने की, मौक़े हासिल करने की, अदालतों की, राष्ट्रीय प्रेस की, क़ानूनी बिरादरी की, विज्ञान की, इंजीनियरिंग और अन्तरराष्ट्रीय बातचीत की ज़ुबान है, भले ही यह आबादी के एक बहुत छोटे हिस्से में बोली जाती हो (और यह छोटा हिस्सा भी लाखों में है)। यह कुलीनता और अलगाव की ज़ुबान है। यह मुक्ति की ज़ुबान भी है, एक ऐसी ज़ुबान जिसमें विशेषाधिकारों को बहुत मुखर तौर पर चुनौती दी

गई और उन्हें खारिज़ किया गया। हिन्दू जाति व्यवस्था की सबसे अधिक पढ़ी गई, व्यापक रूप से अनुवाद की गई और सबसे ज़बरदस्त आलोचना, डॉ. बी. आर. आंबेडकर की *एनाइहिलेशन ऑफ़ कास्ट* अंग्रेज़ी में लिखी गई थी। इस किताब ने एक ऐसी व्यवस्था पर होने वाली बहस में क्रांति ला दी थी, जो दुनिया में किसी भी समाज द्वारा गढ़ी गई संस्थागत अन्याय की शायद सबसे बेरहम व्यवस्था है। चीज़ें कितनी अलग रही होतीं, अगर विशेषाधिकार वाली जातियों ने आंबेडकर के लेखन को एक ऐसी ज़ुबान में सीमित कर दिया होता जिसे सिर्फ़ उनकी अपनी जाति और समुदाय ही पढ़ पाते। आंबेडकर से प्रेरित अनेक दलित कार्यकर्ता आज (उपनिवेशवाद के विरोध या राष्ट्रवाद के नाम पर) वंचित लोगों को बेहतर अंग्रेज़ी शिक्षा से दूर रखने की कोशिश को ब्राह्मणवादी परम्परा के ही एक सिलसिले के तौर पर देखते हैं। इसके तहत, यह व्यवस्था जिन्हें 'शूद्र' या 'अवर्ण' मानती है, उन्हें शिक्षा और साक्षरता से, या फिर ज्ञान और दौलत जमा करने के अधिकार से वंचित रखती है। इसी बात की तरफ़ ध्यान दिलाने के लिए दलित विद्वान चन्द्रभान प्रसाद ने एक गाँव में अंग्रेज़ी की दलित देवी का एक मंदिर बनवाया। 'वे दलित नवजागरण की प्रतीक हैं,' उनका कहना है। 'हम ऊपर उठने के लिए अंग्रेज़ी का उपयोग करेंगे और हमेशा के लिए मुक्त हो जाएँगे।'[2]

नई वैश्विक आर्थिक व्यवस्था की चक्की चल रही है, जो कुछ लोगों को रोशनी की तरफ़ ले जा रही है और बाक़ियों को अँधेरे की तरफ़ धकेल रही है। किसके हिस्से में रोशनी आएगी और किसके हिस्से में अँधेरा, इस बँटवारे में अंग्रेज़ी 'जानने' और 'नहीं जानने' की बड़ी भूमिका है।

यही वो जटिल ताना-बाना है जिसके ऊपर मौजूदा हिन्दू राष्ट्रवादी हुकूमत अपना 'एक राष्ट्र, एक धर्म, एक भाषा' वाला

नज़रिया थोपना चाहती है। 1920 के दशक में अपनी स्थापना के समय से ही, आरएसएस (राष्ट्रीय स्वयंसेवक संघ) जो हिन्दू राष्ट्रवाद की होल्डिंग कम्पनी है और आज भारत में सबसे ताक़तवर संगठन है—का नारा रहा है 'हिन्दी-हिन्दू-हिन्दुस्तान'। विडंबना देखिए कि ये तीनों शब्द फ़ारसी-अरबी अल-हिन्द से निकले हैं। और हिन्दुस्तान में 'स्तान' (जगह) जुड़ा हुआ है, जो संस्कृत के 'स्थान' से अलग है, हालाँकि इसका मतलब भी जगह ही है। यह हिन्दुस्तान सिन्धु नदी के पूरब का इलाक़ा था। 'हिन्दू' का मतलब यहाँ रहने वाले लोगों से था, न कि किसी धर्म से। आरएसएस से यह उम्मीद करना ज़्यादती ही होगी कि वह दूसरे मुल्कों के अनुभवों से सीखे, लेकिन जब पाकिस्तान के इस्लामी गणतंत्र ने पूर्वी पाकिस्तान में बांग्ला बोलने वाले नागरिकों पर उर्दू थोपने की कोशिश की तो वह अपना आधा हिस्सा ही खो बैठा। श्रीलंका ने अपने तमिल नागरिकों पर सिंहला भाषा थोपने की कोशिश की और इसकी क़ीमत दशकों तक चले गृहयुद्ध से चुकाई।

यह सब कहने का मतलब यह है कि भारत में हम उलझनों से भरी हुई एक ज़मीन पर जीते और काम करते (और लिखते) हैं, जहाँ कुछ भी सुलझा हुआ नहीं है और न कभी होगा। ख़ास तौर पर ज़ुबान का सवाल। ज़ुबानों का सवाल।

यक़ीनन सुज़न सॉन्टैग इन उलझनों से काफ़ी कुछ वाक़िफ़ थीं, जब उन्होंने 2002 में डब्ल्यू. जी. सीबाल्ड व्याख्यान दिया था। उनके व्याख्यान का नाम था 'द वर्ल्ड एज़ इंडिया : ट्रांस्लेशन एज़ ए पासपोर्ट विदिन द कम्युनिटी ऑफ़ लिटरेचर'। मैं जिसके बारे में बात करूँगी वो है 'ट्रांस्लेशन एज़ अ राइटिंग स्ट्रेटेजी इन अ कम्युनिटी विदाउट पासपोर्ट्स' (बिना पासपोर्ट वाले एक समुदाय में लेखन की एक रणनीति के रूप में अनुवाद)।

*

द गॉड ऑफ़ स्मॉल थिंग्स के प्रकाशन के बीस बरस बाद मैंने अपना दूसरा उपन्यास *द मिनिस्ट्री ऑफ़ अटमोस्ट हैपीनेस* पूरा किया। शायद मुझे यह नहीं कहना चाहिए, लेकिन अगर एक उपन्यास का कोई दुश्मन हो सकता है तो इस उपन्यास का दुश्मन 'एक राष्ट्र, एक धर्म, एक ज़ुबान' का विचार है। जब मैं अपने उपन्यास का आवरण पृष्ठ टाइप कर रही थी, तो लेखक के नाम की जगह मेरे मन में यह लिखने का ख़याल आया था : 'मूल ज़ुबान (ज़ुबानों) से अरुंधति रॉय द्वारा अनूदित'। द *मिनिस्ट्री* अंग्रेज़ी में लिखा गया है, लेकिन वह कई ज़ुबानों में सोचा हुआ उपन्यास है। यह अनुवाद ही था, जिसकी बुनियाद पर उपन्यास लिखा गया (और यहाँ मेरा मतलब भाषा में ढलने से पहले के अनगढ़ विचारों और भावनाओं के शब्दों में अनुवाद से नहीं है)। *द मिनिस्ट्री* चाहे जिस भी ज़ुबान में लिखी गई हो (और चाहे वह जिनकी भी मादरी ज़ुबान हो), इस ख़ास दुनिया के इन ख़ास लोगों की यह ख़ास दास्तान अनेक ज़ुबानों में सोची गई। यह एक ऐसी कहानी है, जो ज़ुबानों के एक समंदर से निकलकर आई, जिसमें जानदार जीवों की एक भरी-पूरी क़ायनात है—इसके पानी में आधिकारिक ज़ुबानों की मछलियाँ, अनाधिकारिक बोलियों के सीप, और शब्द-मछलियों के चमकदार झुंड तैरते रहते हैं, कुछ के बीच दोस्ताना रिश्ते हैं, कुछ में रंजिश है और कुछ तो सीधे-सीधे खूँखार हैं। लेकिन उन सबकी ज़िन्दगी चलती है उसी से जो समंदर उन्हें मुहैया कराता है। और द *मिनिस्ट्री* के लोगों की तरह, सबके सामने यही एक रास्ता है कि वे साथ रहें, साथ जिएँ, और एक-दूसरे को समझने की कोशिश करें। उनके लिए अनुवाद कई ज़ुबानें जानने वाले नफ़ीस इनसानों की कोई नफ़ीस और हुनरमंद फ़नकारी नहीं है। अनुवाद रोज़मर्रा की ज़िन्दगी है, यह गलियों-सड़कों पर अमल में लाया जाता है, दिन-ब-दिन यह मामूली लोगों के जीने की तरकीबों का ज़रूरी

हिस्सा बनता जा रहा है। और इस तरह अनेक ज़ुबानों वाले इस उपन्यास में, सिर्फ़ लेखक ही नहीं बल्कि ख़ुद किरदार एक रंग-बिरंगे अनगढ़पन के समंदर में तैरते हैं, जो लगातार एक दूसरे के लिए अनुवाद करते हैं, जो बोलते हुए लगातार ज़ुबानों की सरहदें पार करते हैं, और जिन्हें लगातार यह अहसास होता रहता है कि एक ही ज़ुबान बोलने वाले लोग ज़रूरी नहीं कि एक-दूसरे को सबसे अच्छे ढंग से समझ पाते हों।

द *मिनिस्ट्री ऑफ़ अटमोस्ट हैपीनेस* का अनुवाद अड़तालीस ज़ुबानों में हुआ है और हो रहा है। इनमें से हरेक अनुवादक को एक ऐसी ज़ुबान से जूझना पड़ा है जिसमें अनेक ज़ुबानें घुली-मिली हैं। अगर मैं एक नया शब्द चलाना चाहूँ तो कहूँगी कि इसमें अनेक क़िस्म की अंग्रेज़ियाँ (इंगलिशेज़, हालाँकि शायद सही शब्द होगा सोशियोलेक्ट्स, लेकिन मैं इंगलिशेज़ पर क़ायम हूँ क्योंकि इस शब्द की खामी में ही एक मज़ा है) शामिल हैं, और इसका अनुवाद उन्हें एक ऐसी ज़ुबान में करना पड़ा है जिसमें अनेक ज़ुबानें *घुली-मिली* हैं। मैंने जानबूझकर ही 'घुले हुए होने' की बात उठाई है, क्योंकि मैं महज़ एक ऐसी किताब की बात नहीं कर रही हूँ जिसमें किसी हथकंडे या सजावट के तौर पर दूसरी ज़ुबानों के उद्धरणों और शब्दों का सतही मुलम्मा चढ़ा हुआ हो। या जिसमें भारतीय अंग्रेज़ी का मज़ाक़ उड़ाने के लिए पीटर सेलर्स जैसे खेल खेले गए हों। बल्कि यह सचमुच में ज़ुबानों की एक सोहबत रचने की कोशिश है।

अड़तालीस अनुवादों में से दो उर्दू और हिन्दी के हैं। जैसा कि हम अभी देखने वाले हैं, हिन्दी और उर्दू को अलग-अलग ज़ुबानों के रूप में बताने की ज़रूरत और उन्हें अलग-अलग लिपियों वाली अलग-अलग किताबों के रूप में प्रकाशित करने की ज़रूरत में वह इतिहास शामिल है जिसे द *मिनिस्ट्री* की कहानी में पिरोया गया है। उपन्यास की कहानी को देखते हुए,

हिन्दी और उर्दू में अनुवाद करने का मतलब है एक तरह से इस उपन्यास को इसके घर में क़ायम करना। लेकिन जल्दी ही मुझे पता चल गया कि इससे अनुवादकों का काम ज़रा भी आसान नहीं हुआ। जैसे मैं आपको एक मिसाल दूँ : द *मिनिस्ट्री* में इनसानी देह और इसके अंग एक अहम भूमिका अदा करते हैं। हमने पाया कि उर्दू में, जो सबसे ख़ूबसूरत ज़ुबान है और जिसमें मुहब्बत के लिए दुनिया की किसी भी ज़ुबान से शायद कहीं अधिक अल्फ़ाज़ हैं, योनि के लिए कोई शब्द ही नहीं है। अरबी से आए फुर्ज जैसे शब्द हैं, जो चलन में नहीं हैं और पुराने पड़ गए हैं, और फिर दूसरे अल्फ़ाज़ हैं जिनका मतलब बहुत व्यापक है मसलन 'छुपा हुआ अंग', 'साँस लेता छिद्र', 'नली' और 'गर्भाशय का रास्ता'। सबसे आमतौर पर इस्तेमाल की जाती है 'औरत की शर्मगाह'। जैसा कि आप देख सकते हैं, हम पर एक मुश्किल आन पड़ी थी। और हड़बड़ी में कोई नैतिक फ़ैसला सुनाने से पहले हमें यह याद करना ज़रूरी है कि लातिन में पुदेन्दा का मतलब होता है, 'जहाँ पर किसी को शर्म आनी चाहिए'। डेनिश भाषा में मेरे अनुवादक ने मुझे बताया कि इसके लिए 'शर्म के होंठ' का उपयोग होता है। तो आदम और हव्वा ज़िन्दा हैं और ख़ैरियत से हैं, उनकी अंजीर की पत्तियाँ भी अपनी जगहों पर क़ायम हैं।

हालाँकि मुझे द *मिनिस्ट्री ऑफ़ अटमोस्ट हैपीनेस* की दूसरी ज़ुबानों में अनुवादों के मज़े और मुश्किलों के बारे में बताने का लालच हो रहा है, लेकिन आज मैं 'लिखने के बाद' होने वाले अनुवादों की जगह 'लिखने के पहले' के अनुवादों की बात करना चाहती हूँ। इसमें से कुछ भी पहले से बनाए किसी ब्योरेवार मंसूबे का नतीजा नहीं था। मैं तो सहजतापूर्वक काम करती गई। यह तो इस व्याख्यान की तैयारी करते हुए मैंने देखना शुरू किया कि ज़ुबानों को आपस में हिला-डुला कर,

उन्हें एक दूसरे को जगह देने के लिए मनाना मेरे लिए कितना मायने रखता था। हम अनगढ़ता के इस समंदर में गोते लगाएँ और अपने ऐतिहासिक ख़ून-ख़राबों और भाषायी युद्धों की भँवरों में उलझ जाएँ, इसके पहले मैं आपको उस रास्ते का नक़्शा बताना चाहूँगी, जिससे होकर मैं अपने इस ख़ास किनारे तक पहुँच पाई, ताकि आपको मोटे तौर पर इसका अन्दाज़ा हो जाए कि मैं किस ज़मीन की बात कर रही हूँ।

मेरी माँ एक सीरियन क्रिश्चियन हैं जो केरल से आती हैं—यह भारतीय उपमहाद्वीप का दक्षिणी सिरा है, जहाँ मलयालम बोली जाती है। मेरे पिता कोलकाता के बंगाली थे, और वहीं दोनों की मुलाक़ात हुई थी। तब वे असम से आया-जाया करते थे जहाँ वे एक चाय बागान में असिस्टेंट मैनेजर का काम करते थे। उन दोनों के बीच साझी ज़ुबान अंग्रेज़ी थी। मैं शिलांग के वेल्श मिशन अस्पताल में पैदा हुई। यह शहर तब असम में था, अब मेघालय की राजधानी है। शिलांग में बड़ी आबादी पहाड़ी खासी जनजाति की है, उनकी भाषा ऑस्ट्रोएशियाटिक है जिसका रिश्ता कंबोडियन और मोन से है। शिलांग के वेल्श मिशनरियों ने, भारत में दूसरे मिशनरियों की तरह, बोली जाने वाली (मौखिक) भाषाओं को लिखी जाने वाली (लिखित) भाषाओं में बदलने में बड़ी भूमिका निभाई थी। ऐसा मुख्यत: उन्होंने बाइबल का अनुवाद करने और उसे छापने के लिए किया था। अंग्रेज़ी की लहर के ख़िलाफ़ वेल्श ज़ुबान को बचाने के अपने अभियान के तहत, उन्होंने यह तय किया कि खासी भले ही रोमन लिपि में लिखी जाए, इसके हिज्जे वेल्श से मिलते-जुलते हों।

मेरी ज़िन्दगी के पहले दो साल असम में गुज़रे। मेरे पैदा होने से पहले ही मेरे माँ-बाप का रिश्ता इस तरह बिखर गया था कि उसे समेटना मुमकिन नहीं था। जब वे आपस में झगड़ रहे होते, मैं चाय बागान के मज़दूर क्वार्टरों में भेज दी जाती। वहीं

मैंने अपनी पहली ज़ुबान सीखी, जो मेरी माँ बताती हैं कि एक क़िस्म की हिन्दी थी। हमेशा भुखमरी की कगार पर रखने वाली मज़दूरी पर जीने वाले चाय बागान के मज़दूर भारत के सबसे कठोर उत्पीड़न और शोषण को झेलने वाले मज़दूरों में से थे (और हैं)। वे पूर्वी और मध्य भारत की आदिवासी जनजातियों के वंशज हैं, जिनकी ज़ुबानों को तोड़कर और आपस में मिलाकर बगानिया ज़ुबान बनी है, जिसका मतलब होता है बागान की भाषा। यह हिन्दी, असमिया और उनकी अपनी ज़ुबानों का एक मिला-जुला, कामकाजी रूप है। तो यह बगानिया वह ज़ुबान थी, जिसमें मैंने सबसे पहले बोलना सीखा। मैं अभी तीन साल से भी कम की थी, जब मेरे माँ-बाप अलग हो गए। मेरी माँ, मेरा भाई और मैं दक्षिण भारत चले आए—पहले तमिलनाडु में ओटाकामुंड और फिर (बिन बुलाए) केरल में अपनी नानी के गाँव आयेमनम, जहाँ *द गॉड ऑफ़ स्मॉल थिंग्स* की कहानी कही गई है। जल्दी ही मैं अपनी बगानिया भूल गई। (अनेक बरसों के बाद, जब मैं बीस की उम्र पार कर चुकी थी, मैं अपने ख़ुशमिज़ाज लेकिन बेपनाह शराबी पिता से पहली बार मिली। उन्होंने जो सबसे पहला सवाल मुझसे किया वो था, 'अभी भी तुम बुरी ज़ुबान इस्तेमाल करती हो?' मुझे पता नहीं था कि वे क्या कहना चाहते हैं। 'अरे तुम कितनी बुरी, बदज़ुबान बच्ची थीं,' उन्होंने कहा और मुझे बताने लगे कि कैसे एक बार जब उनकी जलती हुई सिगरेट अनजाने में ही मेरी बाँह से रगड़ गई थी, तो मैंने घूरते हुए उन्हें *चू...या* कहा था—बगानिया समेत अनेक ज़ुबानों में यह एक गाली है, जिसकी जड़ें लातीनी पुदेन्दा तक जाती हैं।)

जब मैं पाँच साल की थी, मेरी बेहद तंगहाल माँ ने अपना एक स्कूल खोला, जिसके लिए उन्होंने एक छोटा-सा हॉल दिन में किराए पर लिया। रोटरी क्लब का यह हॉल कोट्टयम क़स्बे

में था जो बस के एक छोटे-से सफ़र की दूरी पर था। हर शाम हम अपने टेबल और कुर्सियाँ समेटते और सुबह उन्हें वापस लगा देते। मैं एक ऐसी सांस्कृतिक ख़ुराक पर बड़ी हुई, जिसमें शेक्सपियर, किपलिंग, कथकली (मंदिरों में होने वाला नृत्य), और द *साउंड ऑफ़ म्यूज़िक* और मलयाली और तमिल सिनेमा शामिल थे। किशोर उम्र तक पहुँचने से पहले मैं शेक्सपियर के लम्बे-लम्बे अंश सुना सकती थी, मातमी मलयाली अन्दाज़ में ईसाई भजन गा सकती थी, और जीसस नाम की एक अजीबोग़रीब तमिल फ़िल्म के एक कैबरे की नक़ल कर सकती थी, जिसे मेरी मैग्डेलेन (सचमुच) एक पार्टी में जीसस को लुभाने के लिए नाचती हैं—फ़िल्म में अब तक उन दोनों का बुरा दौर शुरू नहीं हुआ था।

मेरी माँ का वह छोटा-सा स्कूल जम गया तो वो मेरे करियर को लेकर फ़िक्रमंद होने लगीं। उन्होंने फ़रमान सुनाया कि मुझे अब सिर्फ़ अंग्रेज़ी ही बोलनी होगी।[3] अपने फ़ुरसत के समय में भी। जब भी मैं मलयालम बोलती पकड़ी जाती तो हर बार मुझे एक हज़ार बार काग़ज़ पर यह लिखना होता—*आई विल स्पीक इन इंग्लिश, आई विल स्पीक इन इंग्लिश*। इसे इम्पोजीशन कहा जाता था। कई दोपहरियों के अनेक घंटे मुझे यह करते हुए बीते (जब तक मैंने अपनी इम्पोजीशन वाली पुरानी काग़ज़ का फिर से इस्तेमाल करना न सीख लिया)। दस की उम्र में मुझे तमिलनाडु में एक बोर्डिंग स्कूल भेजा गया, जिसे ब्रिटिश हीरो सर हेनरी लॉरेंस ने क़ायम किया था। वे 1857 के 'भारतीय गदर' में लखनऊ की घेराबन्दी के दौरान ब्रिटिश रेजीडेंसी की रक्षा करते हुए मारे गए थे। उन्होंने पंजाब में एक क़ानून लिखा था, जिसमें बँधुआ मज़दूरी, शिशु हत्या और सती प्रथा पर पाबन्दी लगाई गई थी। मानने में भले ही मुश्किल हो, चीज़ें उतनी सीधी नहीं होतीं जैसी हमें बताई जाती हैं।

हमारे स्कूल का उद्देश्य वाक्य था 'नेवर गिव इन' (कभी हार न मानो)। हम छात्रों में से अनेक यह मानते थे (जिसका कोई आधार नहीं था) कि लॉरेंस ने असल में यह कहा था : 'भारतीय कुत्तों से कभी हार न मानो'। बोर्डिंग स्कूल में मैंने मलयालम और अंग्रेज़ी के साथ-साथ हिन्दी भी सीखी। मेरे हिन्दी शिक्षक एक मलयाली थे, जिन्होंने हमें एक क़िस्म की मलयालम की मदद से एक क़िस्म की हिन्दी सिखाई। हमें समझ में कुछ नहीं आया। हम बहुत थोड़ा सीख पाए।

सोलह साल की उम्र में मैंने स्कूल की पढ़ाई पूरी की और मैं दिल्ली के लिए एक तन्हा सफ़र पर ट्रेन में सवार हुई। दिल्ली तीन दिन और दो रातों की दूरी पर थी। (तब मैं नहीं जानती थी कि मैं हमेशा के लिए घर छोड़ रही हूँ।) मैं स्कूल ऑफ़ आर्किटेक्चर में दाख़िला लेने जा रही थी। मैं हिन्दी के एक अकेले वाक्य से लैस थी, जो किसी तरह मुझे याद रह गया था। यह 'स्वामीभक्त कुतिया' नाम के एक पाठ में था, जो एक वफ़ादार कुतिया के बारे में था जो अपने मालिक के बच्चे को साँप से बचा लेती है लेकिन ख़ुद को नहीं बचा पाती। वाक्य था : सुबह उठ के देखा तो कुतिया मरी पड़ी थी। दिल्ली में शुरू के कुछ महीनों में जब भी हिन्दी में मुझसे कोई बात की जाती या पूछा जाता तो मेरा यही अकेला योगदान होता। बरसों बीतने के साथ, इस पतली-सी बुनियाद पर मैंने हिन्दी ज़ुबान के लफ़्ज़ जुटाए, जबकि इसी दौरान मेरी मलयालम कमज़ोर पड़ गई।

ज़ाहिरन, आर्किटेक्चर स्कूल के होस्टल में शहर से बाहर से आने वाले छात्र रहा करते थे। ज़्यादातर ग़ैर-हिन्दी भाषी। बंगाली, असमिया, नागा, मणिपुरी, नेपाली, सिक्किमी, गोअन, तमिल, मलयाली, अफगानी। मेरी पहली रूममेट कश्मीरी थी। दूसरी नेपाली। मेरा सबसे क़रीबी दोस्त उड़ीसा से था। वह न अंग्रेज़ी बोलता था न हिन्दी। अपने पहले साल के दौरान ज़्यादातर

हमने गाँजा-भरी रोल की हुई साझी सिगरेटों, स्केचों, कार्टूनों और लिफ़ाफ़ों के पीछे बनाए गए नक़्शों के ज़रिये बातें की—उसके नक़्शे ग़ैरमामूली होते थे, मेरे औसत। वक़्त बीतते-बीतते हम सबने दिल्ली विश्वविद्यालय की मानक बोली में एक-दूसरे से बातें करना सीख लिया था, जो अंग्रेज़ी और हिन्दी के मेल से बनी थी। यही मेरी पहली पटकथा 'इन व्हिच एनी गिव्स इट दोज़ वन्स' की ज़ुबान भी थी, जिसकी कहानी डोप-स्मोकिंग वाले, बेल-बॉटम पहनने वाले 1970 के दशक के एक काल्पनिक आर्किटेक्चर स्कूल में चलती है। एनी वहाँ पढ़ने वाले एक लड़के आनंद ग्रोवर का पुकारने का नाम था, जो चौथी बार अपने फाइनल ईयर में बैठ रहा है। 'गिविंग इट दोज़ वन्स' का मतलब था 'अपना मामूली काम करते जाना'। एनी के मामले में, इसका मतलब था कि वह अपनी पुरानी थीसिस सुनाता, जिसमें उसके पास भारत की लाखों मील की रेल की पटरियों के दोनों तरफ़ फलों के पेड़ लगाकर ग्रामीण अर्थव्यवस्था को चमकाने और गाँवों से शहरों की तरफ़ पलायन को रोकने का विचार था। रेल की पटरियाँ ही क्यों? क्योंकि 'जनरल जनता रेल की पटरियों के पास हगती है, है ना? तो मिट्टी की पैदावार काफ़ी है यार।' प्रदीप कृष्ण द्वारा निर्देशित यह बिना बजट वाली फ़िल्म एक ऐसी लागत पर बनी थी, जो किसी मामूली हॉलीवुड फ़िल्म के बैकअप क्लैपबोर्ड्स की क़ीमत रही होगी।

फ़िल्म के लिए हमारे पब्लिसिटी ब्रोशर में (जिसमें किसी की भी दिलचस्पी नहीं थी) ये उद्धरण छपे हुए थे :

> "आपको इसका नाम बदलना होगा क्योंकि 'गिविंग इट दोज़ वन्स' का अंग्रेज़ी में कोई मतलब नहीं होता।"
>
> —डेरेक मैल्कम, गार्डियन,
> फ़िल्म के बीच में अचानक जगते हुए

'ज़ाहिरन, मि. मैल्कम, इंग्लैंड में आप अब अंग्रेज़ी नहीं बोलते।'

—अरुंधति रॉय, बाद में,
इस ख़्वाहिश के साथ कि यह बात पहले क्यों नहीं सूझी

फ़िल्म बस एक बार दिखाई गई, देर रात सरकारी चैनल दूरदर्शन पर। इसे दो राष्ट्रीय पुरस्कार मिले—एक, बेहतरीन पटकथा का पुरस्कार और दूसरा, जो मेरा सबसे पसन्दीदा पुरस्कार है, भारतीय संविधान की आठवीं अनुसूची में शामिल भाषाओं से अलग किन्हीं भाषाओं में बेहतरीन फ़िल्म का पुरस्कार। (मुझे यह बात यहाँ बतानी चाहिए कि 2015 में, हमने इन दोनों पुरस्कारों को वापस लौटा दिया। तब लेखकों और फ़िल्मकारों ने एक विरोध आन्दोलन की शुरुआत की थी, जिसके ज़रिये हमने भारत में लेखकों और तर्कवादी विचारकों की सिलसिलेवार हत्याओं का विरोध करने की कोशिश की, जिसमें हमें मौजूदा सरकार की मिलीभगत दिखाई दे रही थी। हमारी यह कार्रवाई क़ानून हाथ में लेने वाली भीड़ द्वारा दिनदहाड़े मुसलमानों और दलितों की पीट-पीट कर होने वाली हत्याओं के ख़िलाफ़ भी थी। विरोध का कोई असर नहीं पड़ा। हत्याएँ जारी रहीं और हमारे पास लौटाने के लिए अब कोई राष्ट्रीय पुरस्कार नहीं बचा था।)[4]

मैंने दो पटकथाएँ लिखीं, और उनको लिखते हुए मैंने संवाद लिखना सीखा। इसने मुझे सिखाया कि क़िफ़ायत के साथ कैसे लिखा जाता है। लेकिन फिर मेरे मन में ज़्यादती करने की ख़्वाहिश भी जगी। मेरे मन में अपने बचपन के मंजर के बारे में, आयेमनम के लोगों के बारे में, उसके बीच से बहने वाली नदी के बारे में, उसमें तिरछे खड़े दरख़्तों के बारे में, चाँद, आसमान, मछलियों, गीतों, हिस्ट्री हाउस, और हर कोने में छुपी हुई दहशत के बारे में लिखने की हसरतों ने पंख फैलाए। अब यह ख़याल मेरी बर्दाश्त के बाहर था कि मैं कुछ ऐसा लिखूँ

जिसकी शुरुआत कुछ इस तरह हो : *सीन 1। बाहर। दिन। नदी।* मैं एक ऐसी किताब लिखना चाहती थी जिसमें याद रह जाने लायक नज़ारे (विज़ुअल्स) हों, लेकिन जिस पर फ़िल्म बनाना नामुमकिन हो। वह किताब बनी द *गॉड ऑफ़ स्मॉल थिंग्स*। मैंने इसे अंग्रेज़ी में लिखा था, लेकिन मैंने उसका तसव्वुर अंग्रेज़ी और मलयालम दोनों में किया था, मंज़र और ज़ुबानें जो सात साल के जुड़वाँ भाई-बहन एस्ताप्पेन और राहेल के दिमाग़ों में टकराती हैं, और अपने आप में ही एक अलग रूप ले लेती हैं। मसलन, जब उनकी माँ, अम्मू जुड़वाँ बच्चों को डाँटती हैं और कहती हैं कि अगर उन्होंने कभी लोगों के सामने उनकी बात नहीं मानी तो वे उन्हें ऐसी जगह भेज देंगी जहाँ वे 'जॉली वेल बीहेव' (तमीज़) सीख जाएँगे। अब इसमें से 'वेल' लफ़्ज़ उनके सिर पर सवार हो गया, जिसका एक मतलब कुआँ भी होता है। गहरा, काई लगा हुआ कुआँ आपको केरल के अनेक घरों में मिल जाएगा, जिसमें एक चरखी और एक बाल्टी और एक रस्सी लगी होती है; इन कुओं से बच्चों को दूर रहने की सख़्त हिदायत होती है, जब तक कि वे इतने बड़े न हो जाएँ कि पानी खींच सकें। फिर जॉली वेल का मतलब क्या हो सकता था? एक कुआँ जिसमें ख़ुशहाल लोग रहते हों। लेकिन एक कुएँ में लोग? फिर तो वे मरे हुए लोग होंगे, पक्के तौर पर। तो एस्ता और राहेल के ख़यालों में, जॉली वेल हँसते हुए मरे लोगों से भरा एक कुआँ बन गया, जहाँ बच्चों को तमीज़ सीखने के लिए भेजा जाता है। पूरा उपन्यास ही ऐसे बड़ों और बच्चों के इर्द-गिर्द बुना हुआ है जो अंग्रेज़ी और मलयालम जानते हैं, ज़ुबानों से जूझ रहे हैं, उनसे कुश्ती लड़ रहे हैं, उनमें नाच रहे हैं और जश्न मना रहे हैं।

मेरे लिए, या दुनिया के इन हिस्सों में काम करने वाले ज़्यादातर समकालीन लेखकों के लिए ज़ुबान कभी भी एक बनी-

बनाई चीज़ नहीं हो सकती। इसे बनाना पड़ता है। इसे पकाना पड़ता है। धीमी आँच पर, हौले-हौले।

द *गॉड ऑफ़ स्मॉल थिंग्स* के बाद ही मैंने महसूस किया कि मेरी रगों में ख़ून अधिक आज़ादी के साथ बहता है। यह एक बेपनाह राहत की बात थी कि मैंने आख़िर में एक ज़ुबान पा ली थी जो मेरी अपनी ज़ुबान जैसी महसूस हुई। एक ऐसी ज़ुबान जिसमें मैं जिस तरह सोचती थी वह लिख सकती थी। एक ज़ुबान जिसने मुझे आज़ाद कर दिया। लेकिन वह सुकून ज़्यादा दिनों तक नहीं रहा। जैसे कि एस्ता को हमेशा पता था, 'चीज़ें एक दिन में बदल सकती हैं'।[5]

द *गॉड ऑफ़ स्मॉल थिंग्स* के छपने के एक साल से भी कम समय में, मार्च 1998 में एक हिन्दू राष्ट्रवादी सरकार सत्ता में आई। इसने पहला काम किया कि इसने सिलसिलेवार परमाणु परीक्षण किए। कहीं एक दर्द-भरी मरोड़ उठी। कहीं कुछ बदला। बात फिर ज़ुबान की आई। एक लेखक की निजी ज़ुबान की नहीं, बल्कि एक मुल्क की सार्वजनिक ज़ुबान की बात, इसकी बात कि यह मुल्क ख़ुद को किस तरह देखता है। एकबारगी ऐसा हुआ कि जिन बातों को सरेआम कहने के बारे में सोचा भी नहीं जा सकता था, वे अब स्वीकार्य हो गईं। आधिकारिक रूप से स्वीकार्य। मर्दानगी से अकड़ा हुआ राष्ट्रीय गौरव, जिसका रिश्ता मुहब्बत के बजाय नफ़रत से ज़्यादा था, सड़कों पर एक ज़हरीले लावे के रूप में बह निकला। ऐसी-ऐसी जगहों पर जश्न का माहौल था जहाँ मैंने कभी उम्मीद भी नहीं की थी। यह देखकर निराशा में डूबे हुए मैंने अपना पहला राजनीतिक लेख लिखा, 'द एंड ऑफ़ इमेजिनेशन'। मेरी ज़ुबान भी बदल गई। यह धीमी आँच पर पकने वाली ज़ुबान नहीं थी। यह अपने कोने में बैठकर, उपन्यास लिखने वाली ज़ुबान नहीं थी। यह एक फौरी ज़ुबान थी, इसमें एक तक़ाज़ा था, यह एक

सार्वजनिक ज़ुबान थी। यह एक सीधी अंग्रेज़ी थी।

अब 'द एंड ऑफ़ इमेजिनेशन' को पढ़ें तो यह देखकर हैरानी होती है कि चेतावनी की निशानियाँ कितनी साफ़ थीं, अगर कोई, बस अगर कोई उन्हें देखने की जहमत उठाता :

> 'ये महज़ परमाणु परीक्षण नहीं हैं, ये राष्ट्रवाद का परीक्षण हैं,' हमें बार-बार बताया जाता है।
>
> बार-बार इसे पूरी ताक़त के साथ दोहराया जाता है। बम ही भारत है। भारत ही बम है। और महज़ भारत नहीं, हिन्दू भारत। इसलिए, सावधान, इसकी कोई भी आलोचना सिर्फ़ राष्ट्र-विरोधी नहीं है, बल्कि हिन्दू-विरोधी भी है। (बेशक, पाकिस्तान में बम इस्लामी है। इसके अलावा, सियासी तौर पर भौतिकी के वही नियम लागू होते हैं।) परमाणु बम अपने पास होने का यह एक आकस्मिक फ़ायदा है। सरकार इसे सिर्फ़ दुश्मन को धमकाने के लिए ही इस्तेमाल नहीं कर सकती, यह अपने लोगों पर जंग का ऐलान करने के लिए भी इसका इस्तेमाल कर सकती है। हम पर...
>
> यह सब इतना जाना-पहचाना क्यों लगता है? क्या इसलिए कि आपकी निगाहों के सामने देखते-देखते, हक़ीक़त फ़ना हो जाती है और पुरानी फ़िल्मों की ख़ामोश, ब्लैक-एंड-व्हाइट तस्वीरों में बदल जाती है—मंज़र जिनमें लोग अपनी ज़िन्दगियों से महरूम किए जा रहे हैं, गिरफ़्तार करके जिन्हें शिविरों में ले जाया जा रहा है? तस्वीरें क़त्लेआम की, बलवे की, बिखरे हुए लोगों के बेपनाह हुजूम की जो किसी अनजान क़िस्मत की तरफ़ बढ़ रहे हैं? साउंडट्रैक क्यों नहीं है? इतनी ख़ामोशी क्यों है?

क्या मैं ज़रूरत से ज़्यादा फ़िल्में देखती रही हूँ? क्या मैं पागल हूँ? या मैं सही हूँ?[6]

बलवे ने दस्तक दी। 11 सितम्बर के हमलों के तीन हफ़्ते बाद 7 अक्तूबर, 2001 को भारतीय जनता पार्टी ने गुजरात में अपने मुख्यमंत्री केशुभाई पटेल को हटाकर उनकी जगह आरएसएस के उभरते हुए सितारे नरेन्द्र मोदी को मुख्यमंत्री बनाया। फरवरी 2002 में आगजनी की एक कार्रवाई में एक ट्रेन में सवार अड़सठ हिन्दू तीर्थयात्री जलकर मर गए जो गुजरात के एक रेलवे स्टेशन गोधरा पर रुकी हुई थी। स्थानीय मुसलमानों को इसका ज़िम्मेदार ठहराया गया। गुजरात के शहरों और गाँवों में 'बदले' की कार्रवाई के रूप में हिन्दू भीड़ ने 2,000 से अधिक लोगों की जान ले ली, जिनमें से ज़्यादातर मुसलमान थे। डेढ़ लाख लोगों को उनके घरों से दरबदर कर दिया गया और वे शरणार्थी शिविरों में ले जाए गए।[7] आज़ादी के बाद भारत में एक अल्पसंख्यक समुदाय के लोगों का यह पहला क़त्लेआम नहीं था, लेकिन यह पहला ऐसा क़त्लेआम ज़रूर था जो हमारे घरों में लाइव टीवी पर दिखाया गया। और पहला ऐसा क़त्लेआम था, जिसको कुछ मायने में गर्व के साथ 'अपनाया' भी गया। मैं ग़लत थी जब मैंने कहा था कि कोई साउंडट्रैक नहीं था।

'द एंड ऑफ़ इमेजिनेशन' मेरे लिए निबन्ध लिखने के बीस बरस लम्बे एक दौर की शुरुआत थी। क़रीब-क़रीब हरेक निबन्ध का हिन्दी, मलयालम, मराठी, उर्दू और पंजाबी में अनुवाद किया गया और अक्सर ही मुझे इसकी ख़बर भी नहीं होती थी। हम मंत्रमुग्ध होकर देखते रहे और धार्मिक कट्टरपंथ और बेलगाम मुक्त बाज़ार कट्टरपंथ, जिसे 1990 के दशक की शुरुआत में ले आया गया था, प्रेमियों की तरह बाँहों में बाँहें डाले नाचते रहे और हमारे आसपास के मंज़र को बड़ी तेज़ी से बदलते

रहे। यह कुछ के लिए रोमांचक था तो बाक़ियों के लिए इसमें तबाही छिपी हुई थी। भारी-भरकम परियोजनाएँ गाँवों के लाखों ग़रीबों को उजाड़ रही थीं, उन्हें एक ऐसी दुनिया में बेसहारा छोड़ रही थीं, जहाँ न किसी को उनकी परवाह थी और न कोई उनकी परवाह करना चाहता था। लग रहा था मानो शहर और देहात के बीच बातचीत की क़ाबिलियत ख़त्म हो गई हो। इसका रिश्ता ज़ुबान से नहीं था, लेकिन अनुवाद से ज़रूर था। मिसाल के लिए सर्वोच्च न्यायालय में बैठे जज यह समझने के क़ाबिल नहीं लगते थे कि एक आदिवासी जनजाति से जुड़े इनसान का ज़मीन से जो रिश्ता है, उसको पैसे में नहीं बदला जा सकता था। (मुझे अदालत की अवमानना के लिए कसूरवार ठहराया गया, जब मैंने बाक़ी बातों के अलावा यह कहा था कि आदिवासियों को उनकी ज़मीन के बदले में नकदी मुआवज़ा देना ऐसा ही है जैसा सर्वोच्च न्यायालय के जजों को वेतन में खाद की बोरियाँ देना।) समय के साथ निबन्धों ने ख़ुफ़िया दुनियाओं के रास्ते खोले—यह एक लेखक के लिए बेहतरीन क़िस्म की रॉयल्टी थी, जिसकी वह ख़्वाहिश कर सकता है। यात्राओं के दौरान मेरी मुलाक़ात ज़ुबानों, कहानियों, और लोगों से हुई, जिनके सोचने के तरीक़ों ने मुझे इस तरह समृद्ध किया जैसा मैं कभी सोच भी नहीं सकती थी।

इस सफ़र के दौरान ही धीमी आँच फिर सुलग उठी थी। मेरे मन में लोगों की आवाजाही शुरू हुई। उनका आना-जाना बढ़ता गया, वे ठहरने लगे, और आख़िरकार ख़ासे बेधड़क अन्दाज़ में उन्होंने मेरे भीतर ही घर कर लिया : अंजुम, पुरानी दिल्ली की एक उर्दू बोलने वाली, अपनी गोद ली हुई बेटी ज़ैनब के साथ चली आई, और संजीदा और उदास रहने वाला कुत्ता बीरू। ख़ुद को सद्दाम हुसैन कहने वाला एक नौजवान एक सफ़ेद घोड़ी पर नमूदार हुआ, जिसका नाम उसने पायल बताया। उसने

बताया कि वह हरियाणा में झज्झर का रहने वाला एक चमार था और उसका असली नाम दयाचंद था। उसने मुझे यह ख़ौफ़नाक कहानी बताई कि उसके पिता के साथ क्या हुआ था। वह एक क़िस्म की मेवाती-राजस्थानी में बोलता था, जिसे समझने में मुझे मुश्किल आती। उसने मुझे इराक के राष्ट्रपति सद्दाम हुसैन को फाँसी दिए जाने का वीडियो दिखाया जो उसने अपने मोबाइल फ़ोन में रखा हुआ था। उसने कहा कि भले ही वह एक बुरा इनसान हो, लेकिन अपनी मौत के समय हुसैन का हौसला ही था जिसने दयाचंद को इसलाम कबूल करने और सद्दाम हुसैन का नाम अपनाने की प्रेरणा दी थी। मुझे नहीं मालूम था कि उस वीडियो और उसके पिता के बीच क्या रिश्ता था।

एक सींकिया इनसान, जिसकी दाहिनी बाँह पर प्लास्टर चढ़ा हुआ था, उसकी कमीज़ की आस्तीनें बगलों में झूल रही थीं, एक परछाईं की तरह आ बैठा। उसने खाने-पीने के सारे बुलावों को मना कर दिया। इस आदमी ने मुझे काग़ज़ का एक टुकड़ा दिया जिसमें कहा गया था :

> मेरा पूरा नाम : डॉ. आज़ाद भारतीय
>
> मेरा पता . डॉ. आज़ाद भारतीय, लखीसराय रेलवे स्टेशन के पास, लखीसराय बस्ती, कोकर, बिहार
>
> मेरा हाल पता : डॉ. आज़ाद भारतीय, जंतर मंतर, नई दिल्ली
>
> मेरी योग्यताएँ : एमए हिन्दी, एमए उर्दू (फ़र्स्ट क्लास फ़र्स्ट), बीए इतिहास, बीएड, पंजाबी का आधारभूत प्राथमिक पाठ्यक्रम, एमए पंजाबी एबीएफ (अपियर्ड बट फेल्ड), पीएचडी (लम्बित), दिल्ली विश्वविद्यालय (तुलनात्मक धार्मिक एवं बौद्ध अध्ययन), व्याख्याता,

इंटर कॉलेज, गाजियाबाद, रिसर्च असोसिएट, जवाहरलाल नेहरू विश्वविद्यालय, नई दिल्ली, संस्थापक सदस्य विश्व समाजवादी स्थापना (वर्ल्ड पीपुल्स फोरम) और भारतीय समाजवादी लोकतांत्रिक पार्टी (महँगाई के ख़िलाफ़)।

मैंने उन्हें एक सिगरेट दिया। वे पीने के लिए बाहर गए और फिर कुछ हफ़्तों बाद लौटे। इस तरह डॉ. भारतीय ने मेरे घर में घुमक्कड़ी की शुरुआत की। यह आज भी जारी है। अगली बारी जिसकी थी वह घुमक्कड़ का एकदम उलटा था। बिप्लब दासगुप्ता, अंग्रेज़ी की दुनिया से आने वाला यह शख़्स एक एलीट ख़ुफ़िया सेवा का अधिकारी था जो काबुल में तैनात था। उसने मुझे कहा कि मैं उसे उस नाम से बुलाऊँ जो उसके दोस्त उसे बुलाया करते थे—गार्सन होबर्ट। यह उस किरदार का नाम था जो उसने एक कॉलेज के नाटक में अदा किया था। वह एक महँगी व्हिस्की की बोतल लिये हुए आया, जिसे वह लगातार पीता रहा। वह मेरी टेबल पर आ बैठा और बिना पूछे मेरी कलम उठाकर कुछ लिखने लगा। इस बीच उसने निगाह तक नहीं उठाई, बस कभी-कभार किसी चिड़िया के लैटिन नाम को दोहराने के लिए ऊपर देखता, मानो बोलकर उसके हिज्जे की जाँच कर रहा हो। बाद में मुझे अहसास हुआ कि शायद ऐसा करते हुए वह आने वाले कल के अनुवादकों को मुश्किल में डालना चाहता होगा, जिनकी ज़ुबानों में चिड़ियों और पेड़ों के वैज्ञानिक नाम, उनकी ख़ूबियों और प्रजातियों के नामों के साथ जिनसे उनमें से हरेक की ख़ास पहचान बनती है, मौजूद नहीं थे। होबर्ट के भाव बदले, असल में उसकी हर बात ही बदल गई—जब मेरे दरवाज़े की घंटी बजी और मैंने एक आदमी और एक औरत को बाहर खड़े पाया। वह औरत होबर्ट की किराएदार निकली जो शायद लापता हो गई थी। उसका नाम तिलोत्तमा था और उसके साथ

जो मर्द था वह उसका कश्मीरी प्रेमी मूसा था, जो ऐसा लगता था कि होबर्ट को भी जानता था। वे काग़ज़ों और फ़ाइलों के बक्से लिये हुए थे, गर्द में डूबे दस्तावेज़ों के ढेर। तिलोत्तमा ने कुछ पन्ने फ्रिज पर मैग्नेट से दबा दिए। यह लफ़्ज़ों की एक फ़ेहरिश्त थी, तरतीब में लिखे गए लफ़्ज़ :

कश्मीरी-अंग्रेज़ी वर्णमाला

ए : आज़ादी/आर्मी/अल्लाह/अमेरिका/अटैक/एके-47/एम्युनिशन/एंबुश/आतंकवादी/आर्म्ड फोर्सेज स्पेशल पावर्स एक्ट/एरिया डोमिनेशन/अल बद्र/अल मंसूरियन/अल जेहाद/अफ़गान/अमरनाथ यात्रा

बी : बीएसएफ/बॉडी/ब्लास्ट/बुलेट/बटालियन/बार्ब्ड वायर/ब्रस्ट (बर्स्ट)/बॉर्डर क्रॉस/बूबी ट्रैप/बंकर/बेगार (फोर्स्ड लेबर)

सी : क्रॉस-बॉर्डर/क्रॉसफायर/कैंप/सिविलियन/कर्फ़्यू/क्रैकडाउन/कॉर्डन - एंड - सर्च/सीआरपीएफ/चेकपोस्ट/काउंटर इन्सर्जेंसी/सीज़फायर/काउंटर-इंटेलीजेंस/कैच एंड किल/कस्टोडियल किलिंग/कम्पेंसेशन/सिलिंडर (सरेंडर) /कनसर्टिना वायर/कोलैबोरेटर

डी : डिसअपियर्ड/डिफेंस स्पोक्समैन/डबल क्रॉस/डबल एजेंट/डिस्टर्ब्ड एरियाज़ एक्ट/डेड बॉडी

इसमें अंग्रेज़ी की पूरी वर्णमाला, ज़ेड तक दर्ज थी। मैंने जब पूछा कि यह किसलिए है, तो तिलोत्तमा ने कहा कि यह कश्मीर में मासूम भारतीय पर्यटकों की मदद करने के लिए है, ताकि वे मुकामी लोगों के साथ बेहतर ढंग से बातचीत कर सकें।

उसकी बात में तंज या विडंबना की झलक तक नहीं थी। मूसा ने कुछ नहीं कहा। वह माहौल में फ़ौरन ही इस क़दर घुल गया कि मैं भूल ही गई कि वह वहाँ था भी।

कुछ लम्हे बाद तिलोत्तमा के पूर्व पति नागराज हरिहरन वहाँ आए। वे तिलोत्तमा को ही तलाश रहे थे, लेकिन दिखावा कुछ और कर रहे थे। पता नहीं क्यों, वे अपने साथ कोचीन अस्पताल से अपनी सास मरियम इपे की मोटी-सी मेडिकल फ़ाइल लेकर आए थे। उन्होंने इसे मुझे दिखाया, बावजूद इसके कि मैंने साफ़ कर दिया था कि मुझे अनजान लोगों के ब्लड प्रोफाइल और ऑक्सीजन सैचुरेशन में कोई दिलचस्पी नहीं। काफ़ी बाद में जाकर मैंने वो नोट्स देखे जिनमें आईसीयू में भर्ती, मतिभ्रम की शिकार मरियम इपे के नोट्स थे। मैंने कल्पना भी नहीं की थी कि अगर आप लोगों के मतिभ्रम के दौरान कही गई बातों का ढंग से अध्ययन करें तो उनसे आपको जो पता चलेगा वह संजीदा बातचीत के लम्बे-लम्बे दौरों में भी नहीं मिल सकता। इसके बाद भारतीय सेना के एक लम्बे क़द वाले सिख अधिकारी मेजर अमरीक सिंह आए। वे कई ग़ैरक़ानूनी हत्याओं की बात को नकारने लगे, जबकि मैंने ऐसा कोई इल्ज़ाम उन पर नहीं लगाया था। वे कहते रहे कि उन्हें 'बलि का बकरा' बनाया जा रहा है। एक बार जब वे माहौल में घुल-मिल गए और समझ लिया कि यहाँ आमतौर पर लोग इल्ज़ाम लगाने के लिए जमा नहीं हैं, तो उन्होंने अपने काउंटर-इंटेलीजेंस ऑपरेशनों की शेखी बघारनी शुरू की। वे बताने लगे कि कैसे वे कभी हिन्दू बन जाते थे, कभी सिख, या कभी पंजाबी बोलने वाला पाकिस्तानी मुसलमान। यह इस पर निर्भर करता कि किसी ख़ुफ़िया अभियान की ज़रूरतें क्या हैं।

एक बच्ची दरवाज़े पर आई, एक अकेली बच्ची। अंजुम कमाल की तेज़ी से गई, उसे उठाया और फिर कम से कम दो

हफ़्तों तक किसी को भी उसके क़रीब नहीं आने दिया। किसी के हाथों बस्तर से भेजी गई एक चिट्ठी आ पहुँची। यह नन्हे-नन्हे हर्फ़ों में, पन्ने की सारी जगहों का उपयोग करके लिखी गई थी। जहाँ तक मैं जान सकी, यह अंग्रेज़ी में थी। इसे डॉ. आज़ाद भारतीय के नाम लिखा गया था, जिन्होंने पता नहीं क्यों अंजुम को पढ़कर सुनाते हुए इसका उर्दू में तर्जुमा कर दिया :

> प्यारे कॉमरेड आज़ाद भारतीय गारू,
>
> मैं आपको यह लिख रही हूँ क्योंकि जंतर मंतर पर बिताए अपने तीन दिनों के दरमियान मैंने आपको बारीकी से देखा। अगर किसी को मालूम है कि मेरी बच्ची कहाँ है तो मेरे ख़याल से सिर्फ़ आपको पता है। मैं एक तेलुगु औरत हूँ और माफ़ी चाहती हूँ कि मुझे हिन्दी नहीं आती। मेरी अंग्रेज़ी भी अच्छी नहीं है। इसके लिए माफ़ी। मैं रेवती हूँ, भारत की कम्युनिस्ट पार्टी (माओवादी) के लिए काम करने वाली फुल-टाइमर हूँ। आपको जब तक यह चिट्ठी मिलेगी मेरा क़त्ल हो चुका होगा...

मेरा घर एक कम्यून बन गया, जहाँ ज़ुबानों के बीच एक गठजोड़ क़ायम हो गया। वक़्त बीता और हम सभी घरवाले एक-दूसरे से बातें करना, एक-दूसरे का अनुवाद करना सीख गए।

मद्धिम आँच पर पकने वाली इस दास्तान में भारी जोखिम था। द *गॉड ऑफ़ स्मॉल थिंग्स* में जो मेरी ज़ुबान थी, उसको एक ऊँची इमारत से फेंक देना था। और फिर (सीढ़ियों से होकर) नीचे जाकर उसके बिखरे हुए टुकड़ों को जमा करना था। इस तरह द *मिनिस्ट्री ऑफ़ अटमोस्ट हैपीनेस* का जन्म हुआ।

द *मिनिस्ट्री ऑफ़ अटमोस्ट हैपीनेस* के पढ़ने वालों के लिए यह ज़रूरी नहीं है कि वे इसकी बुनियाद बनी ज़ुबानों के उलझे हुए नक़्शे के बारे में जानें या समझें। अगर ऐसा होता,

अगर पढ़ने वालों को इस किताब को सही तरीक़े से समझने के लिए एक मददगार की ज़रूरत पड़ती तो मैं इसे अपनी नाकामी मानती। किताबघरों में इसे पल्प फिक्शन और पोलिटिकल थ्रिलर उपन्यासों के साथ रखा देखकर मुझे आनंद ही आता है। ज़ुबान के नक़्शे का मज़ा और उसका खेल बस इतना ही है कि इससे मज़े और खेल में इज़ाफ़ा हो जाता है। असल में, द *मिनिस्ट्री* की ज़ुबानों का नक़्शा और उनकी आपस में उलझी हुई तारीख़ें अपने आप में ही एक बड़ी-सी किताब बन जाएँगी। इसलिए, अभी मैं बस इतना ही कर सकती हूँ कि शुरुआती कुछ अध्यायों की सतह को खुरचने की कोशिश करती हूँ ताकि आपको दिखा सकूँ कि मैं कहना क्या चाहती हूँ। शुरुआत मैं उसी वाक्य से करूँगी, जिससे उपन्यास शुरू होता है : 'वह क़ब्रिस्तान में एक दरख़्त की मानिंद रहा करती थी।'[8]

'वह' अंजुम है। अब वह अधेड़ उम्र की है, और उसने ख़्वाबगाह का अपना घर छोड़ दिया है जहाँ वह अपने जैसे दूसरे लोगों के एक समूह के साथ बरसों तक रहती आई थी। अब वह जिस मुस्लिम क़ब्रिस्तान में रहती है वह दिल्ली के फसीलबन्द शहर के क़रीब है। पहली बार जब वह बताती है कि वह असल में कौन है, तो इसकी शुरुआत दो ज़ुबानों के एक चौराहे पर होती है। इस चौराहे पर आवाजाही को मुमकिन बनाने के लिए ख़ुद विलियम शेक्सपियर तैनात हैं।

> अरसा पहले अंग्रेज़ी के जानकार एक आदमी ने उसे बताया था कि उसका नाम (अंग्रेज़ी में) पलटकर लिखा जाए तो मजनू बन जाता है। उसने बताया कि लैला और मजनू की अंग्रेज़ी दास्तान में मजनू को रोमियो कहा जाता था और लैला को जूलियट। उसे यह बात बड़ी हँसी की लगी थी। 'आपका मतलब है कि मैंने उनकी

कहानी की खिचड़ी बना दी है?' उसने पूछा। 'वे तब क्या करेंगे जब उन्हें मालूम पड़ेगा कि लैला असल में मजनू हो सकती है और रोमी असल में जूली थी?' अगली बार वह जब उससे मिली, तो अंग्रेज़ी जानने वाले उस आदमी ने बताया कि उससे एक ग़लती हो गई थी। पलटकर उसका नाम पढ़ने पर मुजना होगा, जो कोई नाम ही नहीं था और जिसका कोई मतलब नहीं था। इस पर उस औरत ने कहा, 'इससे फ़र्क़ नहीं पड़ता। मैं वह सब हूँ, मैं रोमी और जूली हूँ, मैं लैला और मजनू हूँ। और मुजना भी, क्यों नहीं? कौन कहता है कि मेरा नाम अंजुम है? मैं अंजुम नहीं हूँ, मैं अंजुमन हूँ। मैं एक महफ़िल हूँ। हर शख़्स की और हर नाचीज़ की, हर चीज़ की, मामूली से मामूली चीज़ की भी। कोई और रह गया है जिसे आप बुलाना चाहेंगे? हरेक को दावत है।'

अंग्रेज़ी के जानकार उस आदमी ने कहा कि वह होशियार थी जिसे वह बात सूझ गई। उसने कहा कि वह ख़ुद तो यह कभी भी नहीं सोच सकता था। वह बोली, 'आप जितना उर्दू जानते हैं उतने भर से आप सोच भी कैसे सकते थे? आपको क्या लगता है? अंग्रेज़ी आपको ख़ुद-ब-ख़ुद होशियार बना देती है?'[9]

अंजुम की पैदाइश आज़ादी के ठीक बाद के बरसों में पुरानी दिल्ली के शिया मुसलमान माँ-बाप के यहाँ हुई थी। उसके अब्बा मुलाक़ात अली अपने ख़ानदान का सिलसिला सीधे मंगोल सुल्तान चंगेज़ ख़ान से जोड़ते हैं। वे एक हकीम हैं और उस परिवार के लिए काम करते हैं जो मशहूर शरबत रूह-अफ़ज़ा बनाता है। उसकी अम्मी जहाँआरा बेगम परिवार की आमदनी

बढ़ाने के लिए सफ़ेद गांधी टोपियाँ सिला करती हैं जिन्हें वो चाँदनी चौक के हिन्दू कारोबारियों के यहाँ बेचा करतीं। अंजुम जब पैदा हुई, तब वे तीन बेटियों की माँ थीं। उपन्यास के दूसरे अध्याय 'ख़्वाबगाह' में हम अंजुम की पैदाइश से रू-ब-रू होते हैं। उसकी अम्मी और दाई के साथ-साथ उसकी मादरी ज़ुबान भी वहाँ मौजूद है। और पाया जाता है कि उसमें खामी भी है :

> उसकी ज़चगी कराने वाली दाई अहलाम बाजी ने उसे दो चादरों में लपेटकर उसकी अम्मी की बाँहों में रखा और बोली, 'लड़का है।' हालात जैसे थे, उनमें उसकी ग़लती समझ में आती है...
>
> अगले दिन जब धूप निकली और कमरा सुहाना और गर्म हो गया, तो उन्होंने नन्हे आफ़ताब के कपड़े खोले। एक इत्मीनान और सुकून से भरपूर ख़ुशी के साथ उन्होंने उसकी नन्ही देह का मुआयना किया—आँखें-नाक-सिर-गला-काँख-उँगलियाँ-पंजे। और तब जाकर उन्होंने पाया, उसके लड़कों वाले अंगों के नीचे, एक नन्हा, अनगढ़, लेकिन बिलाशक लड़कियों वाला अंग। क्या मुमकिन है कि एक माँ ख़ुद अपने ही बच्चे से ख़ौफ़ खा जाए? जहाँआरा बेगम के साथ ऐसा ही हुआ...
>
> जो अकेली उर्दू ज़ुबान वे जानती थीं, उसमें सारी चीज़ों का, सिर्फ़ जानदार चीज़ों का ही नहीं बल्कि सारी चीज़ों का एक जिंस था—कालीन, कपड़े, किताबें, कलम, साज़। हर चीज़ या तो मर्दाना जिंस की थी या जनाना जिंस की, मर्द या औरत। हर चीज़, सिवाय उनके बच्चे के। बेशक उन्हें मालूम था कि ऐसों के लिए एक लफ़्ज़ होता है—*हिजड़ा*। असल में दो लफ़्ज़, *हिजड़ा* और *किन्नर*। लेकिन महज़ दो लफ़्ज़ों से कोई ज़ुबान तो नहीं बनती।

> क्या एक ज़ुबान के बाहर जीना मुमकिन है? क़ुदरती तौर पर यह सवाल उनके सामने लफ़्ज़ों की शक्ल में नहीं आया, न ही एक मुकम्मल, साफ़ वाक्य की शक्ल में। यह एक बेआवाज़, बेचेहरा चीख़ की शक्ल में उनके सामने खड़ा था।[10]

एक ऐसे परिवार के लिए, जिसकी ज़िन्दगियाँ ज़ुबान के साथ बहुत क़रीबी और लगन से घुली-मिली हैं, अंजुम की पैदाइश ने एक संकट खड़ा कर दिया। वह संकट था ज़ुबान के बाहर जीने का संकट। पहले कुछ बरसों तक जहाँआरा बेगम राज़ को बनाए रखने में कामयाब रहती हैं। लेकिन एक ऐसा वक़्त आता है जब उन्हें अपने पति को बताना पड़ता है। मुलाक़ात अली एक ऐसे शख़्स हैं, जिनकी असली लगन उर्दू और फ़ारसी शायरी है। उनके पास शायरी का ग़ज़ब का ख़ज़ाना है और वे हर मौक़े, हर मिज़ाज, सियासत में आने वाले हर बारीक बदलाव के बारे में शेर पेश कर सकते हैं। उनका मानना है कि शायरी हर मर्ज़ की दवा है, या कम से कम इसके इलाज में बेहद मददगार साबित हो सकती है। वे अपने मरीज़ों को दवाओं की जगह शायरी का नुस्खा दिया करते हैं। जब वे वह राज़ सुनते हैं जिसे उनकी बीवी ने इतने बरसों तक उनसे छुपाए रखा था, और ख़ुद को दिलासा देने के लिए उन्हें कोई नज़्म नहीं मिलती, तो वे अपने होश खो बैठते हैं। ख़ुद को संयत रखने की वे भरपूर कोशिश करते हैं, कोशिश करते हैं कि हक़ीक़त का सामना कर सकें, लेकिन आख़िरकार नाकाम रहते हैं।

हमारी भेंट जब मुलाक़ात अली से होती है, तो हमें भारतीय उपमहाद्वीप के भरे-पूरे इतिहास की झलक देने वाली ढेर सारी ज़ुबानों के इतिहास का पहला सुराग मिलता है। जिस उथल-पुथल का अंजाम एक ख़ून सने बँटवारे के रूप में सामने आया, उसने न सिर्फ़ ज़मीन और अवाम को बाँट दिया, बल्कि एक

ज़ुबान के भी दो टुकड़े कर दिए। इसमें से एक हिस्से को 'मुसलमान' बना दिया और दूसरे को 'हिन्दू'। नीचे हम देखते हैं कि जब एक सतही जानकारी रखने वाला नौजवान पत्रकार उनसे समय-समय पर पुरानी दिल्ली की रंग-बिरंगी तहजीब और खानपान के बारे में अख़बारों के हफ़्तावार पन्नों के लिए उनसे इंटरव्यू करने आता है तो मुलाक़ात अली ख़ुद को किस तरह पेश किया करते हैं :

> मुलाक़ात अली हमेशा अपने मुलाक़ातियों को एक रईस की गुज़री हुई शानोशौकत के साथ अपने नन्हे कमरों में बुलाते। गुज़रे हुए ज़माने के बारे में वे इज़्ज़त से बात करते, लेकिन कभी भी उनमें उस ज़माने का मोह नहीं होता। वे बताते कि कैसे तेरहवीं सदी में उनके पुरखों ने एक ऐसी सल्तनत पर हुकूमत की थी, जो उन मुल्कों तक फैली हुई है जो आज वियतनाम और कोरिया, हंगरी और बाल्कन के नाम से जाने जाते हैं और जिसका विस्तार उत्तरी साइबेरिया से लेकर भारत के दक्कन के पठार तक था। अपनी बातचीत अक्सर वे अपने पसन्दीदा शायरों में से एक मीर तक़ी मीर के इस उर्दू शेर से करते :
>
> *जिस सर को गुरूर आज है याँ ताज-वरी का*
> *कल उस पे यहीं शोर है फिर नौहागरी का*
>
> ज़्यादातर मुलाक़ाती नए-नवेले हुक्मरान दर्जे के गुस्ताख़ नुमाइंदे हुआ करते, जो बस अपनी जवानी के गुरूर में होते और वे इन शेरों के मा'नी की सारी परतों को पूरी तरह समझ भी नहीं पाते, उन्हें लगता मानो वह कोई नमकपारा हो जिसे अंगुश्ताने जितने बड़े प्याले में गाढ़ी, मीठी चाय के साथ गले के नीचे उतार लेना हो। बेशक

> वे यह समझते थे कि यह एक बिखर चुकी सल्तनत का मर्सिया था, जिसकी अनेक क़ौमों में फैली हुई सरहदें सिमटकर एक पुराने शहर की ख़स्ताहाल दीवारों से घिरी हुई एक गलीज़, बन्द बस्ती में क़ैद हो गई हैं। और हाँ, वे यह अहसास करते कि यह मुलाक़ात अली के अपनी खस्ता हालत पर भी एक उदास फिकरा था। जो बात उनकी पकड़ में नहीं आती वो यह थी कि शेर एक शातिर नमकपारा था, एक दग़ाबाज़ समोसा, मातम में लिपटी हुई एक चेतावनी, जिसे एक बनावटी नर्मी में लपेटकर पेश किया जाता। और पेश करने वाला शख़्स एक आलिम इनसान था जिसे अपने सुनने वालों में उर्दू की नाइल्मी पर पक्का भरोसा था। जो एक ऐसी ज़ुबान थी जो अपने बोलने वालों की ही मानिंद, धीरे-धीरे घेरेबन्दी का शिकार होती जा रही थी।[11]

जिस ज़ुबान को उर्दू/हिन्दी/हिन्दुस्तानी के नामों से जाना जाता है, और जिसे पहले के ज़माने में हिन्दवी कहा जाता था, वह उत्तर भारत की गलियों और बाज़ारों में पैदा हुई। दिल्ली और अब के पश्चिमी उत्तर प्रदेश में बोली जाने वाली खड़ी बोली इसकी बुनियाद में है, जिसमें फ़ारसी से आए अल्फ़ाज़ जुड़ते गए। फ़ारसी-अरबी लिपि में लिखी जाने वाली उर्दू को उत्तर भारत से लेकर दक्कन के पठार तक के हिन्दू और मुसलमान बोला करते थे। यह दरबारों की ज़ुबान नहीं थी, जैसा कि अक्सर बताया जाता है। वह जगह फ़ारसी को हासिल थी। लेकिन यह हर कहीं पर आम लोगों की ज़ुबान भी नहीं थी, जो अक्सर इसे समझ लिया जाता है। उर्दू सड़कों और गलियों की ज़ुबान थी, लेकिन ज़रूरी नहीं कि यह ज़्यादातर आम लोगों के घरों के भीतर भी बोली जाती हो। ख़ासकर यह औरतों की ज़ुबान नहीं

थी। यह हिन्दुओं और मुसलमानों, दोनों के लिए साहित्य और शायरी की बाक़ायदा ज़ुबान बन गई। अलग-अलग इलाक़ों में उर्दू का रूप भी अलग-अलग था। हर इलाक़े में इसके अपने जानकार थे जो इसके असली ख़ानदानी होने का दावा पेश किया करते। हक़ीक़त यह है कि इस ज़ुबान का सुनहरा दौर तब आया जब मुगल सल्तनत बिखर रही थी।

उर्दू का असली बँटवारा उन्नीसवीं सदी में बाद के बरसों में हुआ जब 1857 की आज़ादी की लड़ाई (जिसे ब्रिटिश लोग ग़दर कहते थे) नाकाम रही, और जब भारत ईस्ट इंडिया कम्पनी की जागीर भर नहीं रह गया। नाम-भर के मुगल बादशाह बहादुर शाह ज़फर को बाक़ायदा गद्दी से हटाया गया और भारत को सीधे-सीधे ब्रिटिश हुकूमत के मातहत लाया गया। मुसलमानों को बग़ावत भड़काने का अहम ज़िम्मेदार माना गया और उन्हें सख़्त सज़ाएँ दी गईं और ब्रिटिश प्रशासन उनसे बड़े सन्देह के साथ पेश आने लगा। ताक़त की बुनियादें बदलने लगीं, ओहदों और दर्ज़ों की तरतीब बदली। इससे दबी हुई नाराज़गियाँ और नई लहरें पैदा हुईं जो धुएँ की तरह दरारों से निकलकर बाहर आने लगीं। ज्यों-ज्यों फ़रमानों और फ़ौजी ताक़त के बल पर हुकूमत करने के पुराने ख़याल, नुमाइंदगी पर बनी सरकारों के आधुनिक विचारों में ढलने लगे, पुराने सामंती समुदाय आधुनिक 'जनाधारों' के रूप में सामने आए, ताकि सत्ता और नौकरी के मौक़ों का अधिक से अधिक फ़ायदा उठाया जा सके। साफ़ तौर पर, बड़े जनाधार का मतलब ही था अधिक फ़ायदा।

आबादी की बनावट बहुत ज़्यादा अहम हो गई, इसलिए पहली ब्रिटिश जनगणना ने भारी उथल-पुथल खड़ी की। 'हिन्दू' नेताओं ने उन लाखों लोगों की तरफ़ रुख किया जो 'अछूत' जातियों से ताल्लुक़ रखते थे। अतीत में, जाति का दाग़ छुड़ाने के लिए लाखों लोगों ने इसलाम, सिख या ईसाई धर्म कबूल कर

लिया था। लेकिन अब उनका धर्म बदलना ऊँची जातियों की नज़रों में एक तबाही थी। समुदायों के इस रिसाव को रोकने के लिए सुधारक लोग कूद पड़े। हिन्दू धर्म एक परोपकारी धर्म बन गया। सब तरह से विशेषाधिकार वाली हिन्दू जातियों के संगठन बनने लगे, जो जातियों में यक़ीन करते थे और ख़ुद को यूरोपीय नस्ल के ख़ानदानी आर्य मानते थे। वे अछूत कही जाने वाली जातियों और आदिवासियों की घर वापसी कराकर उन्हें वापस 'हिन्दू पाले' में लाने की कोशिश करने लगे। घर वापसी की ये रस्में मज़ाक़ ही थीं, जिनका मतलब लोगों की 'आध्यात्मिक शुद्धि' करना था। अपने मुक़ाबिल खड़े दूसरे जनाधारों से ख़ुद को अलग करने और अपनी अलग पहचान बनाने के लिए नए-नए उभर रहे हिन्दू जनाधार को सांस्कृतिक प्रतीकों की ज़रूरत थी। उन्हें कुछ ऐसी निशानियाँ चाहिए थीं जो इसके प्रचारकों की कल्पनाओं में रंग भर सकें और इसमें भरती होने के लिए लोगों को लुभा सकें। इस गोलबन्दी के लिए पवित्र गाय और पवित्र लिपि को चुना गया। गौरक्षक सभाएँ पनपने लगीं, साथ ही यह माँग भी उठी कि देवनागरी (देवताओं की लिपि) को उर्दू की एक दूसरी लिपि के तौर पर आधिकारिक मान्यता दी जाए। मूल रूप में बाभनी के नाम से जानी जाने वाली देवनागरी ब्राह्मणों की लिपि थी[12], और संस्कृत की ही तरह बहुत सख़्ती से इसका ख़याल रखा गया था कि इस पर निचली जातियों का 'नापाक असर' न पड़ जाए, जिनको संस्कृत सीखने के अधिकार से सदियों तक महरूम रखा गया था। लेकिन अब बदलते वक़्त का तक़ाज़ा था कि इसे 'जनता' की अपनी लिपि के रूप में प्रचारित किया जाए। असल में उस वक़्त जिस लिपि का कहीं अधिक चलन था उसे कैथी कहा जाता है। लेकिन कैथी को कायस्थ जैसी ग़ैर-ब्राह्मण जातियाँ ही इस्तेमाल करती थीं, जिन्हें मुसलमानों का हिमायती माना जाता था। बड़े ग़ैरमामूली तरीक़े

से, महज़ कुछ ही दशकों के भीतर कैथी को न सिर्फ़ चलन से बाहर कर दिया गया बल्कि उसे लोगों की यादों से भी मिटा दिया गया।[13]

एक नई लिपि की लड़ाई को एक लोकप्रिय सामाजिक आन्दोलन में बदलना आसान काम नहीं था, क्योंकि आबादी की साक्षरता-दर इकाई अंकों में थी। अगर किसी चीज़ से लोगों के जीवन पर सचमुच में असर नहीं पड़ता हो तो उसको लेकर उनमें जोश भरना कैसे मुमकिन है? इसका उपाय आसान, लेकिन बहुत शातिराना था। अपनी किताब *हिन्दी नेशनलिज़्म* में आलोक राय इसका ब्योरा देते हैं कि किस तरह देवनागरी के लिए गोलबन्दी को हिन्दू एकता, गोरक्षा और घर वापसी के आह्वान के साथ जोड़ दिया गया। नागरी प्रचारिणी सभाओं, और गौ रक्षकों और घर वापसी के प्रचारकों के दफ़्तर और पदाधिकारी समान लोग होते थे। शायद अभी भी होते होंगे। देवनागरी के लिए अभियान के फ़ौरी और व्यावहारिक मक़सद भी थे, मसलन सरकारी दफ़्तरों में नौकरी के लिए योग्यता, जिसके लिए तब फ़ारसी पढ़ना आना एक बुनियादी ज़रूरत थी। इस अभियान ने जड़ पकड़ी तो इसको कुलीन मुसलमानों की तरफ़ से विरोध का सामना करना पड़ा, जिसमें ऐसे मुसलमान नेता भी शामिल थे जिनके हित इसमें थे कि हालात जस के तस बने रहें। अपने समय के जाने-माने सुधारक और आधुनिकतावादी सर सैयद अहमद ख़ाँ ऐसे ही एक नेता थे। फ़ारसी-अरबी को अकेली आधिकारिक लिपि बनाए रखने के हक़ में उनकी दलील यह थी : 'हमारे नवाब लोग क्या यह पसन्द करेंगे कि निचली जाति और हकीर पैदाइश का कोई आदमी उनसे ओहदे में ऊपर हो और उनके जान-ओ-माल पर असर डालने वाले क़ानून बनाने की हैसियत पा जाए, भले ही वह बीए या एमए ही क्यों न हो और भले ही उसमें ज़रूरी क़ाबिलियत भी हो? कभी नहीं! '[14]

यह हैरानी की बात है कि एक-दूसरे के दुश्मन बने लोग अपनी बदतरीन बदग़ुमानियों में एक साझा ज़मीन खोज लेते हैं। हमेशा की तरह यह मौक़ों के लिए आज़माइश करने वाले पुराने और नए कुलीनों की लड़ाई थी, और हमेशा की तरह नए कुलीन अपनी ख़्वाहिशों को 'जनता' की चाहत के लबादे में छिपाकर पेश कर रहे थे।

देवनागरी आन्दोलन की पहली जीत अप्रैल 1900 में हुई जब पश्चिमोत्तर प्रान्त और अवध के ले. गवर्नर सर एंथनी मैकडॉनेल ने एक आदेश जारी किया जिसमें प्रान्त की अदालतों में फ़ारसी लिपि के साथ देवनागरी लिपि के इस्तेमाल की इजाज़त दी गई। कुछ ही महीनों के भीतर हिन्दी और उर्दू को अलग-अलग ज़ुबानों के नाम से पुकारा जाने लगा। दोनों तरफ़ के ज़ुबानों के जागीरदार मैदान में उतरे और पानियों का बँटवारा करके लफ़्ज़ों की मछलियों पर अपना हक़ जताने लगे। 'हिन्दी' की तरफ़, जो कुछ भी फ़ारसी से प्रभावित लगा और लगा कि उस पर ऐसे लोगों की ज़ुबानों का असर है जिन्हें वे जाहिल समझा करते थे, उसे छाँट-बीन कर अलग किया जाने लगा (किसी तरह हिन्दू, हिन्दू और हिन्दुस्तान इस छँटाई से बच निकले)। संस्कृत फ़ारसी की जगह लेने लगी। लेकिन संस्कृत कर्मकांडों और पोथियों की ज़ुबान थी, यह पुरोहितों और धर्मात्माओं की ज़ुबान थी। इसके लफ़्ज़ रोज़मर्रा के इनसानी अनुभवों की निहाई पर नहीं गढ़े गए थे। यह मर-मिटने वाले प्यार या मेहनत की, या थकान की, या तड़प की ज़ुबान नहीं थी। यह आम जनता के गीतों और कविताओं की ज़ुबान नहीं थी। वह रुतबा तो अवधी, मैथिली, ब्रज, भोजपुरी या बाक़ी तमाम बोलियों को हासिल था। इस तरह इतिहास में ऐसी कोई मिसाल नहीं मिलती, जब किसी ज़ुबान को समृद्ध बनाने के बजाय उसे इस तरह खोखला और बेजान कर दिया गया। यह ऐसा था जैसे कोई समंदर को हटाकर

उसकी जगह एक्वेरियम लगाने की ख़्वाहिश करे।

दोनों पक्षों के विचार जब जड़ें जमाने लगे, तो साहित्य की हस्तियों का बँटवारा शुरू हुआ। 'उर्दू' के हिस्से से कबीर, सूरदास, मीरा और कृष्ण के मुसलमान भक्त रसखान जैसे बेहतरीन, जाति-विरोधी भक्ति कवि मिटा दिए गए। 'हिन्दी' को मीर और ग़ालिब जैसे अजीम शायरों से महरूम कर दिया गया। (हिन्दुस्तानी शास्त्रीय संगीत की दुनिया में भी ऐसी ही कार्रवाई चल रही है, लेकिन अभी इसका नसीब इतना नहीं बिगड़ा है कि इसे बाक़ायदा हिन्दू शास्त्रीय संगीत और मुसलमान शास्त्रीय संगीत में बाँट दिया गया हो।) ख़ुशक़िस्मती से बेहतरीन प्रगतिशील लेखकों और शायरों ने इस दबाव का मुक़ाबला किया। उन्होंने ऐसा साहित्य और शायरी लिखना जारी रखा जो समृद्ध और गहरी थी, और उनकी ज़ुबान के साथ जो किया जा रहा था, उससे बख़ूबी वाक़िफ़ थी। लेकिन होगा यह कि धीरे-धीरे पुरानी पीढ़ियों के गुज़रने के साथ आई नई पीढ़ियों के लिए अपनी ही बेपनाह ख़ूबसूरत विरासत पर दावा करना दुश्वार होता जाएगा, जिनकी औपचारिक पढ़ाई-लिखाई सरकारी समितियों द्वारा स्वीकृत 'नई' हिन्दी किताबों और स्कूली किताबों के ज़रिये हुई है।

यही वो वजहें हैं, कि जब अंजुम के अब्बा मुलाक़ात अली मीर का वह शेर पढ़ते हैं, जिसमें मातम में लिपटी एक चेतावनी होती है, तो उन्हें पक्का यक़ीन है कि उनके नौजवान मेहमानों को—जो 'नई' हिन्दी की पीढ़ी से ताल्लुक़ रखते हैं—इसका सच्चा मतलब समझ में नहीं आएगा। वे जानते हैं कि उनकी ज़िन्दगी की तंगहाली में, उनके मुलाक़ातियों की ज़ुबान की तंगहाली झलकती है।

आज भारत में उर्दू बोलने वाली नौजवान पीढ़ी में अनेक लोग फ़ारसी लिपि नहीं पढ़ सकते। वे सिर्फ़ देवनागरी लिपि में ही उर्दू पढ़ सकते हैं। उर्दू सिर्फ़ एक मुसलमान ज़ुबान भर

नहीं है, बल्कि यह एक पाकिस्तानी ज़ुबान है जिसके चलते यह लोगों की नज़र में क़रीब-क़रीब एक जुर्म बन गई है। मार्च 2017 में उत्तर प्रदेश विधान सभा में दो मुसलमान सदस्यों को उर्दू में शपथ लेने से रोक दिया गया।[15] अलीगढ़ नगर निगम के एक सदस्य ने जब ऐसा ही करने की कोशिश की तो उस पर 'धार्मिक भावनाओं को चोट पहुँचाने के इरादे' के आरोप में मुक़दमा चला दिया गया।[16]

भले ही हिन्दी की जीत एक ज़बरदस्त जीत रही हो, लेकिन ऐसा नहीं लगता है कि इसके जागीरदारों की परेशानियाँ पूरी-पूरी हल हो गई हों। शायद इसलिए कि उनके दुश्मन वे मरे हुए शायर हैं जिनमें फ़ना न होने की एक ज़िद है। 2002 के गुजरात क़त्लेआम की दास्तानों में एक दास्तान शायरी की भी है। जैसा कि अंजुम को अपने ख़ौफ़नाक अनुभव के बाद पता लगता है जब वह अपने अब्बा मुलाक़ात अली के एक दोस्त ज़ाकिर मियाँ के साथ गुजरात के सफ़र पर जाती है।

> उन्होंने कहा कि जब वे अहमदाबाद आए ही हैं तो वली दक्कनी के मज़ार पर जाकर उनकी दुआएँ ले सकते हैं। सत्रहवीं सदी के इस उर्दू शायर को इश्क़ के शायर के बतौर जाना जाता था और मुलाक़ात अली उनके बड़े क़द्रदान थे। उन्होंने हँसते हुए वली का एक शेर पढ़कर सफ़र का मंसूबा तय कर लिया। यह शेर मुलाक़ात अली के पसन्दीदा शेरों में से एक था :
>
> *जिसे इश्क़ का तीर कारी लगे*
> *उसे ज़िन्दगी क्यूँ न भारी लगे* [17]
>
> कुछ दिनों बाद वे ट्रेन से रवाना हुए, पहले उन्हें अजमेर जाना था, और फिर अहमदाबाद। और फिर उनकी ख़बर मिलनी बन्द हो गई।

सईदा ने (जो अंजुम को प्यार करती थी और अपने को लेकर अंजुम के शुबहों से पूरी तरह नावाक़िफ़ थी) जब कहा तो किसी ने मना नहीं किया कि टीवी पर चलने वाले धारावाहिकों की जगह ख़बरों वाले चैनल लगाए जाएँ ताकि, किसी संयोग से उन्हें इस बात का पता लग सके कि अंजुम और ज़ाकिर मियाँ के साथ कहीं कुछ हो तो नहीं गया। टीवी पर उत्तेजित और जोशीले टीवी पत्रकार शरणार्थी शिविरों से चीख-चीख कर अपना पीसेज़-टू-कैमरा पेश कर रहे थे, जहाँ अब गुजरात के दसियों हज़ार मुसलमान रह रहे थे। ख़्वाबगाह के बाशिंदों ने टीवी की आवाज़ बन्द कर दी और पर्दे पर निगाहें गड़ाए देखते रहे, ताकि उन्हें अंजुम और जाकिर मियाँ की एक झलक मिल जाए जो कहीं खाने या कंबल के लिए क़तार में लगे या किसी तम्बू में दुबके पड़े हो सकते हैं। चलते-चलाते उन्हें यह ख़बर भी मिली कि वली दक्कनी के मज़ार को तोड़कर मिट्टी में मिला दिया गया है और उसके ऊपर कोलतार की पक्की सड़क बना दी गई है और इस तरह हर उस निशानी को मिटा दिया गया है कि उस मज़ार के वजूद का पता ही न चले। (न तो पुलिस न हत्यारी भीड़ न ही मुख्यमंत्री इसका कुछ कर सकते थे कि लोग अभी भी उस नई पक्की सड़क के बीच में फूल रख जा रहे थे जहाँ कभी मज़ार हुआ करता था। तेज़ रफ़्तार कारों के पहियों के नीचे जब ये फूल कुचलकर लसलसी लेई बन जाते, तो वहाँ नए फूल नमूदार होते। और फूलों की लेई और शायरी के बीच रिश्ते के बारे में कोई कर भी क्या सकता है?)[18]

आख़िर इक्कीसवीं सदी की एक भीड़ एक ऐसे शायर से क्यों ख़फ़ा थी जो 300 से भी ज़्यादा साल पहले हुआ था? वली दक्कनी सत्रहवीं सदी के एक शायर थे जिन्हें वली औरंगाबादी और वली गुजराती के नाम से भी जाना जाता है। वे दक्खिनी उर्दू में लिखते थे, जिसके बारे में उत्तर के दरबारी शायरों को पता नहीं था जो तब ज़्यादातर फ़ारसी में लिखा करते थे। हालाँकि वली दक्कनी उर्दू में लिखते थे, वे उपमहाद्वीप के पहले शायर थे जिन्होंने अपनी शायरी को एक दीवान की शक्ल में पेश किया—फ़ारसी रवायत में यह शायरी का एक ऐसा संग्रह होता है जिसमें कविताओं को तीन ज़रूरी हिस्सों में अलग-अलग करके, वर्णमाला के क्रम में पेश किया जाता है : मसनवी (वाक़या बयान करने वाली शायरी), मर्सिया (हुसैन की शहादत की याद में लिखी गई मातमी शायरी), क़सीदा (बहादुर जाँबाज़ों की तारीफ़ करने की रवायत)। वली दक्कनी के दीवान ने कुलीन हलकों में तूफान खड़ा कर दिया, जो फ़ारसी में लिखा करते थे। वली उत्तर और दक्खिन के बीच एक सांस्कृतिक पुल बन गए और उन्होंने उर्दू शायरी की बुनियाद रखी।

आधुनिक वक़्त की जिस भीड़ ने उनके मज़ार को तोड़ दिया, उस पर देशी होने का जो नशा सवार है, उसमें यह भी मुमकिन था कि वह इस बात के लिए वली दक्कनी की तारीफ़ कर सकती थी कि उन्होंने फ़ारसी में लिखने वाले शायरों को उर्दू में लिखने की प्रेरणा दी। उन्होंने उर्दू को एक इज़्ज़तदार साहित्य का दर्जा दिलाया। क्योंकि उर्दू हिन्दुस्तान के ही गलियों-मुहल्लों में जन्मी ज़ुबान है। लेकिन अफ़सोस कि कहानी यह रुख नहीं ले पाई।

2002 के गुजरात क़त्लेआम के दौरान वली दक्कनी की क़ब्र को तोड़ने का वाक़या अकेला नहीं था।[19] उन्हीं हफ़्तों में बड़ौदा शहर में एक भीड़ ने उस्ताद फ़ैयाज़ ख़ान की क़ब्र पर

हमला करके उसे नुक़सान पहुँचाया, जो हिन्दुस्तानी शास्त्रीय गायकी के सबसे माहिर फ़नकारों में से एक थे। कई साल पहले, 1970 के दशक में हुए एक दंगे में एक भीड़ ने रसूलन बाई के घर को जला दिया था (जो गार्सन होबर्ट की पसन्दीदा गायिका हैं)।[20] हमारे समय की इस भीड़ की रवायत के बारे में जो अकेली अच्छी बात कही जा सकती है वो ये है कि यह समझती है कि कला कितनी ख़तरनाक होती है। और यह अच्छी कला को पहचानने में ग़लती नहीं करती।

*

इस लम्बे व्याख्यान का अन्त मैं द *मिनिस्ट्री ऑफ़ अटमोस्ट हैपीनेस* में आए नारों और मंत्रों के एक छोटे-से बयान के साथ करूँगी।

अंजुम गुजरात क़त्लेआम में बच निकलती है। क्योंकि ज़ाकिर मियाँ की लाश के ऊपर पड़ी, मरी हुई होने का नाटक कर रही अंजुम को पाने वाली भीड़ का मानना है कि हिजड़ों की जान लेना अपशगुन है। इसलिए वे मारने के बजाय उसको घेरकर खड़े हो जाते हैं और उसे नारा लगाने को कहते हैं :

> *भारत माता की जय! वंदे मातरम्!*
>
> वह नारे लगाती है। रोती हुई, काँपती हुई, यह अपमान उसके बुरे से बुरे सपनों से भी बदतर था।
>
> *भारत माता की जय! वंदे मातरम्!*
>
> वे उसे छोड़ देते हैं। बिना मारे। बिना कोई चोट पहुँचाए। न तहबन्द, न बेपर्द। सिर्फ़ उसको। ताकि उनकी क़िस्मत बनी रहे।
>
> हत्यारे की क़िस्मत।

> इतनी भर थी वह। और जितने दिन वह जीती रही, उतनी क़िस्मत उन लोगों को हासिल होती रही।[21]

हम जिस मुल्क में रहते हैं उसे अदल-बदल कर भारत, हिन्दुस्तान, और इंडिया कहकर बुलाया जाता है। 'अखंड भारत' हिन्दू राष्ट्रवादियों का आदर्श है, जिसमें पाकिस्तान और बांग्लादेश दोनों के इलाक़े शामिल हैं। *भारत माता की जय* कहना कइयों को हिन्दू राष्ट्रवाद नहीं, देशभक्ति लगता है। हालात उतने गम्भीर नहीं होते तो तय है कि अंजुम ने उन बखेड़ा करने वाले, नीरस नारेबाज़ों को चुप करा दिया होता और ये भी मुमकिन है कि पीट भी दिया होता जो यह पूछते हैं कि भारत पर राज करने वाले राजा भरत कैसे एक माता हो गए, और क्यों भारत एक पितृभूमि नहीं बल्कि एक मातृभूमि है।

अंजुम को जो दूसरा नारा लगाने पर मजबूर किया जाता है वह है *वंदे मातरम्*। यह लोकप्रिय बंगाली लेखक बंकिमचंद्र चट्टोपाध्याय की एक कविता का शीर्षक है, जो 1880 के दशक में प्रकाशित हुए उनके उपन्यास *आनंदमठ* में शामिल है। यह उपन्यास हमेशा से ही हिन्दू राष्ट्रवादियों को प्रिय रहा है, क्योंकि इसमें एक आदर्श हिन्दू योद्धा का एक मंदिर बनाया गया है, फैंटेसी से निकला एक हिन्दू योद्धा, जो अपने पतित मुसलमान शोषकों के ख़िलाफ़ बग़ावत करता है। *आनंदमठ* इसकी एक कमाल की मिसाल है कि कैसे एक उपन्यास अतीत की कहानी कहते हुए भविष्य को भी गढ़ सकता है। कविता में मातृभूमि को हिन्दू देवी दुर्गा की छवि में ढाल दिया गया है। लेकिन इसके पहले दो पद राष्ट्रीय आन्दोलन के अनाधिकारिक गान बन गए, क्योंकि उनमें सिर्फ़ 'माता' का ज़िक्र है, जिसे हिन्दू और मुसलमान दोनों ने भारत माता मान लिया। हालाँकि ब्रिटिश उपनिवेशवाद के ख़िलाफ़ संघर्ष के दौरान यह एक लोकप्रिय

गीत था, लेकिन आज के वक़्त में जब एक बहुत ही अलग क़िस्म के राष्ट्रवाद का, एक डराने-धमकाने वाले ज़बरदस्ती के राष्ट्रवाद का माहौल है, लोगों को और ख़ास कर मुसलमानों को इस पूरी कविता को गाने के लिए मजबूर किया जाता है। यह उनके एक आनुष्ठानिक अपमान की कार्रवाई है, जबकि इनमें से अनेक लोग 'वंदे मातरम्' कविता के मूल इतिहास से वाक़िफ़ नहीं हैं। विडंबना ही है कि 1990 के दशक में कविता के एक आधुनिक संस्करण को एक सूफ़ी गायक ए.आर. रहमान की एक रेकॉर्डिंग ने भारी शोहरत दिलाई। अफ़सोस की बात है कि एक समय का लोगों का प्यारा नारा, आज विवादों में घिर गया है।

यह कोई ग़ैरमामूली बात नहीं है कि ग़ैर-बांग्लाभाषी राज्यों में एक बंगाली नारा लगाया जाए। उपमहाद्वीप में नारे एक प्रदर्शन (परफॉर्मेंस) हुआ करते हैं, भले ही वे हत्यारी भीड़ के नारे हों या आन्दोलनकारियों के, दक्षिणपंथ के हों या वामपंथ के, फ़ौजी क़ब्ज़े में रह रही अवाम के नारे हों या बड़े बाँधों का विरोध कर रहे लोगों के नारे हों—ये प्रदर्शन किए जाते हैं बाक़ी के मुल्क के लिए, बाक़ी की दुनिया के लिए, और इसलिए अक्सर ही वे लोगों की मादरी ज़ुबान में नहीं होते हैं। कश्मीर के बड़े आन्दोलनों में आपको उर्दू और अंग्रेज़ी में नारे सुनाई देंगे, लेकिन बहुत कम नारे कश्मीरी में होंगे। 'आज़ादी! आज़ादी!' का नारा उर्दू का नारा है—असल में यह फ़ारसी का नारा है—और शायद ईरान की क्रांति से शुरू होकर यह पूरब की तरफ़ आया और कश्मीरी आज़ादी के संघर्ष और, विडंबनाओं में भी भारी विडंबना देखिए, भारत में महिला आन्दोलन की पहचान बन गया। देश के एक दूसरे छोर पर, केरल में मैं 'इन्क़लाब ज़िन्दाबाद!' के गरजदार नारों के बीच बड़ी हुई। यह नारा भी उर्दू ज़ुबान में है, जिसे मुकामी लोग न तो बोलते

हैं और न समझते हैं। कम्युनिस्ट पार्टी का एक और नारा था *स्वादंद्रियम्, जनाधिपत्यम्, सोशलिज़्म—ज़िन्दाबाद!* (आज़ादी, जनवाद, समाजवाद, ज़िन्दाबाद!)। इस अकेले नारे में संस्कृत, मलयालम, अंग्रेज़ी और उर्दू सभी शामिल हैं।

मैं द *मिनिस्ट्री ऑफ़ अटमोस्ट हैपीनेस* में आए एक मंत्र के सफ़रनामे के साथ अपनी बात ख़त्म करती हूँ।

अंजुम और ज़ाकिर मियाँ के लापता होने के दो महीने के बाद, और गुजरात में हत्याओं का सिलसिला कम होने के बाद, ज़ाकिर मियाँ के बेटे मंसूर अपने अब्बा की खोज में अहमदाबाद जाते हैं। सावधानी बरतते हुए वे अपनी दाढ़ी कटा लेते हैं ताकि वे हिन्दू जैसे दिखें। उन्हें अपने अब्बा नहीं मिलते, लेकिन ख़ौफ़ज़दा अंजुम मिल जाती है, जिसे एक शरणार्थी शिविर के मर्दाने हिस्से में दाख़िला मिल गया था। वह मर्दों का लिबास पहने है, उसने बाल छोटे कटा रखे हैं। वे उसे ख़्वाबगाह ले आते हैं। उसके साथ क्या हुआ था, वह किसी को भी बताने से मना कर देती है, लेकिन 'जिस तरह मर्दों को मारकर बिछाया गया था और औरतों को बेपर्द किया गया था' इसकी ख़ौफ़नाक यादों में तड़पती हुई वह अपनी गोद ली हुई बेटी रोती हुई नन्ही ज़ैनब को लेकर हज्जाम के पास जाती है, उसके बाल कटा देती है और उसे लड़कों के कपड़े पहना देती है। 'कहीं गुजरात दिल्ली न पहुँच जाए।' दूसरी एहतियात वो यह बरतती है कि वह ज़ैनब को संस्कृत का गायत्री मंत्र पढ़ना सिखाती है जिसे वह बताती है कि उसने गुजरात के शिविर में रहते हुए सीखा था। वह कहती है कि अनेक शरणार्थियों ने इसे सीख लिया था, क्योंकि उन्हें यक़ीन था कि भीड़ का सामना होने पर वे इसे पढ़कर हिन्दू दिख सकेंगे। न अंजुम को और न ही ज़ैनब को इसका मतलब पता था, लेकिन ज़ैनब ख़ुशी-ख़ुशी इसे याद कर लेती है और स्कूल

के लिए तैयार होते समय और अपनी बकरी को खिलाते समय वह इसे गाती रहती है।

ॐ भूर्भुवः स्वः
तत्सवितुर्वरेण्यं
भर्गो देवस्य धीमहि
धियो यो नः प्रचोदयात् [22]

द *मिनिस्ट्री ऑफ़ अटमोस्ट हैपीनेस* में गायत्री मंत्र तीन बार आया है। पहली बार एक हिंसक भीड़ के ख़िलाफ़ एक तावीज़ की शक्ल में। दूसरी बार ब्रिटिश एयरवेज़ के एक विज्ञापन में जिसमें भारत के नए और चौतरफ़ा बढ़ रहे मध्यवर्ग के ग्राहकों को लुभाने की कोशिश की गई थी। और तीसरी बार एक शॉपिंग मॉल में एक फास्ट फूड रेस्तराँ में। ज़ैनब अब बड़ी हो गई है और सद्दाम हुसैन नाम के एक आदमी से उसकी सगाई हो चुकी है। सद्दाम उन्हें यह कहानी बताता है कि कैसे बरसों पहले एक पुलिस थाने के सामने एक भीड़ ने उसके पिता को पीट-पीट कर मार दिया था। सद्दाम कहता है, वे जिस मॉल में बैठे थे, वो ठीक वही जगह थी जहाँ वह पुलिस थाना हुआ करता था। ज़ैनब कहती है कि उसे एक हिन्दू प्रार्थना आती है, और वह अपने भावी (और दिवंगत) ससुर के प्रति अपना प्यार ज़ाहिर करने के लिए गायत्री मंत्र पढ़ती है।

संस्कृत को आख़िरकार इन्हीं तरीक़ों से लोगों ने अपनाया है।

गुजरात से वापस आने के कुछ महीनों बाद लुटी-पिटी, बिखरी हुई अंजुम अपनी पुरानी ज़िन्दगी जारी रखने के क़ाबिल नहीं रह गई थी और वह पुराने क़ब्रिस्तान में रहने चली आती है, जहाँ वह अपना एक घर बनाती है। बरस बीतते जाते हैं और पुराने ज़ख़्म भरने लगते हैं तो वह अपना जन्नत गेस्ट हाउस खड़ा करती है। जब सद्दाम हुसैन वहाँ रहने आता है, तब वे

अपना कारोबार बढ़ाकर कफ़न-दफ़न की सेवाएँ भी मुहैया कराने लगते हैं। क़ब्रिस्तान एक ऐसी जगह बन जाती है जहाँ कोई भी शख़्स—कोई भी शख़्स—जिसे दुनिया (यानी बाहर की दुनिया) में जनाज़े की इज़्ज़त से महरूम कर दिया गया हो, उसे एक बाइज़्ज़त कफ़न हासिल होता है। जन्नत गेस्ट हाउस एंड फ्यूनरल सर्विसेज़ के मातहत, मौक़े के मुनासिब, मरहूम के लिए दुआओं में फातिहा, हिन्दी में 'द इंटरनेशनल', और शेक्सपियर के हेनरी पंचम का, ज़ाहिरन अंग्रेज़ी में, पाठ किया जाता था।

तो फिर हम पाब्लो नेरुदा के उस सवाल का क्या जवाब देंगे, जो इस व्याख्यान का शीर्षक भी है?

> मज़लूम शहरों पर
> किस ज़ुबान में गिरती है बारिश?[23]

बेझिझक मैं कहूँगी, अनुवादों की ज़ुबान में।

2

एक ख़तरनाक लोकतंत्र में चुनाव का मौसम*

भारत में पिछले गुरुवार के अख़बारों ने उस बात का फ़ैसला कर दिया, जिस पर हम लोग कुछ समय से बहस में लगे हुए थे। पाँच राजनीतिक कार्यकर्ताओं की गिरफ़्तारी पर *इंडियन एक्सप्रेस* में पहले पन्ने पर सुर्ख़ी थी 'दोज़ हेल्ड पार्ट ऑफ़ एंटी-फासिस्ट प्लॉट टू ओवरथ्रो गवर्नमेंट, पुणे पुलिस टेल कोर्ट'[1] (पकड़े गए लोग सरकार का तख़्तापलत करने की फ़ासीवाद-विरोधी साज़िश का हिस्सा हैं, पुणे पुलिस ने अदालत को बताया)। अब हमें मालूम हो जाना चाहिए कि हमारा सामना एक ऐसी हुकूमत से है जिसे उसकी अपनी पुलिस ही फ़ासीवादी कहती है। आज के भारत में, अल्पसंख्यक होना एक जुर्म है। आपका क़त्ल हो जाना आपका जुर्म है। आपका पीट-पीट कर मार दिया जाना आपका जुर्म है। ग़रीब होना एक जुर्म है। ग़रीबों की हिमायत करना, सरकार का तख़्ता उलट देने की साज़िश है।

महाराष्ट्र राज्य की पुलिस ने जब देश-भर में अनेक जाने-माने कार्यकर्ताओं, कवियों, वकीलों और पादरियों के घरों पर एक

* 29 अगस्त, 2018 को नई दिल्ली में एक प्रेस कॉन्फ्रेंस में पढ़ा गया। 29 अगस्त, 2018 को द *वायर, स्क्रॉल* और अन्य जगहों पर '#MeTooUrbanNaxal' के रूप में प्रकाशित। इसके बाद इस शीर्षक के साथ 3 सितम्बर, 2018 को *न्यूयॉर्क रिव्यू ऑफ़ बुक्स* में प्रकाशित।

साथ छापे मारे और बेतुके आरोपों में पाँच लोगों को गिरफ़्तार कर लिया—जिनमें तीन नागरिक अधिकारों के लिए लड़ने वाले बड़े नाम और दो वकील हैं—जिसके लिए काग़ज़ी कार्रवाई या तो थी ही नहीं या नाम-भर को थी, तो सरकार को पता रहा होगा कि वह नाराज़गी भड़का रही है। यह क़दम उठाने से पहले उसने हिसाब लगाया होगा कि इस पर कैसी प्रतिक्रियाएँ आएँगी, देश-भर में विरोध प्रदर्शन होंगे। फिर ऐसा क्यों हुआ?

वास्तविक मतदाता आँकड़ों के हालिया विश्लेषण और लोकनीति-सीएसडीएस-एबीपी मूड ऑफ़ द नेशन सर्वे[2] ने दिखाया है कि सत्ताधारी भारतीय जनता पार्टी (भाजपा) और प्रधानंत्री नरेन्द्र मोदी चिन्ताजनक (उनके लिए) रफ़्तार से लोकप्रियता खो रहे हैं। इसका मतलब है कि हम एक ख़तरनाक दौर में दाख़िल हो रहे हैं। लोकप्रियता में इस कमी की वजहों से लोगों का ध्यान हटाने और विपक्ष की बढ़ती हुई एकजुटता को तोड़ने के लिए बेरहम कोशिशें लगातार होंगी। अब से लेकर 2019 के चुनावों तक लगातार एक सर्कस चलेगा—गिरफ़्तारियाँ, हत्याएँ, मॉब लिंचिग, बम धमाके, फ़र्ज़ी हमले, दंगे और क़त्लेआम। हमने चुनावों के मौसम और हर क़िस्म की हिंसा की शुरुआत के बीच रिश्ता जोड़ना सीख लिया है। बाँटो और राज करो, बिलकुल। लेकिन इसमें यह भी जोड़ लीजिए—भटकाओ और राज करो। अब से लेकर चुनावों तक हम नहीं जानते कि कहाँ, या कब, या कैसे हम पर बिजली गिरेगी, या फिर उस बिजली की शक्ल क्या होगी।

इसलिए वकीलों और कार्यकर्ताओं की गिरफ़्तारियों पर आने से पहले, मुझे कुछ बातें दोहरानी हैं। ये वे बातें हैं जिनसे अपने ज़ेहन को भटकने की इजाज़त हम नहीं दे सकते, भले ही आग की बारिश होने लगे और हमारे सामने अजीबोग़रीब हादसे होने लगें।

1. इस बात को अब एक साल और क़रीब दस महीने हो चुके हैं जब 8 नवम्बर, 2016 को प्रधानमंत्री मोदी ने टीवी पर आकर नोटबन्दी की अपनी नीति का ऐलान किया था, जिसके तहत देश में चल रहे 80 फ़ीसदी करेंसी नोट रद्द कर दिए गए। उनका अपना मंत्रिमंडल भी इससे हैरान रह गया। अब भारतीय रिज़र्व बैंक ने बताया है कि रद्द की गई 99 फीसदी से अधिक करेंसी बैंकिंग व्यवस्था में वापस लौट आई है। *गार्डियन* अख़बार ने ख़बर दी कि इस नीति के चलते देश के सकल घरेलू उत्पाद में अन्दाज़न 1 फ़ीसदी का नुक़सान हुआ और इसके नतीजे में क़रीब 15 लाख रोज़गार ख़त्म हुए।[3] इस बीच, नए करेंसी नोट छापने में देश के कई हज़ार करोड़ रुपए खर्च हुए। नोटबन्दी के बाद आया गुड्स एंड सर्विसेज़ टैक्स—यह टैक्स इस तरह तैयार किया गया है कि इसने छोटे और मझोले आकार के कारोबारियों को एक और गहरी चोट पहुँचाई जो पहले ही नोटबन्दी की मार से बदहाल थे।

जहाँ छोटे कारोबार और व्यापारी, और सबसे अधिक ग़रीब लोगों को इन क़दमों का भारी नुक़सान उठाना पड़ा है, अनेक कॉरपोरेशनों की दौलत में बेतहाशा इज़ाफ़ा हुआ है।[4] किंगफिशर एयरलाइंस चलाने वाले और बीयर कारोबारी विजय माल्या और हीरों के व्यापारी नीरव मोदी को जनता का हज़ारों करोड़ रुपया दबा लेने की इजाज़त दे दी गई और सरकार इसकी तरफ़ से आँखें मूँदे रही। इन सबके लिए हम किस क़िस्म की जवाबदेही की उम्मीद कर सकते हैं? कुछ भी नहीं? एकदम नहीं?

इस दौरान 2019 के चुनावों की तैयारी में लगी भाजपा भारत की सबसे धनी राजनीतिक पार्टी के रूप में उभरकर आई। हाल ही में चुनावी बॉन्ड लाए गए थे, जिनके तहत दानदाता गोपनीय तौर पर रुक्के (प्रोमिसरी नोट) ख़रीदकर अपनी पसन्द के राजनीतिक दल को दान कर सकते हैं। और सबसे बुरी बात यह है कि ये बॉन्ड सुनिश्चित करते हैं कि राजनीतिक दलों की दौलत सार्वजनिक छानबीन से छुपी रहे।

2. हम सबको याद है कि मुम्बई में 2016 में मोदी ने 'मेक इन इंडिया' आयोजन का उद्घाटन किया था, जहाँ सांस्कृतिक कार्यक्रम का मुख्य मंच आग में जल गया था। ख़ैर, पता यह चला कि 'मेक इन इंडिया' का असली खेल था फ्रांसीसी सरकार के साथ राफेल लड़ाकू जहाज़ों का एक समझौता, जिसकी घोषणा भारतीय प्रधानमंत्री ने अप्रैल 2015 में पेरिस में की थी और लगता है कि इसके बारे में उनकी अपनी रक्षा मंत्री को भी पता नहीं था। हमारी जानकारी में यह किसी भी कायदे (प्रोटोकॉल) के ख़िलाफ़ था। अब हम इसकी असलियत को जानते हैं : युद्धक जहाज़ ख़रीदने का एक समझौता कांग्रेस के नेतृत्व वाली संयुक्त प्रगतिशील गठबन्धन सरकार के तहत 2012 में ही हो चुका था, जिसके तहत ख़रीदे गए युद्धक जहाज़ों को सार्वजनिक सेक्टर की कम्पनी हिन्दुस्तान एयरोनॉटिक्स लिमिटेड में असेम्बल किया जाना था। मोदी ने इस समझौते को रद्द करके इसमें भारी फेरबदल किए। हिन्दुस्तान एयरोनॉटिक्स को बड़ी होशियारी से बाहर कर दिया गया। कांग्रेस पार्टी और इस नए समझौते का अध्ययन करने वाले कई दूसरे लोगों ने एक ऐसे

पैमाने पर भ्रष्टाचार का आरोप लगाया है जो कल्पना से परे है। उन्होंने सरकार पर आरोप लगाया है कि इसने रिलायंस डिफेंस लिमिटेड के लिए एक 'ऑफ़सेट क़रारनामे' की पैरवी की, जो भारत में एक निजी सेक्टर की कम्पनी है और गले तक कर्जे में डूबी हुई है और जिसने अपनी ज़िन्दगी में कभी भी हवाई जहाज़ नहीं बनाया है।[5]

विपक्ष ने एक संयुक्त संसदीय समिति से इसकी जाँच कराने की माँग की है। क्या हम इसकी उम्मीद कर सकते हैं? या हमें हवाई जहाज़ों के इस पूरे बेड़े को बाक़ी सारी चीज़ों के साथ चुपचाप निगल जाना होगा और चूँ भी नहीं करनी होगी?

3. पत्रकार और कार्यकर्ता गौरी लंकेश की हत्या के मामले में कर्नाटक राज्य की पुलिस की तफ़्तीश के चलते अनेक गिरफ़्तारियाँ हुई हैं, जिनसे सनातन संस्था जैसे अनेक दक्षिणपंथी हिन्दुत्व संगठनों की करतूतें उजागर हुई हैं। जो तस्वीर सामने आई है, उसमें पर्दे की ओट से काम करने वाले एक आतंकवादी नेटवर्क की मौजूदगी का पता लगता है, जिसकी अपनी हिट लिस्ट हैं, छुपने के अड्डे हैं, सुरक्षित ठिकाने हैं, जिसके पास असलहे-बारूद की कोई कमी नहीं है और जिसका मंसूबा बम धमाके करना, हत्याएँ करना और लोगों को ज़हर देकर मारना है।

हम इनमें से कितने समूहों को जानते हैं? कितने ऐसे हैं जो अभी भी चुपचाप काम कर रहे हैं? कितने हैं जिनको इसका भरोसा है कि सत्ता में बैठे लोगों का हाथ उन पर है, शायद पुलिस भी उनके साथ है, हमारे लिए उनके मंसूबे क्या हैं? कौन से फ़र्ज़ी हमले? और

कौन से सच्चे हमले? अब किन जगहों की बारी है? कश्मीर? अयोध्या? (जहाँ भाजपा ने 1992 में अपने वरिष्ठ नेताओं की रहनुमाई में एक भीड़ के हाथों तोड़ दी गई बाबरी मस्जिद की जगह पर एक मंदिर बनाने का वादा किया है।)[6] असम में? (जहाँ हाल ही में प्रकाशित हुए नेशनल रजिस्टर ऑफ़ सिटिजंस में से 40 लाख लोग बाहर रह गए।)[7] कुंभ मेले में? (एक हिन्दू पर्व जहाँ एक करोड़ तक लोग जमा होते हैं।) कितनी आसानी से वे हर चीज़ को तहस-नहस कर सकते हैं—हर चीज़ को—बस कोई बड़ा-सा, या छोटा-सा भी हमला करके जिसको लेकर सरकार के पालतू मीडिया घराने उन्माद खड़ा कर देंगे। हालिया गिरफ़्तारियों का यह तूफ़ान खड़ा किया गया है, ताकि यह बात, असली ख़तरे की यह बात इसके शोर में डूबकर रह जाए।

4. जिस रफ़्तार से शिक्षा संस्थानों को तबाह किया जा रहा है। बेहतरीन प्रदर्शन वाले विश्वविद्यालयों को तहस-नहस किया जा रहा है, और ऐसे हवाई विश्वविद्यालयों को बढ़ावा दिया जा रहा है जो सिर्फ़ काग़ज़ों पर ही मौजूद हैं, यह एक तरह से यह सबसे उदास कर देने वाली बात है। और कई तरीक़ों से ऐसा किया जा रहा है। अपनी आँखों के सामने हम देख रहे हैं कि कैसे जवाहरलाल नेहरू विश्वविद्यालय (जेएनयू) को जमींदोज़ किया जा रहा है। यहाँ पढ़ने और पढ़ाने वाले लोगों पर लगातार हमले हो रहे हैं। अनेक टीवी चैनलों ने खुलकर ऐसे झूठ और फ़र्ज़ी वीडियो फैलाने में भागीदारी की है, जिससे यहाँ पढ़ने वालों की ज़िन्दगी ख़तरे में पड़ गई है। इसके नतीजे में एक नौजवान स्कॉलर उमर ख़ालिद

की हत्या की कोशिश भी की गई, जिन्हें बड़ी बेरहमी से बदनाम किया जाता रहा है।

और फिर झूठा इतिहास गढ़ने और स्कूली किताबों को 'ज्ञान से मुक्त' करने का काम चल रहा है, जो कुछ ही बरसों के भीतर एक ऐसी बेवकूफ़ी लोगों में भर देंगी कि हम इससे कभी भी उबर पाने के क़ाबिल नहीं रह जाएँगे। आख़िर में, शिक्षा का निजीकरण उस थोड़े से फ़ायदे को भी नाकारा बना रहा है, जो आरक्षण की नीति के चलते हासिल हुआ था। हमारी नज़रों के सामने शिक्षा का फिर से ब्राह्मणीकरण हो रहा है, और इस बार यह कॉरपोरेट लबादे की ओट में हो रहा है। दलित, आदिवासी, 'अन्य पिछड़ी जातियों' (ओबीसी, आधिकारिक सरकारी नाम) से आने वाले छात्र एक बार फिर सीखने-पढ़ने के संस्थानों से बेदखल किए जा रहे हैं क्योंकि वे वहाँ की फीस अदा नहीं कर सकते। यह सब शुरू हो चुका है। और इसे कबूल नहीं किया जा सकता।

5. जिन बातों की हम अनदेखी नहीं कर सकते उनमें ये भी शामिल हैं : कृषि क्षेत्र में भारी संकट, किसानों की बढ़ती हुई आत्महत्याएँ, मुसलमानों की मॉब लिंचिंग और दलितों पर लगातार होने वाले हमले और सार्वजनिक पिटाई, ऊँची जातियों के हमलों का विरोध करने का साहस दिखाने वाले भीम आर्मी के नेता चंद्रशेखर आज़ाद की गिरफ़्तारी। 1989 शिड्यूल्ड कास्ट एंड शिड्यूल्ड ट्राइब (प्रीवेन्शन ऑफ़ एट्रॉसिटीज़) एक्ट में अल्पसंख्यक समूहों को मिली क़ानूनी सुरक्षा को कमज़ोर किया जाना।

अब मैं हालिया गिरफ़्तारियों की बात पर आती हूँ।

पिछले हफ़्ते गिरफ़्तार किए गए पाँच लोगों—वर्नोन गोंजाल्वेस, अरुण फरेरा, सुधा भारद्वाज, वरवर राव और गौतम नवलखा में से कोई भी पुणे में 31 दिसम्बर, 2017 को हुई एलगार परिषद रैली में मौजूद नहीं था। यह रैली दो प्रतिष्ठित रिटायर्ड जजों, जस्टिस सावंत और जस्टिस कोलसे-पाटील ने आयोजित की थी। इन पाँचों में कोई एक दिन बाद हुई उस रैली में भी शामिल नहीं था, जिसमें ज़्यादातर दलितों की भागीदारी के साथ क़रीब तीन लाख लोग भीमा-कोरेगाँव विजय की दो सौवीं जयंती मनाने के लिए जमा हुए थे। (दलितों ने ब्रिटिशों के साथ मिलकर उत्पीड़नकारी पेशवा हुकूमत को हराया था और यह उन थोड़ी सी विजयों में से एक है जिस पर दलित गर्व करते हैं और जिसकी वे ख़ुशी मना सकते हैं।)

इस दूसरी रैली पर उन्मादी हिन्दुत्व की भीड़ ने हमला किया और कई दिनों तक अशान्ति बनी रही। इस हिंसा को भड़काने का आरोप मुख्यत: दो लोगों पर है, मिलिंद एकबोटे और एक हिन्दुत्व-विचारक संभाजी भिडे। दोनों अभी भी खुले घूम रहे हैं। उलटे उनके ही एक समर्थक द्वारा दर्ज कराई गई एफआईआर पर कार्रवाई करते हुए पुणे पुलिस ने जून 2018 में पाँच लोगों को गिरफ़्तार किया : दिल्ली के एक राजनीतिक कार्यकर्ता रोना विल्सन को, मुम्बई के एक दलित कार्यकर्ता सुधीर ढवले को, नागपुर से एक प्रोफ़ेसर शोमा सेन को, एक कार्यकर्ता और प्रधानमंत्री के ग्रामीण विकास कार्यक्रम के एक पूर्व फेलो महेश राउत और वकील सुरेंद्र गडलिंग को। उन पर 1 जनवरी की रैली की साज़िश करने, और साथ ही प्रधानमंत्री मोदी की हत्या की साज़िश रचने का आरोप भी है। ग़ैरक़ानूनी गतिविधियाँ रोकथाम अधिनियम (यूएपीए) के तहत आरोपों में अभी भी वे हिरासत में हैं। उनकी क़िस्मत है कि वे अभी भी ज़िन्दा हैं, यही क़िस्मत

उन्नीस साल की इशरत जहाँ और सोहराबुद्दीन शेख़ और उनकी बीवी कौसर बी को हासिल नहीं थी, जिन पर यही आरोप थे लेकिन वे सुनवाई का मुँह नहीं देख पाए और पुलिस के हाथों मार दिए गए। पुलिस ने इन हत्याओं को 'एनकाउंटर' या मुठभेड़ कहा और इन्हें अपनी रक्षा में की गई कार्रवाई बताया, लेकिन यह सन्देह क़ायम है कि ये ग़ैरक़ानूनी हत्याएँ थीं (इशरत जहाँ की हत्या 2004 में हुई, बाक़ियों की 2006 में)।

महाराष्ट्र राज्य की पुलिस का कहना है कि हाल में हुई ये गिरफ़्तारियाँ जून में गिरफ़्तार किए गए लोगों के यहाँ से बरामद दस्तावेज़ों से हासिल जानकारियों के आधार पर की गई हैं, जिनके तहत इन सारे आरोपितों पर एलगार परिषद और भीमा-कोरेगाँव की रैलियों के लिए पैसा जुटाने और हिंसा भड़काने की साज़िश रचने, और नरेन्द्र मोदी की हत्या करने की साज़िश की बात पता चलती है। जस्टिस सावंत और जस्टिस कोलसे-पाटील ने सार्वजनिक बयान दिए हैं कि वे एलगार परिषद के मुख्य आयोजक थे और इस पर होने वाला खर्च भी उन्होंने ख़ुद उठाया था। उनका मकसद लोगों को बाँटने वाली हिन्दुत्वादी ताक़तों के ख़िलाफ़ एकजुट करना था। दोनों ने आयोजन की पूरी ज़िम्मेदारी ली है। लेकिन पुलिस और सरकार ने इसकी पूरी तरह अनदेखी कर दी। और पुलिस और सरकार के पास इसकी वजहें हैं।

चाहे कांग्रेस के नेतृत्व वाली संप्रग सरकार हो या भाजपा सरकार, हाल की सरकारों को जब आदिवासियों पर, या जैसा अब भाजपा करने लगी है, दलितों पर हमला करना हो तो वे इसे 'माओवादियों' या 'नक्सलियों' के ख़िलाफ़ कार्रवाई बताती हैं। इसकी वजह यह है कि सभी मुख्य राजनीतिक दल आदिवासी और दलित जनाधारों को सम्भावित वोट बैंक के रूप में देखते हैं। यह मुसलमान जनाधार का उलटा है जिन्हें चुनावी हिसाब-किताब से ही बाहर कर दिया गया है। कार्यकर्ताओं को

गिरफ़्तार करके और उन्हें माओवादी या नक्सली बताकर और दलितों की आकांक्षाओं को एक दूसरा नाम देकर सरकार उन्हें कुचलने और अपमानित करने में कामयाब रहती है। और ऐसा करते हुए भी वह 'दलित मुद्दों' को लेकर ऊपर से संवेदनशील दिखती रहती है। आज देश-भर में हज़ारों लोग जेलों में बन्द हैं, ग़रीब और वंचित लोग, जो अपने घरों, अपनी ज़मीन, अपनी इज़्ज़त के लिए लड़ रहे हैं। ऐसे लोग जिन पर राजद्रोह का या इससे भी बदतर आरोप हैं, और जो बिना किसी सुनवाई के भीड़-भरी जेलों में क़ैद हैं।

इन दस लोगों की गिरफ़्तारियों, जिनमें अब तीन वकील और सात जाने-माने कार्यकर्ता हैं, का मतलब यह भी है कि एक पूरी की पूरी असुरक्षित आबादी को इंसाफ़ या प्रतिनिधित्व की उम्मीद से भी महरूम कर दिया गया है। क्योंकि यही लोग उनके प्रतिनिधि थे। बरसों पहले, जब अर्धसैनिक बल और सरकार-समर्थित आदिवासी सेना सलवा जुडूम खनिज से भरपूर बस्तर के जंगलों में तबाही मचा रही थी, लोगों की हत्याएँ कर रही थी, औरतों से बलात्कार कर रही थी, और गाँव के गाँव जला रही थी, उस समय छत्तीसगढ़ राज्य में पीपुल्स यूनियन फॉर सिविल लिबर्टीज के महासचिव डॉ. विनायक सेन ने इसके पीड़ितों के हक़ में आवाज़ उठाई थी। जब विनायक सेन को जेल में डाल दिया गया, तो इलाक़े में बरसों से काम कर रहीं एक वकील और मज़दूर यूनियन की नेता सुधा भारद्वाज ने उनकी जगह ली। बस्तर में अर्धसैनिक बलों के ख़िलाफ़ अथक अभियान चलाने वाले प्रोफ़ेसर जी.एन. साइबाबा बिनायक सेन के लिए खड़े हुए। जब उन्होंने साइबाबा को गिरफ़्तार कर लिया तो रोना विल्सन उनके लिए खड़े हुए। सुरेंद्र गडलिंग साइबाबा के वकील थे। जब रोना विल्सन और सुरेंद्र गडलिंग को गिरफ़्तार किया गया तो सुधा भारद्वाज और

गौतम नवलखा उनके हक़ में खड़े हुए...और यह सिलसिला यूँ ही चलता रहा।

घिरे हुए, असुरक्षित लोगों की घेराबन्दी जारी है। उनकी ज़ुबान बन्द की जा रही है। बोलने वाले क़ैद किए जा रहे हैं। अब शायद कोई आसमानी ताक़त ही हमें हमारा मुल्क वापस दिला सकती है।

3

हमारे शिकस्ता, ज़ख़्मी दिल*

पाकिस्तान में बालाकोट पर 'पहले' हवाई हमला करने की अपनी हड़बड़ी में प्रधानमंत्री नरेन्द्र मोदी ने अनजाने ही उस चीज़ पर पानी फेर दिया, जिसे भारतीय हुकूमतें पिछले कई दशकों से सँजोती रही थीं और जो एक चमत्कार ही था। 1947 से भारत सरकार ऐसे हर सुझाव पर बिगड़ जाती रही है कि कश्मीर के विवाद को अन्तरराष्ट्रीय मध्यस्थता के साथ सुलझाया जा सकता है। इसका कहना रहा है कि यह हमारा 'अन्दरूनी मामला' है। लेकिन पाकिस्तान को पलटवार करने के लिए उकसाकर, और इस तरह इतिहास में भारत और पाकिस्तान को अकेली ऐसी परमाणु ताक़तें बनाकर जो एक-दूसरे के ख़िलाफ़ हवाई हमले कर रही हों, मोदी ने कश्मीर विवाद को अन्तरराष्ट्रीय मुद्दा बना दिया। उन्होंने दुनिया को दिखा दिया है कि कश्मीर मुमकिन तौर पर धरती की सबसे ख़तरनाक जगह है, जिसके ऊपर एक परमाणु युद्ध भड़क सकता है। परमाणु युद्ध की संभावनाओं को लेकर फ़िक्रमंद हरेक इनसान, मुल्क और संगठन को यह हक़ है कि वह इस मामले में दख़ल दे और इसे रोकने की भरसक कोशिश करे।

पुलवामा (कश्मीर) में 14 फरवरी, 2019 को 2,500

---

* HuffPost India पर पहली बार प्रकाशित, 1 मार्च, 2019।

अर्धसैनिक बलों के एक काफ़िले पर आदिल अहमद दार नाम के एक बीस वर्षीय कश्मीरी आत्मघाती हमलावर ने हमला किया। ऐलान किया गया है कि दार का रिश्ता पाकिस्तान स्थित जैश-ए-मोहम्मद से है।[1] कम से कम चालीस आदमियों की जान लेने वाला यह हमला कश्मीर में जारी त्रासदी का एक और ख़ौफ़नाक अध्याय है।[2] 1990 से 70,000 से अधिक लोग इस संघर्ष में मारे जा चुके हैं, हज़ारों लोग 'लापता' हैं, दसियों हज़ार लोगों को यातनाएँ दी गई हैं और पैलट गनों ने हज़ारों नौजवानों को अपाहिज और अंधा बना दिया है। पिछले बारह महीनों में यहाँ होने वाली मौतें 2009 के बाद से सबसे अधिक मौते हैं।[3] द *असोसिएटेड प्रेस* की ख़बर के मुताबिक़ इस दौरान 570 लोगों ने अपनी जान गँवाई है, जिनमें 260 चरमपंथी थे, 160 नागरिक और 150 भारतीय सशस्त्र बल के जवान जो ड्यूटी निभाते हुए मारे गए।[4]

इस टकराव को देखने के अलग-अलग नज़रियों के मुताबिक़ बाग़ियों को 'आतंकवादी', 'चरमपंथी', 'आज़ादी के लड़ाके' या 'मुजाहिद' कहा जाता है। ज़्यादातर कश्मीरी उन्हें 'मुजाहिद' कहते हैं, और जब वे मारे जाते हैं तो लाखों लोग उनके जनाज़े में शरीक होते हैं, उनका सोग मनाते हैं और उन्हें अलविदा कहने आते हैं, चाहे वे उनके तरीक़ों से इत्तेफ़ाक़ रखते हों या नहीं। असल में पिछले साल मारे गए ज़्यादातर नागरिक वे लोग थे, जिन्होंने फ़ौजियों द्वारा घेरे गए चरमपंथियों को बच निकलने की मोहलत देने के लिए ख़ुद को ख़तरे में डाल दिया था।

इस लम्बी, ख़ून में सराबोर दास्तान में पुलवामा का धमाका सबसे ख़तरनाक और सबसे ख़ौफ़नाक हमला था। कश्मीर वादी में आदिल अहमद दार जैसे हज़ारों नहीं तो सैकड़ों नौजवान हैं जो इस जंग के बीच पैदा हुए हैं, जिन्होंने ऐसी दहशत देखी है कि वे डर के आदी हो गए हैं और आज़ादी के लिए अपनी

जान कुर्बान करने को तैयार हैं। किसी भी दिन कोई और हमला हो सकता है जो पुलवामा से बुरा या ज़रा कम बुरा हो सकता है। क्या भारत सरकार इसकी इजाज़त देने को तैयार है कि इस मुल्क और पूरे उपमहाद्वीप की क़िस्मत की बागडोर इन नौजवानों की कार्रवाइयों के हवाले हो जाए? नरेन्द्र मोदी ने जिस खोखले, नाटकीय अन्दाज़ में प्रतिक्रिया दी, उससे उन्होंने ठीक यही किया। उन्होंने इन नौजवानों को इसकी ताक़त दे दी है कि वे हमारा भविष्य तय कर सकते हैं। पुलवामा के नौजवान हमलावर को इससे ज़्यादा और किस बात की चाहत हो सकती थी?

भारत के जो लोग ब्रिटिश हुकूमत से अपनी आज़ादी की लड़ाई के गुण गाते हैं और एक तरह से इसकी रहनुमाई करने वालों की पूजा तक करते हैं, वे अजीबोग़रीब तरीक़े से कश्मीरियों को लेकर आँखें मूँद लेते हैं, जबकि ये कश्मीरी भी उसी चीज़ के लिए लड़ाई लड़ रहे हैं। कश्मीर में लोग जिसे 'भारतीय हुकूमत' समझते हैं, उसके ख़िलाफ़ हथियारबन्द लड़ाई क़रीब तीस साल पुरानी है। यह भी कोई छुपी हुई बात नहीं है कि पाकिस्तान हथियारों, आदमियों और फ़ौजी बन्दोबस्त के ज़रिये इसका समर्थन करता है (कभी यह आधिकारिक रूप से होता था, अब यह ज़्यादातर ग़ैर-सरकारी ज़रियों से होता है)। यह भी कोई राज़ नहीं है कि कोई भी चरमपंथी कश्मीर जैसे युद्धक्षेत्र में काम नहीं कर सकता, अगर उसे मुकामी अवाम की खुली हिमायत न हासिल हो। सही दिमाग़ रखने वाला कौन ऐसा इनसान होगा जो यह सोच सकता है कि इस बुरी तरह उलझी, बुरी तरह बेरहम जंग को एक अचानक, हड़बड़ी में की गई, नाटकीय 'सर्जिकल स्ट्राइक' से सुलझाया जा सकता है या किसी भी तरह इसको शान्त किया जा सकता है? और फिर पता लगा कि यह सर्जिकल स्ट्राइक उतनी सर्जिकल भी नहीं थी। ऐसे ही एक 'स्ट्राइक' 2016 में उरी में भारतीय सेना के

शिविर पर एक हमले के बाद की गई थी, जिसका कुल जमा नतीजा यह था कि यह एक बॉलीवुड एक्शन फ़िल्म की प्रेरणा बनी। और ऐसा लगता है कि बालाकोट का हमला एक फ़िल्म से प्रेरित है। और अब मीडिया में ख़बरें हैं कि बॉलीवुड निर्माता अपनी अगली फ़िल्म परियोजना के लिए 'बालाकोट' नाम पर कॉपीराइट हासिल करने के लिए क़तार लगाए हुए हैं।[5] कुल मिलाकर कहा जाना चाहिए कि इस बेतुके जश्न में से 'बचाव' से ज़्यादा 'चुनाव' की बू आ रही है।

इस मुल्क के प्रधानमंत्री के लिए वायुसेना को ऐसी ख़तरनाक नाटकीय कार्रवाइयाँ करने पर मजबूर करना बहुत ही असम्मानजनक बात है। और विडंबना देखिए कि जहाँ हमारे उपमहाद्वीप में एक ग़ैरिज़म्मेदार आणविक निशानेबाजी का खेल चल रहा है, ताक़तवर संयुक्त राज्य अमेरिका तालिबान बलों के साथ बातचीत में लगा हुआ है, जिसे वह सत्रह बरसों तक चली जंग में न तो हरा पाया और न ही वहाँ से उखाड़ पाया।

महाद्वीप में गहराता टकराव यक़ीनन उतना ही ख़तरनाक है जितना वह दिखता है। लेकिन क्या यह उतना ही सीधा-सरल भी है?

कश्मीर दुनिया का सबसे अधिक सघन फ़ौजी तैनाती वाला इलाक़ा है, जहाँ क़रीब पाँच लाख भारतीय सैनिक तैनात हैं। इनके अलावा ख़ुफ़िया ब्यूरो, रिसर्च एंड एनालिसिस विंग, नेशनल इंटेलीजेंस एजेंसी, वर्दीधारी बल—सेना, बॉर्डर सेक्योरिटी फोर्स, केन्द्रीय रिजर्व पुलिस बल, और बेशक जम्मू-कश्मीर पुलिस भी मौजूद हैं, और इनमें से हरेक का अपना खुफ़िया अमला है। अवाम मुख़बिरों के, दोतरफ़ा एजेंटों के, तीन तरफ़ा एजेंटों के आतंक में जीती है, जो पुराने क्लासमेट से लेकर परिवार के सदस्यों तक में से कोई भी हो सकता है। इन हालात में पुलवामा में जिस पैमाने का हमला हुआ वह महज़ चौंकाने वाला नहीं

है। जैसा कि ट्विटर पर एक बेबाक टिप्पणीकार ने लिखा (वह उत्तर भारत में बढ़ती जा रही लोकप्रिय हिन्दू गिरोहों की हरकतों पर टिप्पणी थी, जो गायों की हत्या के आरोप में मुसलमानों को खोज निकालते हैं और उन्हें पीट-पीट कर मार डालते हैं), कि ऐसा कैसे हुआ कि भाजपा 'तीन किलो गोमांस तो खोज निकालती है लेकिन 350 किलो आरडीएक्स का पता नहीं लगा पाती?'[6]

किसे मालूम?

हमले के बाद, जम्मू-कश्मीर के राज्यपाल ने इसे 'ख़ुफ़िया तंत्र की एक नाकामी' बताया।[7] कुछ निडर मीडिया पोर्टलों ने इस तथ्य के बारे में बताया कि जम्मू-कश्मीर पुलिस ने असल में एक मुमकिन हमले के बारे में फौरी चेतावनी जारी की थी।[8] मीडिया में किसी को इससे कोई परेशानी नहीं दिखाई पड़ती कि इस चेतावनी की अनदेखी क्यों की गई, और कमान की कड़ी कहाँ पर टूटी।

पुलवामा हमला एक त्रासदी था, जो नरेन्द्र मोदी के लिए एक उपयोगी राजनीतिक मौक़ा बन गया, ताकि वे वह कर पाएँ जो वे करने के माहिर हैं—नुमाइश। हममें से कइयों ने महीनों पहले यह अन्देशा ज़ाहिर किया था कि सियासी ज़मीन खोती जा रही भाजपा चुनावों से ठीक पहले कोई न कोई खेल खेल सकती है, और हम ख़ौफ़ज़दा लोगों ने इस अन्देशे को सही साबित होते देखा।[9] और फिर हमने देखा कि सत्ताधारी दल ने बड़ी होशियारी से पुलवामा की त्रासदी को सियासी फ़ायदों के घटिया खेल में तब्दील कर दिया।

पुलवामा हमले के फ़ौरन बाद ग़ुस्से में डूबी भीड़ जब भारत में काम करने वाले और पढ़ने वाले कश्मीरियों पर हमले कर रही थी, मोदी ने चुप्पी अख़्तियार कर ली, और तभी हरकत में आए जब सर्वोच्च न्यायालय ने कहा कि सरकार पर उनकी हिफ़ाज़त की ज़िम्मेदारी है। लेकिन हवाई हमलों के बाद टीवी

पर आकर इसका श्रेय लेने में उन्हें ज़रा भी देर नहीं लगी। वे दुनिया को इस तरह बता रहे थे मानो उन्होंने ख़ुद हवाई जहाज़ों को उड़ाया हो और बम गिराए हों। इसके फ़ौरन बाद, भारत में चौबीस घंटे चलने वाले क़रीब 400 न्यूज चैनल, जो बड़ी बेशर्मी से पक्षपात करते हैं, अपनी-अपनी 'इनपुट' के साथ इस नुमाइश को हवा देने में जुट गए। पुराने वीडियो और फ़र्ज़ी तथ्यों का इस्तेमाल करते हुए, मोर्चे पर तैनात कमांडो का भेस धरे हुए, गला फाड़कर चीखने वाले उनके एंकरों ने पागलपन और जीत के नशे में सराबोर राष्ट्रवाद का एक घिनौना उन्माद खड़ा किया। उन्होंने दावा किया कि जैश-ए-मोहम्मद के 'आतंक के कारख़ाने' में 300 से अधिक 'आतंकवादियों' को मार दिया गया है। अगली सुबह सबसे संयत रहने वाले राष्ट्रीय अख़बारों ने भी हास्यास्पद, शर्मनाक सुर्खियों के साथ अपना सुर मिलाया। *इंडियन एक्सप्रेस* ने कहा : 'इंडिया स्ट्राइक्स टेरर, डीप इन पाकिस्तान'[10] (पाकिस्तान में घुसकर भारत ने आतंक पर की चोट)। इस बीच रायटर्स ने एक पत्रकार को पाकिस्तान में उस जगह पर भेजा जहाँ असल में बम गिराए गए थे और उसने ख़बर दी कि वहाँ सिर्फ़ पेड़ों और चट्टानों को ही नुक़सान पहुँचा है और एक गाँववाले को चोटें आई हैं।[11] द *असोसिएटेड प्रेस* ने भी कुछ ऐसी ही ख़बर दी।[12] द *न्यूयॉर्क टाइम्स* ने कहा, 'नई दिल्ली में विश्लेषकों और कूटनीतिज्ञों ने बताया कि साफ़ नहीं है कि भारतीय हवाई हमले का निशाना क्या था, क्योंकि भारत के प्रधानमंत्री नरेन्द्र मोदी ने कश्मीर हमले के बाद जब बदले की कसम खाई तो इसके बाद के दिनों में सीमा के उस पार काम करने वाला कोई भी आतंकवादी समूह अपनी जगह बदल चुका होता।'[13]

मुख्यधारा के मीडिया ने रायटर्स की रिपोर्ट को जगह नहीं दी। इस तरह, भारत में वोट डालने वाले लोगों की भारी तादाद जो द *न्यूयॉर्क टाइम्स* नहीं पढ़ती, उनके लिए छप्पन इंच की

अपनी मशहूर छाती वाले प्रधानमंत्री ने आतंकवाद को हमेशा के लिए ख़त्म कर दिया।

कम-से-कम कुछ समय के लिए ऐसा लगा कि मोदी ने अपने सियासी विरोधियों को पूरी तरह मात दे दी है, जो भारत के बहादुर पायलटों की तारीफ़ करते हुए ट्विटर पर जुटे हुए थे। इस बीच मोदी और उनके आदमी चुनावी दाँव-पेंच में लगे थे। सन्देह करने वालों या असहमति जताने वालों को हिन्दुत्व के ट्रोल ने आतंकित कर दिया, उन्हें राष्ट्र-विरोधी बताया गया, या वे उत्तर भारत के कोने-कोने में मौजूद हत्यारी भीड़ के डर से ही चुप हो गए।

लेकिन चीज़ें एक दिन में बदल जाती हैं। झूठी जीत की यह तड़क-भड़क बड़ी जल्दी फीकी पड़ गई जब पाकिस्तान ने पलटवार किया और एक लड़ाकू जहाज़ को मार गिराया और भारतीय वायु सेना के एक पायलट विंग कमांडर अभिनंदन वर्तमान को पकड़ लिया।[14] एक बार फिर भाजपा की लड़खड़ाती चुनावी संभावनाएँ और फीकी लगने लगीं।

चुनावी सियासत के धंधे को एक तरफ़ कर दें और इस सवाल को भूल भी जाएँ कि अगला चुनाव कौन जीतने वाला है, मोदी की कार्रवाइयाँ माफ़ी के क़ाबिल नहीं हैं। उन्होंने एक अरब से अधिक की आबादी की ज़िन्दगियों को जोख़िम में डाल दिया है और कश्मीर की जंग को आम भारतीयों के दरवाज़ों तक खींच ले आए हैं। टीवी पर चलने वाला पागलपन जो दिन, दोपहर, रात लोगों की नसों में ज़हर घोल रहा है, उनसे माँग करता है कि वे अपनी चिन्ताओं-परेशानियों को, अपनी बेरोज़गारी को, अपनी भूख को, अपने डूबे हुए छोटे-मोटे कारोबारों को, घरों से होने वाली बेदखली को भूल जाएँ, अपनी माँगों को भूल जाएँ कि जजों की रहस्यमय मौतों की जाँच हो, भारत के इतिहास में सबसे भ्रष्ट लगने वाले रक्षा सौदे की जाँच हो, वे

यह चिन्ता भूल जाएँ कि अगर वे मुसलमान, दलित या ईसाई हैं तो उन पर हमला हो सकता है और मारे जा सकते हैं। और इन सबकी जगह राष्ट्रीय गौरव के नाम पर वोट करें, उन्हीं लोगों को वोट करें जो यह तबाही ले आए हैं।

इस सरकार ने भारत की रूह को बहुत गहरा ज़ख़्म दिया है। इसे भरने में बरसों लग जाएँगे। लेकिन इसकी शुरुआत हो सके, इसके लिए हमें इन ख़तरनाक, तमाशों के भूखे धोखेबाज़ पाखंडियों को सत्ता से बाहर करना होगा।

हम ऐसे हालात गवारा नहीं कर सकते जहाँ मनमाने तौर पर लागू की गई राजस्व नीतियाँ एक अरब लोगों वाले मुल्क की अर्थव्यवस्था की रीढ़ तोड़ दें, या रातोरात देश में चलने वाले 80 फीसदी करेंसी नोटों को रद्द कर दिया जाए। इतिहास में कौन है जिसने ऐसा कभी किया हो? हमारे पास परमाणु ताक़त से लैस एक ऐसे प्रधानमंत्री हैं, जो एक राष्ट्रीय पार्क में अपने ऊपर एक फ़िल्म की शूटिंग में मसरूफ़ रहे, जबकि मुल्क के ऊपर भारी संकट आन पड़ा था, और फिर बड़ी बेपरवाही से उन्होंने यह ऐलान किया कि आगे की कार्रवाई का फ़ैसला लेने की ज़िम्मेदारी उन्होंने सेना पर छोड़ दी है। इतिहास में लोकतांत्रिक रूप से चुने हुए किस नेता ने कभी ऐसा किया है?

किस जमीर के साथ मोदी पद पर बने हुए हैं? उनकी जगह मुमकिन है कि एक ऐसी सरकार आए जो आपस में झगड़ती रहने वाली, बँटी हुई, अस्थिर गठबन्धन की सरकार हो, लेकिन यह कोई मसला नहीं है। यह लोकतंत्र की जान है। यह कहीं ज़्यादा होशियार और कहीं कम अहमक होगी।

पकड़े गए विंग कमांडर का मामला बचा हुआ है। पाकिस्तान के प्रधानमंत्री इमरान ख़ान के बारे में किसी की राय जो भी हो, और कश्मीर के विवाद में पाकिस्तान की भूमिका चाहे जो रही हो, इस पूरे संकट के दौरान वे बहुत इज़्ज़त और ईमानदारी से

पेश आए हैं। भारत सरकार का यह माँग करना सही था कि वर्तमान को जेनेवा क़रारनामे के मुताबिक़ युद्धबन्दी के बतौर अधिकार मुहैया कराए जाएँ। यह माँग करना सही था कि इंटरनेशनल कमिटी ऑफ़ द रेड क्रॉस को पाकिस्तानी हिरासत में उन तक पहुँचने दिया जाए। आज प्रधानमंत्री ख़ान ने एक दोस्ताना रुख अपनाते हुए ऐलान किया है कि विंग कमांडर को रिहा कर दिया जाएगा।

शायद भारत को कश्मीर में और बाक़ी के मुल्क में अपने राजनीतिक क़ैदियों के साथ भी ऐसे पेश आना चाहिए : जेनेवा क़रारनामे के तहत उनके अधिकारों की हिफ़ाज़त और रेड क्रॉस की उन तक पहुँच?

हम जिस जंग के बीच में हैं वह भारत और पाकिस्तान के बीच की जंग नहीं है। यह कश्मीर में लड़ी जा रही एक जंग है, जो भारत और पाकिस्तान के बीच एक और जंग की शुरुआत की दहलीज़ तक पहुँच गई। कश्मीर बेपनाह हिंसा और नैतिक पतन का सचमुच का रंगमंच है, जो हम सबको किसी भी पल हिंसा और परमाणु जंग के बवंडर में झोंक सकता है। इसे रोकने के लिए कश्मीर में टकराव की बात को उठाना और उसे सुलझाना होगा। यह सिर्फ़ तभी हो सकता है जब कश्मीरियों को आज़ादी के साथ, बेख़ौफ़ होकर दुनिया को यह बताने का मौक़ा मिले कि वे किसके लिए लड़ रहे हैं और वे सचमुच क्या चाहते हैं।

अज़ीज़ दुनिया, रास्ता तुम्हें खोजना है।

4

साहित्य की ज़ुबान*

इस बात से मैं सचमुच सम्मानित महसूस कर रही हूँ कि पेन अमेरिका ने मुझे इस साल के आर्थर मिलर फ्रीडम टू राइट व्याख्यान के लिए बुलाया। अगर आर्थर मिलर और मैं एक ही पीढ़ी में होते, और अगर मैं एक अमेरिकी नागरिक होती, तो मेरा ख़याल है कि हम दोनों हाउस अन-अमेरिकन एक्टिविटीज़ कमेटी के समन का जवाब देते हुए कभी न कभी एक-दूसरे से ज़रूर टकराए होते। भारत में मेरी शोहरत में कोई दाग़ नहीं है। मेरा नाम 'राष्ट्र विरोधियों' की आला फ़ेहरिश्त के अव्वल दर्जे में है, और वह इसलिए नहीं कि मेरा नाम अंग्रेज़ी के ए अक्षर से शुरू होता है! इन दिनों यह फ़ेहरिश्त इतनी लम्बी हो गई है कि ख़ासा मुमकिन है कि जल्दी ही यह देशभक्तों की फ़ेहरिश्त से लम्बी हो जाएगी। हाल में राष्ट्र-विरोधी होने की कसौटी बहुत आसान कर दी गई है : अगर आप नरेन्द्र मोदी (प्रधानमंत्री) को वोट नहीं करते तो आप पाकिस्तानी हैं। पता नहीं पाकिस्तान को अपनी बढ़ती आबादी को लेकर कैसा महसूस होता है!

अफसोस कि इस बार मैं किसी को भी वोट नहीं दे पाऊँगी,

---

* अपोलो थिएटर, न्यूयॉर्क में 12 मई, 2019 को दिया गया पेन आर्थर मिलर फ्रीडम टू राइट व्याख्यान। 13 मई, 2019 को द *गार्डियन* में पहली बार प्रकाशित। दोहरावों से बचने के लिए इस व्याख्यान को थोड़ा सम्पादित किया गया है।

क्योंकि आज 12 मई, 2019 है, वह दिन जब मेरे शहर दिल्ली में वोट डाले जा रहे हैं। मेरे दोस्त और कॉमरेड्स (जो जेलों में बन्द हैं उनको छोड़कर) चुनावी बूथों के बाहर क़तारों में खड़े रहे हैं, धड़कते हुए दिल के साथ, यह उम्मीद लिये हुए कि हमारी क़िस्मत भी तुर्की और ब्राजील की क़िस्मत जैसी न हो जाए। मुझे यक़ीन नहीं कि ऐसा होगा। लेकिन यह बात दर्ज की जाए कि यहाँ आने के निमंत्रण को जब मैंने कबूल किया था तब भारतीय चुनावों की तारीख़ों का ऐलान नहीं हुआ था। तो अगर मिस्टर मोदी सिर्फ़ एक वोट से जीत जाते हैं तो याद रखिए कि इसका गुनाह आप सबके सिर पर होगा।

बहरहाल, हम यहाँ मशहूर हारलेम में हैं, इस अपोलो थिएटर में जिसकी दीवारों ने यहाँ बनने वाला, दिल को झकझोर देने वाला संगीत सुना है और शायद चुपचाप उसे जज्ब भी किया है। जब कोई नहीं सुन रहा होता तो शायद वे उन्हें गुनगुनाती होंगी। ज़रा-सा अरीथा फ्रैंकलिन, थोड़े-से जेम्स ब्राउन, स्टीवी वंडर या लिटिल रिचर्ड की कोई धुन। इतिहास से भरे-पूरे इस सभागार से बेहतर और कौन-सी जगह हो सकती थी, जहाँ हम मिलकर साहित्य के लिए एक जगह के बारे में सोचें, आज के इस पल में जब वह ज़माना गुज़रने को है, जिसके बारे में हमें लगता है कि अगर पूरी तरह नहीं तो कम से कम मोटे तौर पर ही सही, हम उसे समझते हैं।

जब हममें से अनेक लोग यह सपना देख रहे थे कि 'दूसरी दुनिया मुमकिन है', कुछ दूसरे लोग भी थे जो सपने देख रहे थे। और ये उनके सपने हैं, और हमारी दहशत, जो आज ख़ौफ़नाक हद तक सच्चाई में तब्दील होने को है।

पूँजीवाद की ग़ैरज़रूरी जंगों और इसके ताक़तवर लालच ने धरती को ख़तरे में डाल दिया है और लोगों को दर-ब-दर कर दिया है। इनमें से ज़्यादातर की जिम्मेवारी संयुक्त राज्य की

सरकार के कंधों पर आती है। तालिबान को ख़त्म करने के अकेले मकसद से अफ़ग़ानिस्तान पर हमला करने के सत्रह बरसों के बाद, इस पर बम गिराकर इसे 'पत्थर युग' में पहुँचाने के बाद, संयुक्त राज्य सरकार अब उसी तालिबान के साथ बातचीत कर रही है। इस बीच इसने इराक, लीबिया और सीरिया को तबाह कर दिया। जंगों और पाबन्दियों में लाखों लोगों ने ज़िन्दगियाँ खोईं, एक पूरा का पूरा इलाक़ा उथल-पुथल का शिकार हो गया, पुराने शहर धूल में मिला दिए गए। इस बदहाली और तबाही के बीच से जैश (आईएसआईएस) नाम का एक ख़ौफ़नाक संगठन पनपा है। यह दुनिया-भर में फैल गया है और उन आम लोगों की अंधाधुंध हत्याएँ कर रहा है जिन्हें अमेरिकी जंगों से कोई लेना-देना नहीं है। पिछले कुछ बरसों में जिस तरह से अमेरिकी सरकार ने जंगें छेड़ी हैं और अन्तरराष्ट्रीय क़रारनामों से मनमाने तरीक़े से गद्दारी की है, उससे यह बदमाश राज्य की ख़ुद अपनी ही परिभाषा में माकूल बैठती है। और अब डराने की उसी पुरानी तरकीब का, उसी घिसे-पिटे झूठ और परमाणु हथियारों के बारे में उन्हीं पुरानी फ़र्ज़ी ख़बरों का उपयोग करते हुए यह ईरान पर हमले की तैयारी कर रही है। यह अब तक की इसकी सबसे बड़ी ग़लती होगी।

तो अब जब हम धक्के खाते हुए भविष्य में दाख़िल हो रहे हैं, बेवकूफ़ियों की इस बमबारी के बीच, फेसबुक 'लाइक्स' के बीच, फ़ासीवादी जुलूसों से होते हुए, फ़र्ज़ी ख़बरों की तख़्तापलट के बीच, और ख़ात्मे की इस दौड़ के बीच—साहित्य की जगह क्या है? साहित्य किसे कहते हैं? इसका फ़ैसला कौन करता है? ज़ाहिरन इन सवालों का कोई अकेला, सबक सिखाने वाला जवाब नहीं है। इसलिए अगर आप मुझे माफ़ करें तो मैं इस पर बात करने वाली हूँ कि ऐसे वक़्त में एक लेखक होने का मेरा अनुभव क्या रहा है। मैं इस सवाल से जूझने का अपना

अनुभव बताऊँगी कि ऐसे वक़्तों में कैसे एक लेखक हुआ जाए, ख़ास कर भारत जैसे देश में जो एक ही साथ अनेक सदियों में जीने वाला मुल्क है।

कुछ साल पहले मैं एक रेलवे स्टेशन पर थी और अपनी ट्रेन का इन्तज़ार करते हुए अख़बार पढ़ रही थी। भीतर के पन्नों पर मैंने एक छोटी-सी ख़बर देखी जो दो लोगों के बारे में थी, जिन्हें प्रतिबंधित भूमिगत पार्टी भारत की कम्युनिस्ट पार्टी (माओवादी) के कूरियर होने के आरोप में गिरफ़्तार किया गया था। ख़बर के मुताबिक़ उन लोगों के पास से बरामद किए गए 'आइटम्स' (सामान) में 'अरुंधति रॉय की कुछ किताबें' थीं। इसके कुछ ही समय बाद मैं एक कॉलेज लेक्चरर से मिली जो अपना ज़्यादातर समय जेल में बन्द कार्यकर्ताओं के क़ानूनी बचाव में लगाती थी। इनमें से अनेक नौजवान छात्र और गाँव वाले 'राष्ट्र-विरोधी गतिविधियों' के लिए जेल में बन्द थे। अक्सर तो इसका मतलब यह था कि वे कॉरपोरेट कम्पनियों के खनन और उन बुनियादी ढाँचा परियोजनाओं का विरोध कर रहे थे, जो दसियों हज़ार लोगों को अपनी ज़मीन और घर से बेदख़ल कर रही थीं। इस लेक्चरर ने मुझे बताया कि क़ैदियों के अनेक 'कबूलनामों' में—जो आमतौर पर उनसे ज़बरदस्ती मनवाए जाते हैं—मेरे लेखन का ज़िक्र अक्सर एक ऐसी चीज़ के रूप में होता है जो उन्हें उस राह पर ले गया, जिसे पुलिस 'ग़लत रास्ता' कहती है।

'वे एक ज़मीन तैयार कर रहे हैं—आपके ख़िलाफ़ मामला बना रहे हैं,' उन्होंने मुझे बताया।

जिन किताबों की बात हो रही है वे मेरे उपन्यास नहीं हैं (तब तक मैंने सिर्फ़ एक ही उपन्यास लिखा था—द *गॉड ऑफ़ स्मॉल थिंग्स*)। ये कथेतर किताबें थीं, हालाँकि एक तरह से वे भी कहानियाँ ही थीं, अलग क़िस्म की कहानियाँ, लेकिन फिर

भी वे कहानियाँ ही हैं। जंगलों, नदियों, फसलों, बीजों, ज़मीन पर, किसानों पर, श्रम क़ानूनों पर, नीतियाँ बनाने की प्रक्रियाओं पर भारी कॉरपोरेट हमलों की कहानियाँ। और हाँ, नौ सितम्बर के बाद एक के बाद एक मुल्क पर अमेरिका और नाटो के हमलों की कहानियाँ। इनमें से ज़्यादातर कहानियाँ इन हमलों का मुक़ाबला करने वाले लोगों के बारे में हैं—एक ख़ास नदी के बारे में, एक ख़ास पहाड़ के बारे में, ख़ास कॉरपोरेट कम्पनी के बारे में, ख़ास जनान्दोलन के बारे में, इन सबको ख़ास तरीक़ों से कुचला जा रहा है, इन सबके बारे में ख़ास कहानियाँ। ये जलवायु के सच्चे मुहाफ़िज़ थे, ये दूर-दराज के ऐसे स्थानीय लोग थे जिनका पैग़ाम सारी दुनिया के लिए था, जिन्होंने संकट को उसके पहचाने जाने से पहले ही समझ लिया था। इसके बावजूद उन्हें तरक़्क़ी और विकास की राह में बाधक राष्ट्र-विरोधी खलनायकों के तौर पर पेश किया गया। मुक्त बाज़ार के प्रचारक और भारत के पूर्व प्रधानमंत्री मनमोहन सिंह ने मध्य भारत के जंगलों में खनन कॉरपोरेशनों से लड़ने वाले ज़्यादातर आदिवासी छापामार लड़ाकों को भारत की 'अन्दरूनी सुरक्षा का अकेला सबसे बड़ा ख़तरा' कहा था। 'ऑपरेशन ग्रीन हंट' नाम की एक जंग उनके ख़िलाफ़ चलाई गई। जंगलों को सैनिकों से भर दिया गया, जिनके दुश्मन दुनिया के सबसे ग़रीब लोग थे। अफ्रीका, ऑस्ट्रेलिया, लातीनी अमेरिका—हर जगह कहानी यही रही है।

और विडंबना की विडंबना देखिए कि अब इस पर आम राय बन रही है कि जलवायु परिवर्तन दुनिया की सुरक्षा के लिए अकेला सबसे बड़ा ख़तरा है। धीरे-धीरे इस पर होने वाली बातों पर फ़ौजी रंग चढ़ता जा रहा है। और बेशक जल्दी ही जलवायु परिवर्तन के पीड़ितों को इस नई अन्तहीन जंग में 'दुश्मन' बता दिया जाएगा। भले ही जलवायु 'आपातकाल' की बात अच्छे इरादे से कही जा रही हो, लेकिन मुमकिन है कि यह आह्वान

उस प्रक्रिया को तेज़ कर दे, जो कब से शुरू हो चुकी है। दबाव बढ़ता जा रहा है कि बहस को यूएनएफसीसी (यूनाइटेड नेशंस फ्रेमवर्क कन्वेन्शन ऑन क्लाइमेट चेंज) से हटाकर संयुक्त राष्ट्र सुरक्षा परिषद में ले जाया जाए। यानी ज़्यादातर दुनिया को इससे बाहर कर दिया जाए और इसका फ़ैसला करने का अधिकार सीधे-सीधे उसी पुराने गिरोह के हवाले कर दिया जाए, जो इसके लिए कसूरवार रहा है। एक बार फिर से उत्तरी दुनिया इस बात को यक़ीनी बनाएगी कि जो समस्या उसने पैदा की है, उसका हल ऐसा निकाला जाए कि इससे भी उसे ही फ़ायदा मिले। इसमें कोई शक नहीं कि यह एक ऐसा हल होगा जिसकी बागडोर 'बाज़ार' के हाथों में होगी, और आपको अधिक ख़रीदना और बेचना होगा, अधिक खपत करनी होगी। थोड़े में भी थोड़े लोग अधिक से अधिक मुनाफ़ा बटोरेंगे। यानी दूसरे शब्दों में कहें तो और अधिक पूँजीवाद होगा।

ये निबन्ध जब पहली बार छपे थे (पहले व्यापक प्रसार वाली पत्रिकाओं में, फिर इंटरनेट पर और फिर आख़िरकार किताबों की शक्ल में), तो उन्हें आशंका-भरे सन्देह के साथ देखा गया। कम से कम कुछ हलकों में तो ऐसा ही हुआ, और ऐसा अक्सर उनकी तरफ़ से हुआ जो ज़रूरी नहीं कि सियासी तौर पर असहमत ही हों। रवायती तौर पर जिसे साहित्य समझा जाता है, यह लेखन उसके लिए एक आज़माइश थी। जो लोग ख़ास कर चीज़ों को अलग-अलग नामों में बाँटकर देखने में दिलचस्पी रखते हैं, उनका अन्देशा समझ में आता था। क्योंकि वे यह तय नहीं कर पा रहे थे कि यह कैसा लेखन था—पर्चा या बहस, अकादमिक या अख़बारी लेखन, सफ़रनामा, या फिर कोई साहित्यिक दुस्साहस? कुछ के लिए तो यह लेखन ही नहीं था : 'अरे आपने लिखना क्यों बन्द कर दिया? हम आपकी अगली किताब का इन्तज़ार कर रहे हैं।' कुछ दूसरों को लगा

कि मैं एक किराए की कलम हूँ। हर क़िस्म की पेशकश मुझे की गई : 'डार्लिंग, बाँधों पर तुमने जो लिखा था वह मुझे बड़ा अच्छा लगा, क्या तुम मेरे लिए चाइल्ड अब्यूज़ पर एक लेख लिख सकती हो?' (ऐसा सचमुच हुआ था।) मुझे कड़ी नसीहतें दी गईं (ज़्यादातर सवर्ण मर्दों द्वारा) कि कैसे लिखा जाता है, मुझे किन विषयों के बारे में लिखना चाहिए और मेरा लहजा क्या होना चाहिए!

लेकिन इन चौड़े राजमार्गों से दूर, दूसरी जगहों पर बड़ी जल्दी इन लेखों का दूसरी भारतीय ज़ुबानों में अनुवाद हुआ, ये पर्चों के रूप में छपे, जंगलों और नदी घाटियों में ये मुफ़्त बाँटे गए, उन गाँवों में जहाँ हमले हो रहे थे, विश्वविद्यालय परिसरों में जहाँ छात्र झूठ-दर-झूठ से आजिज आ गए थे। क्योंकि मोर्चे पर मौजूद ये पढ़ने वाले फैलती हुई आग से झुलसने लगे थे और इस पर उनकी राय एकदम अलग थी कि साहित्य क्या है या इसे कैसा होना चाहिए।

मैं इसका ज़िक्र कर रही हूँ, क्योंकि इसने मुझे सिखाया कि साहित्य की जगह को लेखक और पढ़ने वाले दोनों मिलकर बनाते हैं। कई मायनों में यह एक नाज़ुक-सी जगह है, लेकिन इसे मिटाया नहीं जा सकता। अगर इसे ज़मींदोज़ कर दिया जाए, हम इसे फिर से बना लेते हैं। क्योंकि हमें एक पनाहगाह चाहिए। अदब को एक ज़रूरत के रूप में देखने वाला नज़रिया मुझे बहुत पसन्द है। वह अदब जो पनाह दे। हर क़िस्म की पनाह।

समय बीतने के साथ एक अनबोला-सा समझौता हो गया। मुझे एक 'लेखक-कार्यकर्ता' कहा जाने लगा। इस क़िस्म की दर्जाबन्दी में यह बात शामिल थी कि क़िस्सागोई सियासत से आज़ाद होती है और लेख अदब का हिस्सा नहीं होते।

मुझे याद है कि मैं हैदराबाद में एक कॉलेज के लेक्चर हॉल में बैठी थी और मेरे सामने पाँच-छह सौ छात्र थे। मेरी बाईं

तरफ़ आयोजन की अध्यक्षता कर रहे विश्वविद्यालय के वाइस चांसलर थे। मेरी दाहिनी तरफ़ कविता पढ़ाने वाले एक प्रोफ़ेसर थे। वीसी ने मेरे कान में फुसफुसाकर कहा, 'आपको क़िस्से लिखने में अपना समय नहीं लगाना चाहिए। आपका सियासी लेखन ऐसी चीज़ है जिस पर आपको ध्यान देना चाहिए।' कविता के प्रोफ़ेसर ने फुसफुसाकर कहा, 'आप फिर से कब उपन्यास लिखेंगी? वही आपका सच्चा हुनर है। आप बाक़ी जो लिखती रहती हैं, उसकी ज़िन्दगी बस कुछ ही दिनों की है।'

मैंने कभी यह महसूस नहीं किया कि मेरी क़िस्सागोई और मेरे लेख आपस में लड़ने वाले दो गुट हैं, जो एक-दूसरे पर बरतरी के लिए लड़ रहे हैं। यक़ीनन दोनों एक ही चीज़ नहीं हैं, लेकिन उनके बीच में साफ़-साफ़ फ़र्क़ बता पाना उससे कहीं ज़्यादा मुश्किल है जितना मैंने सोचा था। तथ्य और क़िस्से आपस में विरोधी नहीं हैं। ज़रूरी नहीं है कि इनमें से एक, दूसरे से ज़्यादा सच्चा हो, दूसरे से ज़्यादा तथ्यपरक हो, दूसरे के मुक़ाबले हक़ीक़त के ज़्यादा क़रीब हो। या जैसा मेरे मामले में हुआ, ज़रूरी नहीं कि एक को दूसरे के मुक़ाबले में ज़्यादा पढ़ा जाता हो। मैं बस यही कह सकती हूँ कि जब मैं लिखती हूँ तो फ़र्क़ मुझे अपनी देह में महसूस होता है।

दोनों प्रोफ़ेसरों के बीच बैठे हुए मैं उनके एक-दूसरे के उलट सुझावों के मज़े ले रही थी। मैं वहाँ बैठी मुस्कुराती हुई अपने नाम जॉन बर्जर के पहले सन्देश के बारे में सोच रही थी। यह एक ऐसे लेखक की तरफ़ से हाथ से लिखा हुआ एक ख़ूबसूरत ख़त था, जो बरसों से मेरा हीरो रहा था : 'तुम्हारे क़िस्से और तुम्हारे लेख—तुम्हारे दो पैरों जैसे हैं जो तुम्हें दुनिया की सैर कराते हैं।' मेरे लिए इतना काफ़ी था।

मेरे ख़िलाफ़ जो भी मामला खड़ा किया जा रहा था, वह अंजाम तक नहीं पहुँच पाया, या कम से कम अभी तक नहीं

पहुँच पाया है। लेकिन मेरी वह लेक्चरर दोस्त जेल में है, उस पर राष्ट्र-विरोधी गतिविधियों में भागीदारी का आरोप है। भारत की जेलें राजनीतिक बन्दियों से भरी हुई हैं—उनमें से अधिकतर पर माओवादी या इस्लामी आतंकवादी होने का आरोप है। इनकी परिभाषाएँ इतनी ढीली-ढाली हैं कि सरकारी नीतियों से असहमति रखने वाला कोई भी शख़्स इनकी चपेट में आ जाएगा। चुनावों से पहले होने वाली गिरफ़्तारियों के ताज़ा सिलसिले में शिक्षकों, वकीलों, कार्यकर्ताओं और लेखकों पर प्रधानमंत्री मोदी की हत्या की साज़िश रचने का आरोप लगाकर उन्हें जेल भेज दिया गया है। जो साज़िश बताई जा रही है, वह इतनी बेतुकी है कि एक छह साल का बच्चा भी इससे बेहतर साज़िश रच सकता है। फ़ासीवादियों को इसका कोर्स करने की ज़रूरत है कि अच्छी कहानियाँ कैसे लिखी जाएँ।

रिपोर्टर्स विदाउट बॉर्डर्स का कहना है कि पत्रकारों के लिए भारत दुनिया में पाँचवीं सबसे ख़तरनाक जगह है, इसके ठीक नीचे अफ़ग़ानिस्तान, सीरिया, यमन और मेक्सिको हैं। मैं यहाँ ठहरना चाहूँगी, और क़ैद किए गए, सताए गए, चुप करा दिए गए और इससे भी बुरे हालात से ग़ुजरे और ग़ुजर रहे लेखकों और पत्रकारों की रक्षा में पेन ने जो काम किया है, उसके लिए मैं इसका शुक्रिया अदा करना चाहूँगी। हम नहीं जानते कि हममें से अगली बारी किसकी है। यह जानना तसल्ली देता है कि हम सबका ख़याल रखने के लिए एक संगठन है।

भारत में जो लोग जेल में बन्द हैं, वे ख़ुशक़िस्मत हैं। कम क़िस्मत वाले मारे जा चुके हैं। गौरी लंकेश, नरेन्द्र दाभोलकर, एम.एम. कलबुर्गी और गोविंद पानसरे की हत्या हो चुकी है, ये सभी उग्र हिन्दू दक्षिणपंथी के आलोचक थे। ये बड़े नाम थे। दूसरे अनगिनत कार्यकर्ता मारे गए या संदिग्ध हालात में मरे हुए पाए गए, जिन्होंने सूचना का अधिकार अधिनियम का

उपयोग करके भ्रष्टाचार के भारी घोटालों को उजागर किया। पिछले पाँच बरसों में भारत ने मॉब लिंचिंग करने वाली कौम के रूप में अपनी पहचान कायम की है। हिन्दू भीड़ दिनदहाड़े मुसलमानों और दलितों की सरेआम पिटाई करती है, उन्हें मार डालती है और फिर बड़ी ख़ुशी से 'लिंच वीडियो' को यूट्यूब पर अपलोड किया जाता है। हिंसा साफ़ और खुली हुई है, और तय है कि यह ख़ुद-ब-ख़ुद पैदा नहीं होती। हालाँकि मुसलमानों के ख़िलाफ़ हिंसा नई नहीं है और दलितों के ख़िलाफ़ हिंसा शुरू से ही चली आ रही है—लेकिन इन हत्याओं के पीछे एक साफ़ विचारधारा काम कर रही है।

पीटकर मारने वाली भीड़ जानती है कि यह हो ही नहीं सकता कि पुलिस या सरकार उनको हाथ लगाए। वे यह भी जानते हैं कि अपने बचाव के लिए वे उग्र दक्षिणपंथी, ठेठ फ़ासीवादी राष्ट्रीय स्वयंसेवक संघ पर भरोसा कर सकते हैं, जो भारत का सबसे ख़ुफ़िया और सबसे ताक़तवर संगठन है। इसकी स्थापना 1925 में हुई थी। इसे क़ायम करने वाले लोग यूरोपीय फ़ासीवाद से बहुत प्रभावित थे। उन्होंने खुलेआम हिटलर और मुसोलिनी की तारीफ़ की, और यह पंचानबे सालों से बिना थके काम करता आ रहा है ताकि भारत को बाक़ायदा एक हिन्दू राष्ट्र घोषित किया जा सके।

आरएसएस परदे के पीछे से एक सरकार चलाता है, जिसका कामकाज देश-भर में फैली इसकी दसियों हज़ार शाखाओं के ज़रिये, और वैचारिक रूप से जुड़े लेकिन अलग-अलग नामों वाले संगठनों के ज़रिये चलता है—इनमें से कुछ हैरान कर देने वाले ढंग से हिंसक हैं। आरएसएस पर रवायती रूप से पश्चिमी तटवर्ती ब्राह्मणों के एक गोत्र चितपावन ब्राह्मणों का नियंत्रण रहा है, आज इसके इर्द-गिर्द अमेरिकी और यूरोपीय गोरे श्रेष्ठतावादी और नस्लवादी जमा हो रहे हैं, वे हिन्दू धर्म की सदियों पुरानी

जाति प्रथा की तारीफ़ें लिख रहे हैं। वे जिस चीज़ से ईर्ष्या करते हैं वह इस सामाजिक ऊँच-नीच की व्यापक, संस्थाबद्ध क्रूरता वाली एक बेरहम व्यवस्था है, जिसका सही नाम ब्राह्मणवाद है और जो प्राचीन काल से ही कमोबेश जस की तस बनी हुई है। इस ब्राह्मणवाद के हिमायती ऐसी जगहों पर भी मिल जाएँगे जहाँ आपको इसकी सबसे कम उम्मीद हो। आपको जानकर दुख होगा कि उनमें से एक मोहनदास गांधी थे, जो जाति को हिन्दू समाज का 'गुण' मानते थे। जाति और नस्ल को लेकर गांधी के रवैये के बारे में मैंने *द डॉक्टर एंड द सेंट* नाम की किताब में विस्तार से लिखा है, इसलिए मैं इस पर ज़्यादा कुछ नहीं कहूँगी।

बस मैं आपके लिए यह पेश करूँगी : 1916 में मद्रास में एक मिशनरी सम्मेलन में उन्होंने कहा था :

> जाति का व्यापक संगठन न सिर्फ़ समुदाय की धार्मिक ज़रूरतों को पूरा करता था, बल्कि यह इसकी राजनीतिक ज़रूरतों को भी पूरा करता था। गाँववाले अपने अन्दरूनी मामलों को जाति व्यवस्था के ज़रिये सुलझा लेते थे, और इसके ज़रिये वे शासक या शासकों के किसी जुल्म से भी निबट लेते थे।[1]

भारत अपनी रूह की लड़ाई लड़ रहा है। भाजपा चुनाव हार भी जाए, जो बाक़ी सारे दलों की सारी दौलत मिला देने पर भी उनसे ज़्यादा दौलतमंद होने के बावजूद, मुख्यधारा के मीडिया पर इसका कमोबेश पूरा नियंत्रण होने के बावजूद, बिलकुल मुमकिन है, लेकिन इसका मतलब यह नहीं होगा कि हम ख़तरे से निकल आए हैं। आरएसएस एक गिरगिट की तरह है, और यह कनखजूरे की तरह भी है, क्योंकि यह लाखों पैरों पर चलता है। पाँच साल पहले इसने जिस तरह पूरे बहुमत के साथ सत्ता

पर क़ब्ज़ा किया, उसने इसके पैरों में मोटर लगा दी है। लेकिन सिर्फ़ एक चुनाव हारने-भर से जहन्नुम का इसका लम्बा सफ़र थम नहीं जाएगा। जब मजबूरी हो, यह अपना रंग बदल सकता है। जब इसे ज़रूरत होती है यह तर्क का और सबको साथ लेकर चलने का मुखौटा पहन सकता है। इसने ख़ुद को एक ऐसे संगठन के रूप में स्थापित किया है जो छुपकर, भूमिगत होकर भी काम कर सकता है और खुलेआम भी। यह सब्र के साथ, कड़ी मेहनत करने वाला एक जानवर है जिसने धीरे-धीरे इस मुल्क के हर संस्थान में अपनी गहरी पैठ बना ली है—अदालत, विश्वविद्यालय, मीडिया घराने, सुरक्षा बल, ख़ुफ़िया सेवाएँ।

अगर एक नई, भाजपा-मुक्त सरकार हुकूमत में आई, जो हर मुमकिन है कि एक नाजुक गठबन्धन होगा—तो इसकी संभावना है कि उसे भड़काई गई साम्प्रदायिक हिंसा की उग्र लहर का सामना करना पड़े, फ़र्ज़ी हमलों का सामना करना पड़े जिनके हम आदी हो गए हैं। राजमार्गों पर गायों की लाशें मिलने लगेंगी, मंदिरों में गोमांस, मस्जिदों में सूअर का मांस फेंका जाने लगेगा। मुल्क जब जल उठेगा, तो दक्षिणपंथ एक बार फिर हमसे कहेगा कि अकेला वही है जो एक 'कठोर शासन' दे पाने और मसलों से निबट पाने के क़ाबिल है। जो सियासी ज़मीन इतनी गहराई तक दरकी हुई है, क्या वह इस खेल को सँभाल पाएगी? कहना मुश्किल है।

बरसों से मेरे लेखन का यही मौज़ूँ रहा है, चाहे मैंने उपन्यास लिखे हों या लेख।

*

1997 की गर्मियों में प्रकाशित द *गॉड ऑफ़ स्मॉल थिंग्स* एक ऐसी ज़ुबान की और एक ऐसे लहजे की तलाश का नतीजा थी, जिसके ज़रिये मैं अपने लिए और उन लोगों के लिए जिनसे

मैं प्यार करती थी और जिनमें से कुछ केरल से पूरी तरह अनजान थे, उस दुनिया को बयान करना चाहती थी, जिसमें मैं पली-बढ़ी थी। मैंने आर्किटेक्चर की पढ़ाई की थी, फ़िल्मों की पटकथाएँ लिखी थीं और अब मैं एक उपन्यास लिखना चाहती थी। एक उपन्यास जो सिर्फ़ एक उपन्यास हो सकता था—एक ऐसा उपन्यास जिसमें एक फ़िल्म बन जाने की कोई ख़्वाहिश न हो, न ही उसे एक घोषणापत्र बनना हो, और न किसी क़िस्म का समाजशास्त्रीय शोध। मैं तब हैरान रह गई थी, जब कुछ आलोचकों ने इसे जादुई यथार्थवाद कहा—ऐसा कैसे हो सकता था? किताब की जगहें—आयेमनम में पहाड़ी पर मौजूद वह पुराना घर, मेरी नानी का अचार का कारखाना जहाँ मैं बड़ी हुई थी (अभी भी मेरे पास कुछ मर्तबान और लेबल रखे हुए हैं), मीनाचल नदी—मेरी वह सब खुरदरी हक़ीक़त पश्चिम के कई आलोचकों के लिए ख़ूबसूरत और जादुई थी। चलिए मान लिया। लेकिन मुझे भी इसका हक़ है कि मैं न्यूयॉर्क और लंदन के बारे में इसी तरह सोचूँ।

केरल में किताब को जिस तरह लिया गया उसमें कुछ भी जादुई नहीं था। 1959 से केरल पर अदल-बदल कर शासन करने वाली भारत की कम्युनिस्ट पार्टी (मार्क्सवादी) को *द गॉड ऑफ़ स्मॉल थिंग्स* में पार्टी की आलोचना दिखाई पड़ी और वह इससे बेचैन हुई। फ़ौरन मुझे कम्युनिस्ट-विरोधी क़रार दिया गया, जो एक चलती-फिरती-आँसू बहाती-बोलती-सोती हुई साम्राज्यवादी साज़िश थी। सही है कि मैंने आलोचना की थी, और मेरी आलोचना का मुद्दा यह था कि वामपंथ, और इससे मेरा मतलब है भारत की कई सारी कम्युनिस्ट पार्टियाँ, न सिर्फ़ जाति के मुद्दे पर चुप्पी साधे हुए थीं, बल्कि अक्सर ही वे खुलेआम जातिवादी होती थीं। उपन्यास में अम्मू (एक सीरियन ईसाई औरत) और वेलुता (एक दलित मर्द) के बीच हदों को पार कर जाने वाले रिश्ते

को बड़ी बेचैनी से लिया गया। इस बेचैनी का रिश्ता जितना उपन्यास में जाति की राजनीति के साथ था, उतना ही जेंडर के साथ भी था। अहम किरदारों में से एक कॉमरेड के.एन.एम. पिल्लई और उनकी बीवी कल्याणी के साथ रिश्ते को जिस तरह दिखाया गया था, और जिस तरह एक तलाक़शुदा औरत अम्मू को दिखाया गया था जो 'ममता की बेपनाह नरमी और एक आत्मघाती बमबार के अनगढ़ ग़ुस्से का मेल' थी, 'रात में उस आदमी को प्यार करती जिसे दिन में उसके बच्चे प्यार करते थे', इन बातों को ख़ुशी-ख़ुशी नहीं लिया गया। पाँच वकील आदमियों ने मेरे ख़िलाफ़ एक आपराधिक मुक़दमा दायर किया, जिसमें मुझ पर अश्लीलता का और 'सार्वजनिक नैतिकता को भ्रष्ट' करने का आरोप लगाया गया था।

इस उपन्यास के बाहर भी ऐसी बातें हो रही थीं, जिनसे उथल-पुथल मची हुई थी। मेरी माँ मेरी रॉय ने सर्वोच्च न्यायालय में एक मुक़दमा जीत लिया था, जिसके चलते पुराना 1916 ट्रावनकोर क्रिश्चियन सक्सेसन एक्ट रद्द हो गया था। यह क़ानून औरतों को अपने पिताओं की जायदाद से महरूम करता था। अब औरतों को बराबर की हिस्सेदारी मिल सकती थी। इससे काफ़ी नाराज़गी फैली। यह बात बहुत साफ़-साफ़ महसूस की जा रही थी कि माँ और बेटी को सबक सिखाने की ज़रूरत है। मुक़दमा तीसरी या चौथी सुनवाई तक पहुँचा होगा कि द *गॉड ऑफ़ स्मॉल थिंग्स* को बुकर पुरस्कार मिल गया। इससे आम राय में मतभेद पैदा हो गया। अपने यहाँ की एक मलयाली औरत का एक मशहूर अन्तरराष्ट्रीय साहित्यिक पुरस्कार जीतना कोई ऐसी बात नहीं थी कि इसे आसानी से ख़ारिज कर दिया जाए। अब मुश्किल थी कि उसे अलग-थलग किया जाए या अपनाया जाए? मैं अदालत में अपने वकील के साथ हाजिर थी, जिन्होंने मुझे बताया कि उन्हें लगता था कि मेरी किताब में कुछ

हिस्से ऐसे थे जो 'ख़ासे अश्लील' थे। लेकिन उन्होंने कहा कि क़ानून के मुताबिक़, एक कलाकृति को उसकी समग्रता में देखा जाना चाहिए, और चूँकि पूरी किताब अश्लील नहीं थी, इसलिए हमारे पास लड़ने की गुंजाइश थी। जज अपनी कुरसी पर बैठे और बोले, 'हर बार जब भी यह मामला मेरे आगे आता है, मेरे सीने में दर्द होता है।' उन्होंने सुनवाई टाल दी। उनके बाद आने वाले जज ने भी ऐसा ही किया। इस बीच लोगों ने किताब के उन पहलुओं का जश्न मनाया जिनमें सरहदें नहीं तोड़ी गई थीं—इसकी ज़ुबान, इसके बचपन के क़िस्से। लेकिन अम्मू और वेलुता के रिश्ते को बेहिचक देख पाना कइयों के लिए मुश्किल था। उस मुक़दमे के ख़ारिज होने में क़रीब दस साल लग गए।

द गॉड ऑफ़ स्मॉल थिंग्स के छपने के क़रीब एक साल से भी कम समय में, मार्च 1998 में भारत के इतिहास में पहली बार भाजपा के नेतृत्व वाले गठबन्धन ने केन्द्र में सरकार बनाई। तब के प्रधानमंत्री अटल बिहारी वाजपेयी आरएसएस के सदस्य थे। पद सँभालने के कुछ ही हफ़्तों के भीतर उन्होंने आरएसएस का पुराना सपना पूरा करते हुए कई परमाणु परीक्षण किए। पाकिस्तान ने अपने परीक्षण करके फ़ौरन जवाब दिया। ये परमाणु परीक्षण राष्ट्रवाद की पागलनपन-भरी लफ़्फ़ाज़ियों की ओर सफ़र की शुरुआत थी, जो आज के भारत में आम बोलचाल का अन्दाज़ हो गया है। परमाणु परीक्षणों को जिस ख़ुशी के साथ लिया गया, और यह ख़ुशी ऐसे हलकों में भी मनाई जा रही थी जिनसे सबसे कम उम्मीद थी, इस सबसे मैं हैरान थी। तभी मैंने अपना पहला लेख 'द एंड ऑफ़ इमेजिनेशन' लिखा, जिसमें परीक्षणों की निन्दा की गई थी। मैंने कहा कि परमाणु होड़ में शामिल होकर हम अपनी कल्पना का उपनिवेशीकरण कर देंगे : 'अगर अपने दिमाग़ में परमाणु बम लगाने का विरोध करना हिन्दूविरोधी और भारतविरोधी है तो' मैंने कहा, 'मैं इस

मुल्क से अलग होती हूँ। मैं ख़ुद को एक आज़ाद, ख़ानाबदोश गणतंत्र घोषित करती हूँ।'

आप ख़ुद यह अन्दाज़ा लगा सकते हैं कि इसके बाद कैसी प्रतिक्रियाएँ आईं।

'द एंड ऑफ़ इमेजिनेशन' वह पहला क़दम था, जो आगे चलकर लेखों के बीस साल लम्बे एक सफ़र में तब्दील हो गया। ये वे साल थे जब भारत बिजली की सी रफ़्तार से बदल रहा था। हरेक लेख के लिए मैंने एक रूप, एक ज़ुबान, एक ढाँचा और एक कहानी तलाशी। क्या मैं सिंचाई के बारे में उतने ही अच्छे तरीक़े से लिख सकती थी, जैसा मैं प्यार और ग़म और बचपन के बारे में लिख सकती थी? खारी हो रही मिट्टी के बारे में? पानी की निकासी के बारे में? बाँध? फसलें? ढाँचागत संयोजन और निजीकरण? बिजली की प्रति इकाई लागत के बारे में? उन चीज़ों के बारे में जो आम लोगों की ज़िन्दगियों को प्रभावित करती हैं? रिपोर्ताज की शक्ल में नहीं, बल्कि क़िस्सागोई की शक्ल में? इन मौज़ूँओं को साहित्य में बदलना क्या मुमकिन था? हर किसी का साहित्य—उन लोगों का भी जो पढ़ और लिख नहीं सकते थे, लेकिन जिन्होंने मुझे सोचना सिखाया था, और जिन्हें पढ़कर सुनाया जा सकता था?

मैंने कोशिश की। और लेखों का आना जारी रहा, जारी रहा पाँच मर्द वकीलों का आना भी (हर बार वही वकील नहीं होते, वे बदलते रहते, लेकिन लगता है कि वे झुंड में शिकार करते हैं)। इसी तरह आपराधिक मामलों की आमद भी बनी रही, ज़्यादातर अदालत की अवमानना के आरोप में। उनमें से एक का अन्त जेल की एक छोटी-सी सज़ा के रूप में हुआ, दूसरा अभी भी चल रहा है। बहसें अक्सर आक्रामक होतीं। कभी-कभी हिंसक भी। लेकिन हमेशा वे अहम रहीं।

क़रीब-क़रीब हर लेख मेरे लिए इतनी मुश्किलें लेकर आता

कि मैं ख़ुद से वादा करती कि अब मैं और लेख नहीं लिखूँगी। लेकिन इससे बचा नहीं जा सकता था। ऐसे हालात बनते जिनमें ख़ुद को चुप रखने की कोशिश में मेरे सिर में ऐसा शोर उठ खड़ा होता, मेरी रगों में ऐसा दर्द उठता कि मैं हार मान लेती और लिखने बैठ जाती। पिछले साल जब मेरे प्रकाशकों ने सुझाया कि उन्हें जमा करके एक किताब बना दिया जाए, तो मैं यह देखकर हैरान रह गई कि *माई सेडिशियस हार्ट* नाम की यह किताब एक हज़ार पन्नों से भी बड़ी थी।

बीस साल तक लिखते रहने, बग़ावतों के केन्द्र में सफ़र करने, ग़ैरमामूली लोगों और बेपनाह ख़ूबसूरत आम लोगों से मिलने के बाद, उपन्यास मेरे पास लौट आया। यह बात साफ़ हो गई कि मेरे भीतर जो कायनात बन रही थी, उसे सिर्फ़ एक उपन्यास ही समेट सकता है। यह कायनात उन जगहों से रची-बसी थी, जहाँ-जहाँ मैं भटकी थी, और अब यह एक दास्तान की दुनिया में ढल रही थी। मैं जानती थी कि यह उपन्यास निस्सन्देह एक जटिल, राजनीतिक और अन्तरंग होगा। मैं जानती थी कि अगर द *गॉड ऑफ़ स्मॉल थिंग्स* घर के बारे में था, जिसमें बसे परिवार में एक टूटा हुआ दिल था, तो द *मिनिस्ट्री ऑफ़ अटमोस्ट हैपीनेस* की शुरुआत होगी जब उस घर की छत उड़ चुकी होगी, जब टूटा हुआ दिल अपने टुकड़ों को जंग में तबाह घाटियों और शहरों की सड़कों के हवाले कर चुका होगा। यह एक उपन्यास होगा, लेकिन इसकी दुनिया पर नकेल कसने की सारी कोशिशें नाकाम रहेंगी। यह उन रवायतों को नकार देगी जो बताती हैं कि एक उपन्यास कैसा हो सकता है और कैसा नहीं हो सकता। यह दुनिया में मेरे हिस्से के उस ख़ूबसूरत से शहर की मानिंद होगा, जहाँ पढ़ने वाले एक नए मुहाजिर के रूप में पहुँचेंगे। ज़रा से डरे हुए, ज़रा सहमे हुए, लेकिन जज्बात से भरपूर। इसको जानने का अकेला रास्ता होगा इसके बीच चलना,

इसमें खो जाना, इसमें रहना सीख लेना। छोटे और बड़े लोगों से मिलना सीख लेना। मजमे को प्यार करना सीख लेना। यह एक ऐसा उपन्यास होगा जो वह बातें कहेगा जिन्हें किसी भी और तरह से नहीं कहा जा सकता। ख़ासकर कश्मीर के बारे में, जहाँ सिर्फ़ कहानियाँ ही सच्चाई बयान कर सकती हैं, क्योंकि सच्चाई बताई नहीं जा सकती। भारत में अपनी जान जोख़िम में डाले बिना ईमानदारी से कश्मीर के बारे में बोलना मुमकिन नहीं है।

कश्मीर और भारत, और भारत और कश्मीर की कहानी के बारे में मैं जेम्स बाल्डविन की बात से बेहतर कोई चीज़ आपको नहीं बता सकती : 'और वे मेरी बात का यक़ीन नहीं करेंगे, ठीक इसलिए कि वे जानते हैं कि मैंने जो कहा है वह सच है।' कश्मीर की कहानी इसकी मानवाधिकार रिपोर्टों का कुल जमा भर नहीं है। यह सिर्फ़ क़त्लेआमों, यातनाओं, गुमशुदगियों और सामूहिक क़ब्रों की बात भर नहीं है, या मजलूमों और उनके जालिमों-भर की बात नहीं है। कश्मीर में जो सबसे ख़ौफ़नाक चीज़ें होती हैं वो ज़रूरी नहीं कि मानवाधिकारों का उल्लंघन मानी जाएँ। एक लेखक के बतौर, कश्मीर में हमें इनसानी वजूद के बड़े सबक मिलते हैं। ताक़त और कमज़ोरी के, धोखेबाज़ी, वफ़ादारी, मुहब्बत, मज़ाक़ और भरोसे के। दशकों तक एक फ़ौजी क़ब्ज़े में रहने वाले अवाम के साथ क्या होता है? जब हवा में ही ख़ौफ़ का ज़हर भरा हो तो मामले किस तरह अंजाम दिए जाते हैं? ज़ुबान का क्या होता है?

उन लोगों का क्या होता है जो इस दहशत को अमल में लाते हैं, उसे रोज़मर्रा की चीज़ बना देते हैं, उसे सही ठहराते हैं? उन लोगों का क्या होता है जो अपने नाम पर इसे जारी रहने की इजाज़त देते हैं? कश्मीर की दास्तान टुकड़ों वाली एक पहेली (जिग्सॉ पज़ल) है, जिसके टुकड़े आपस में कभी जुड़ नहीं पाते। यहाँ कोई आख़िरी तस्वीर नहीं मिलती।

अजीबोग़रीब लोग मेरे पन्नों पर आए। उनमें सबसे पहले हैं एक ख़ुफ़िया अधिकारी बिप्लब दासगुप्ता। जब वे फ़र्स्ट पर्सन में बोलते हुए आए तो मैं निराश थी। मुझे लगा मैं उनके दिमाग़ में थी, और बाद में मुझे समझ में आया कि शायद वो मेरे दिमाग़ में थे। उनकी जो बात मुझे दहशत से भर देती वह उनकी बुराइयाँ नहीं थीं, बल्कि उनकी तार्किकता, उनकी होशियारी, उनका चुटीलापन, अपने को हकीर समझना और उनकी कमज़ोरियाँ थीं।

इसके बावजूद दासगुप्ता की नफ़ासत और सूझ-बूझ से भरा राजनीतिक विश्लेषण वह नहीं देख पाता जिसे द *मिनिस्ट्री ऑफ़ अटमोस्ट हैपीनेस* के एक छोटे से किरदार, एक बिल्डिंग कॉन्ट्रैक्टर डी.डी. गुप्ता आसानी से देख लेते हैं। गुप्ता इराक़ से भारत लौटे हैं, जहाँ उन्होंने बरसों तक धमाके से बचने वाली दीवारें (ब्लास्ट वॉल) बनाकर कमाई की थी, जिनकी तस्वीरें उन्होंने बड़े फ़ख़्र से अपने फ़ोन में जमा कर रखी थीं। इराक़ में उन्होंने जो कुछ देखा और जीया था, उससे आजिज आ चुके गुप्ता उस सब को देखते हैं जिसे वे कभी घर समझा करते थे। उनके अपने मुल्क में जो कुछ हो रहा था, उस पर सोच-विचार करने के बाद उनका अन्दाज़ा यह था कि आने वाले बरसों में इस मुल्क में ब्लास्ट वॉल के लिए बाज़ार बढ़ जाएगा।

उपन्यास अपने लेखकों को पागलपन की कगार पर पहुँचा सकते हैं। उपन्यास अपने लेखकों को पनाह भी दे सकते हैं।

एक लेखक के तौर पर मैंने द *गॉड ऑफ़ स्मॉल थिंग्स* के किरदारों की हिफ़ाज़त की, क्योंकि वे नाजुक और ग़ैरमहफ़ूज़ थे। द *मिनिस्ट्री ऑफ़ अटमोस्ट हैपीनेस* के अनेक किरदार भी ज़्यादातर उनसे कहीं अधिक ग़ैरमहफ़ूज़ हैं। लेकिन वे मेरी हिफ़ाज़त करते हैं। ख़ास कर अंजुम, जो आफ़ताब के नाम से पैदा हुई थी, और आख़िरकार जो जन्नत गेस्ट हाउस की मालकिन और मैनेजर बनी। यह गेस्ट हाउस पुरानी दिल्ली की

आज़ादी

दीवारों के ठीक बाहर एक खस्ताहाल मुसलमान क़ब्रिस्तान में चलता है। अंजुम मर्दों और औरतों के बीच, जानवरों और इनसानों के बीच, ज़िन्दगी और मौत के बीच सरहदों में नर्मी भरती है। दिन-ब-दिन बेरहम होती जाती इस दुनिया की सख़्त सरहदों की तानाशाही से बचने की जब भी मुझे ज़रूरत महसूस होती है, मैं उसके पास चली जाती हूँ।

5

ख़ामोशी सबसे बुलंद आवाज़ है*

भारत जब ब्रिटिश शासन से आज़ादी की अपनी तिहत्तरवीं सालगिरह का जश्न मना रहा है, दिल्ली में फटेहाल बच्चे आती-जाती गाड़ियों के बीच किसी तरह राह बनाते हुए बड़े-बड़े राष्ट्रीय झंडे और निशानियाँ बेच रहे हैं, जिन पर लिखा होता है *मेरा भारत महान*। ईमानदारी से कहूँ तो फ़िलहाल इससे सहमत होना मुश्किल है, क्योंकि साफ़-साफ़ दिख रहा है मानो हमारी सरकार बेलगाम हो गई है।

पिछले हफ़्ते इसने विलय के उस समझौते की बुनियादी शर्तों को एकतरफ़ा तौर पर तोड़ दिया, जिसकी बिना पर 1947 में जम्मू-कश्मीर की रियासत भारत में शामिल हुई थी।[1] इसकी तैयारी के लिए, 4 अगस्त की आधी रात से, इसने पूरे के पूरे कश्मीर को एक विशाल बन्दी शिविर में तब्दील कर दिया। सत्तर लाख कश्मीरियों की उनके घरों में घेरेबन्दी कर दी गई, इंटरनेट कनेक्शन काट दिए गए, और उनके फ़ोन ख़ामोश हो गए।[2]

5 अगस्त को भारत के गृहमंत्री ने संसद में प्रस्ताव रखा कि भारतीय संविधान के अनुच्छेद 370 को उलट दिया जाए (यह अनुच्छेद विलय के समझौते से जन्मी क़ानूनी ज़िम्मेदारियों का एक ख़ाका पेश करता है)।[3] विपक्षी दलों ने हामी भरी। अगली

* पहली बार द *न्यूयॉर्क टाइम्स* में प्रकाशित, 15 अगस्त, 2019।

शाम तक जम्मू एंड कश्मीर रीऑर्गेनाइज़ेशन एक्ट 2019 संसद के ऊपरी और निचले सदनों में मंज़ूर कर लिया गया था।

इस कार्रवाई ने जम्मू और कश्मीर राज्य से उसका विशेष दर्जा छीन लिया, जिसमें उसके पास अपना संविधान और अपना झंडा रखने का हक़ शामिल था। इसने राज्य से एक राज्य होने का दर्जा भी छीन लिया और इसे दो संघशासित इलाक़ों में बाँट दिया गया। पहले इलाक़े जम्मू व कश्मीर का कामकाज सीधे नई दिल्ली की केन्द्र सरकार के मातहत चलेगा, हालाँकि इसकी एक चुनी हुई विधानसभा बनी रहेगी, लेकिन उसकी ताक़त बहुत सीमित होगी। दूसरा, लद्दाख सीधे नई दिल्ली द्वारा प्रशासित होगा और उसकी कोई विधानसभा नहीं होगी।[4]

संसद में इस अधिनियम के पास होने का स्वागत ठीक ब्रिटिश अन्दाज़ में डेस्क थपथपाकर किया गया। हवा में उपनिवेशवाद की एक ख़ास बू भरी हुई थी। मालिक ख़ुश थे कि एक जिद्दी उपनिवेश को आख़िरकार, बाक़ायदा, अपने राजसिंहासन के तले ले आया गया। बेशक, उपनिवेश की अपनी भलाई के लिए।

भारतीय नागरिक अब अपनी नई जागीर में ज़मीन ख़रीद सकते हैं, वहाँ बस सकते हैं। कारोबार के लिए नए इलाक़े खुल गए हैं। भारत के सबसे धनी उद्योगपति, रिलायंस इंडस्ट्रीज के मुकेश अंबानी ने कई 'घोषणाओं' का वादा किया है। इस बात की कोई फ़िक्र करने की ज़रूरत नहीं है कि लद्दाख और कश्मीर की नाजुक हिमालयी पारिस्थितिकी पर, हिमनदियों, ऊँचाई पर मौजूद झीलों और पाँच बड़ी नदियों पर इसका क्या असर पड़ेगा।[5]

राज्य होने की क़ानूनी हैसियत ख़त्म होने का मतलब यह भी है कि अनुच्छेद 35ए अब लागू नहीं होगा, जिसने यहाँ के बाशिंदों को ऐसे हक़ और विशेषाधिकार दिए थे जिसके तहत वे अपने इलाक़े का बन्दोबस्त कर सकते थे।[6] इसलिए यह

साफ़ किया जाना चाहिए कि 'कारोबार के लिए खुले होने' का मतलब इस्राइली तर्ज पर बस्तियाँ बसाना और तिब्बत की तरह आबादियों को हटाना भी शामिल हो सकता है।

ख़ास तौर से कश्मीरियों का यह एक पुराना, बुनियादी डर रहा है। उनका डरावना सपना (जो डोनॉल्ड ट्रंप द्वारा बताए जा रहे सपने के ठीक उलटा है) यही रहा है कि वे जीत के नशे में चूर भारतीयों की लहर के आगे उखड़ न जाएँ, जो उनकी हरी-भरी वादी में आकर बसना चाहते हैं। इस डरावने सपने का हक़ीक़त में बदल जाना अब मुश्किल नहीं रह गया है।

नए अधिनियम की ख़बर फैलते ही हर रंग के भारतीय राष्ट्रवादियों में ख़ुशी की लहर दौड़ गई। मुख्यधारा के ज़्यादातर मीडिया ने झुक-झुक कर सलाम किया। गलियों में लोग नाच रहे थे, इंटरनेट पर औरतों के बारे में हिकारत भरा दहशतअंगेज़ खेल चल रहा था। दिल्ली की सरहद से लगे हरियाणा राज्य के मुख्यमंत्री मनोहर लाल खट्टर ने यह बताते हुए कि अपने राज्य के असमान लैंगिक अनुपात को उन्होंने किस तरह सुधारा है, यह मज़ाक़ किया : 'हमारे मंत्री धनखर जी कहा करते थे कि हमें बिहार से बहुएँ लानी होंगी...अब लोग कहते हैं कि जब कश्मीर खुल गया है तो हम वहाँ से लड़कियाँ ला सकते हैं।'[7]

लेकिन इस फूहड़ जश्न के बीच, सबसे ज़ोरदार आवाज़ उस मुर्दा ख़ामोशी की है जो कश्मीर की गश्तियों और बैरिकेडों से घिरी सड़कों, और इसके क़ैद, अपमानित अवाम के बीच से उठ रही है। कँटीले तारों में जकड़े गए, ड्रोनों की निगरानी में रहने वाले, ख़बरों और सूचनाओं से कटी हुई एक घेरेबन्दी में जी रहे लोग। और ऐसा सूचनाओं के इस ज़माने में हो रहा है, जब एक सरकार एक पूरी की पूरी आबादी को आसानी से बाक़ी की दुनिया से काट सकती है, तो यह उस वक़्त के गम्भीर अन्देशों के बारे में बताता है जिसकी तरफ़ हम बढ़ रहे हैं।

अक्सर कहा जाता है कि कश्मीर 'बँटवारे' का एक अधूरा कारोबार है। इस बात से यह मतलब निकलता है कि 1947 में जब ब्रिटिश लोगों ने उपमहाद्वीप में अपनी लापरवाह सरहदें खींचीं, तो इसके चलते जो एक 'अखंड' था, उसका बँटवारा हो गया। सच बात तो यह है कि ऐसा कोई 'अखंड' था ही नहीं। ब्रिटिश भारत के इलाक़े के अलावा सैकड़ों सम्प्रभु रियासतें थीं, जिन्होंने भारत या पाकिस्तान में शामिल होने के लिए अपने अलग-अलग नियम और शर्तें रखी थीं। अनेक जो अपनी मर्ज़ी से शामिल नहीं हुईं, उन्हें मजबूर किया गया।[8]

एक तरफ़ जबकि बँटवारे और इसके नतीजे में होने वाली ख़ौफ़नाक हिंसा के ज़ख़्म उपमहाद्वीप की यादों में अभी तक हरे हैं, दूसरी तरफ़ भारत और पाकिस्तान में उस वक़्त की और तब से चली आ रही हिंसा का रिश्ता बँटवारे से जितना है, उतना ही इलाक़ों को अपने में मिलाने (असिमिलेशन) की कार्रवाई से भी है। भारत में राष्ट्र-निर्माण के नाम से चलने वाली एकीकरण की इस परियोजना का मतलब यह है कि 1947 के बाद से एक भी साल ऐसा नहीं गया है, जब भारतीय सेना को भारत की सरहदों के भीतर इसके 'अपने लोगों' के ख़िलाफ़ तैनात न किया गया हो। फ़ेहरिश्त लम्बी है—कश्मीर, मिजोरम, नागालैंड, मणिपुर, हैदराबाद, असम।

अपने में मिलाने-करने का यह कारोबार उलझा हुआ और दर्दनाक था और दसियों हज़ार ज़िन्दगियाँ गँवाकर इसकी क़ीमत चुकाई गई है। अब तक जो जम्मू-कश्मीर राज्य रहा है, उसकी सरहदों के दोनों तरफ़ जो कुछ भी हो रहा है, वह अपने में मिलाने का यही अधूरा कारोबार है।

भारतीय संसद में पिछले हफ़्ते जो हुआ वह विलय के क़रारनामे को दफ़नाने के बराबर था। इस दस्तावेज़ की पैदाइश जटिल थी, जिस पर एक बदनाम डोगरा राजा महाराज हरि

सिंह ने दस्तख़त किए थे। उनकी अस्थिर, जर्जर रियासत जम्मू-कश्मीर भारत और पाकिस्तान की नई सरहद के बीच मौजूद एक सुलगता हुआ मुद्दा थी।

महाराजा के ख़िलाफ़ 1945 में शुरू हुई बग़ावत को बँटवारे की फैलती आग ने भड़का दिया था, और इसे अपने में समो भी लिया था। पुंछ के पश्चिमी पहाड़ी जिले में, बहुसंख्यक मुसलमानों ने महाराज के सैनिकों और हिन्दू नागरिकों को निशाना बनाया। दक्षिण की तरफ़ जम्मू में महाराज के सैनिकों ने दूसरी रियासतों से उधार लिये गए सैनिकों की मदद से मुसलमानों का क़त्लेआम किया। इतिहासकारों और तब की ख़बरों के मुताबिक़ शहर और इसके पड़ोसी ज़िलों की सड़कों पर सत्तर हज़ार से दो लाख लोगों की हत्या की गई।[9]

जम्मू क़त्लेआम की ख़बरों से भड़के पाकिस्तानी 'लड़ाके' उत्तर-पश्चिमी सीमांत प्रान्त के पहाड़ों को पार करके घुसे और कश्मीर घाटी में आगजनी और लूट मचाने लगे। हरि सिंह कश्मीर से जम्मू भाग आए, जहाँ वे मदद के लिए भारत के प्रधानमंत्री जवाहरलाल नेहरू से मिले। जिस दस्तावेज़ ने भारतीय सेना को कश्मीर में दाख़िल होने का क़ानूनी बहाना दिया, वह विलय का क़रारनामा था।

स्थानीय अवाम की कुछ मदद के साथ भारतीय सेना ने पाकिस्तानी 'लड़ाकों' को पीछे धकेल दिया, लेकिन वे घाटी के सिरे पर मौजूद पहाड़ों के घेरे तक ही उन्हें पीछे हटा पाए। अब वह पूरी डोगरा रियासत भारत और पाकिस्तान के बीच बँटी हुई है। विलय के क़रारनामे को एक जनमत संग्रह के ज़रिये मंजूरी मिलनी थी, जिससे जम्मू-कश्मीर की अवाम की राय का पता लगता।[10] जनमत संग्रह का वह वादा कभी पूरा नहीं हुआ। इस तरह उपमहाद्वीप के सबसे दुश्वार और ख़तरनाक सियासी मसले का जन्म हुआ।

तब से इन बहत्तर बरसों में एक के बाद एक आने वाली भारत सरकारों ने विलय के क़रारनामे की शर्तों की अनदेखी की, उसे महज़ एक बेमानी काग़ज़ बनाकर छोड़ दिया गया। और अब तो उसको भी जहन्नुम के हवाले कर दिया गया है।

हालात इस मुकाम तक कैसे पहुँचे, यह कहानी काफ़ी दाँव-पेंच से भरी हुई है और इसे सीधे-सरल तरीक़े से कहने की कोशिश करना अहमकाना बात होगी। एक तरह से यह उतना ही उलझा हुआ और ख़तरनाक खेल है, जैसा खेल 1950 और 1960 के दशकों में दक्षिणी वियतनाम की कठपुतली सरकारों के साथ संयुक्त राज्य ने खेला था।

चुनावी धाँधलियों के एक लम्बे इतिहास के बाद, हालात ने एक नया मोड़ तब लिया जब 1987 में नई दिल्ली ने राज्य के चुनावों में खुली धाँधली की। 1989 आते-आते अब तक आत्मनिर्णय की अहिंसक रही माँग आज़ादी की एक पूरी लड़ाई में तब्दील हो गई।[11] लाखों लोग सड़कों पर उतर पड़े, और क़त्लेआम-दर-क़त्लेआम उनकी क़तारें छोटी होती गईं।

जल्दी ही कश्मीर घाटी चरमपंथियों से भर गई। ये सरहद के दोनों तरफ़ के कश्मीरी मर्द और विदेशी लड़ाके थे, जिन्हें पाकिस्तान ने प्रशिक्षण और हथियार दिए थे और जिन्हें ज़्यादातर कश्मीरी अवाम ने अपनाया था। कश्मीर एक बार फिर उपमहाद्वीप पर मँडराते सियासी तूफ़ान के बीच उलझ गया था—एक तरफ़ पाकिस्तान और अफ़ग़ानिस्तान से आने वाला आक्रामक इस्लाम जो कश्मीरी तहजीब के लिए एक पराई बात थी, और भारत में बढ़ते जा रहे हिन्दू राष्ट्रवाद का उन्माद।

इस बग़ावत का पहला शिकार बना वह पुराना रिश्ता जो कश्मीरी मुसलमानों और पंडितों के बीच था, जो यहाँ की छोटी-सी अल्पसंख्यक हिन्दू आबादी है। हिंसा शुरू हुई तो कश्मीरी पंडितों के एक संगठन, कश्मीरी पंडित संघर्ष समिति, या केपीएसएस,

के मुताबिक़ क़रीब चार सौ पंडितों को चरमपंथियों द्वारा निशाना बनाया गया और उनकी हत्या की गई। 1990 के आख़िर तक, एक सरकारी अन्दाज़े के मुताबिक़ पचीस हज़ार पंडित परिवारों ने वादी छोड़ दी थी।[12]

उन्होंने अपने घर गँवाए, अपनी धरती गँवाई और वह हर चीज़ गँवाई जो उनके पास थी। आने वाले बरसों में और हज़ारों लोगों ने वादी छोड़ी, क़रीब-क़रीब पूरी पंडित आबादी ही वहाँ से चली गई।[13] टकराव जारी रहा और दसियों हज़ार मुसलमानों के साथ-साथ, केपीएसएस के मुताबिक़ छह सौ पचास पंडित मारे गए।[14]

तब से जम्मू शहर के शरणार्थी शिविरों में पंडितों की बड़ी संख्या बदहाली में जी रही है। तीस साल बीत गए हैं और इसके बावजूद नई दिल्ली की किसी भी सरकार ने घर वापस लौटने में उनकी मदद करने की कोई कोशिश नहीं की। बल्कि उन्हें पंडितों को इस तरह सांसत में रखना और उनके ग़ुस्से को सुलगाते रहना ज़्यादा पसन्द है, उनमें एक ऐसी कड़वाहट भरते जाना जिसकी वजहों को हम समझ सकते हैं। सरकारें इन सबको मिलाकर एक ज़हरीली भट्ठी तैयार करती हैं, जिस पर कश्मीर को लेकर भारत के ख़तरनाक और बेहद कारगर राष्ट्रवाद की कहानी पकती रहती है। जब यह कहानी परोसी जाती है तो इस त्रासद महागाथा के एक अकेले वाक़ए को बड़ी होशियारी और शोरशराबे के साथ पेश किया जाता है और इसमें बाक़ी की ख़ौफ़नाक दास्तान छुपा ली जाती है।

आज कश्मीर दुनिया के ऐसे इलाक़ों में से एक है जहाँ सबसे अधिक फ़ौजी तैनात हैं। या शायद सबसे अधिक फ़ौजी तैनाती वाला इलाक़ा कश्मीर ही है। पाँच लाख से अधिक फ़ौजियों को उस चीज़ से लड़ने के लिए तैनात किया गया है, जिसके बारे में ख़ुद सेना कबूल करती है कि अब बस मुट्ठी भर

'आतंकवादी' हैं। अगर पहले इसमें कोई शक रह गया होगा, तो अब यह बहुत साफ़ हो गया है कि उनके असली दुश्मन कश्मीर के आम लोग हैं। भारत ने कश्मीर में पिछले तीस बरसों में जो किया है वह माफ़ी के क़ाबिल नहीं है। अन्दाज़न सत्तर हज़ार लोग—आम नागरिक, चरमपंथी, और सुरक्षा बल—इस संघर्ष में मारे गए हैं। हज़ारों 'गुमशुदा' हैं, दसियों हज़ार लोग यातना घरों से होकर गुज़रे हैं, जो वादी में जहाँ-तहाँ क़ायम किए गए हैं, छोटे-छोटे अबु गरेब के जाल की मानिंद।[15]

पिछले कुछ बरसों में पैलट की बौछार करने वाली बन्दूक़ों ने सैकड़ों किशोरों को अंधा कर दिया है, यह हुजूम पर क़ाबू पाने का सुरक्षा बलों का नया हथियार है।[16] वादी में काम करने वाले ज़्यादातर चरमपंथी नौजवान कश्मीरी हैं, जिन्हें मुकामी तौर पर हथियार और प्रशिक्षण मिला है। वे जो भी करते हैं, यह जानते हुए करते हैं कि जिस पल वे एक बन्दूक़ उठाते हैं, उनकी बची हुई ज़िन्दगी छह महीने से अधिक नहीं रह जाती। हर बार जब एक 'आतंकवादी' मारा जाता है, दसियों हज़ार की तादाद में कश्मीरी लोग एक नौजवान के जनाज़े में शामिल होने के लिए निकल पड़ते हैं, जिसे वे शहीद के रूप में प्यार करते हैं।

तीस साल से चले आ रहे एक फ़ौजी क़ब्ज़े की ये कुछ निशानदेहियाँ हैं। इतनी छोटी-सी जगह में वह सारी बेरहमी बयान करना नामुमकिन है जो इस वादी ने दशकों तक चले क़ब्ज़े के दौरान महसूस की है।

प्रधानमंत्री के बतौर अपने पहले कार्यकाल में नरेन्द्र मोदी के कठोर तौर-तरीक़ों ने कश्मीर में हिंसा को तेज़ ही किया। फरवरी 2019 में जब एक आत्मघाती बमबार ने चालीस भारतीय सुरक्षा बलों की हत्या कर दी, तो भारत ने पाकिस्तान के ख़िलाफ़ एक हवाई हमला शुरू किया।[17] पाकिस्तान ने पलटकर जवाब दिया। इतिहास में ये दोनों मुल्क अकेली ऐसी परमाणु ताक़तों के रूप

में दर्ज हुए जिन्होंने एक-दूसरे के ख़िलाफ़ हवाई हमले किए हों। अब, अपने दूसरे कार्यकाल के दो महीने के भीतर नरेन्द्र मोदी की सरकार ने अपनी सबसे ख़तरनाक चाल चली है। इसने बारूद के ढेर में जलती हुई तीली फेंक दी है।

मानो इतना ही काफ़ी नहीं हो, जिस फूहड़ता और मक्कारी से इसे अंजाम दिया गया वह एक जलील हरकत थी। अलग-अलग बहानों से जुलाई में पैंतालीस हज़ार अतिरिक्त जवानों को कश्मीर में भेजा गया।[18] जिस बहाने को सबसे ज़्यादा सुर्ख़ी हासिल हुई वो यह थी कि अमरनाथ यात्रा पर पाकिस्तानी 'आतंक' का ख़तरा था। यह एक सालाना तीर्थयात्रा है, जिसमें लाखों हिन्दू श्रद्धालु ऊँचे पहाड़ों पर चढ़ते हैं (या कश्मीरियों द्वारा कंधों पर ले जाए जाते हैं) जहाँ वे अमरनाथ गुफा के दर्शन करते हैं और प्राकृतिक तौर पर बने बर्फ़ के एक पिंड के प्रति अपनी श्रद्धा ज़ाहिर करते हैं, जिसके बारे में उनका मानना है कि वह शिव का अवतार है।[19]

1 अगस्त को कुछ भारतीय टीवी चैनलों ने ख़बर चलाई कि यात्रा के रास्ते में एक बारूदी सुरंग मिली है, जिस पर पाकिस्तानी सेना के निशान हैं।[20] 2 अगस्त को सरकार ने एक नोटिस जारी करके सभी तीर्थयात्रियों से (और उन पर्यटकों से भी जो यात्रा के रास्ते से मीलों दूर थे) वादी को फ़ौरन छोड़ने की बात कही।[21] इससे वापस लौटने की एक अफ़रा-तफ़री मच गई। कश्मीर में दिहाड़ी मज़दूरी करने वाले क़रीब दो लाख प्रवासी भारतीयों की चिन्ता सरकार को नहीं थी। मेरा अन्दाज़ा है कि वे इतने ग़रीब थे कि उनसे किसी को क्या लेना-देना। शनिवार 3 अगस्त तक पर्यटक और तीर्थयात्री वापस आ चुके थे और सुरक्षा बलों ने पूरी वादी में अपनी जगह ले ली थी।

इतवार की आधी रात तक, कश्मीरियों की उनके घरों में घेराबन्दी कर दी गई और संचार के सारे सम्पर्क काट दिए गए।

अगली सुबह हमें पता लगा कि कई सौ लोगों को गिरफ़्तार किया गया है, जिनमें तीन पूर्व मुख्यमंत्री—नेशनल कॉन्फ्रेंस के फ़ारूक़ अब्दुल्ला, उनके बेटे उमर अब्दुल्ला और पीपुल्स डेमोक्रेटिक पार्टी की महबूबा मुफ़्ती शामिल थीं।[22] ये भारत-परस्त मुख्यधारा के राजनेता हैं, जो बग़ावत के दिनों में भारत की पालकी ढोते रहे हैं।

अख़बारों के मुताबिक़ जम्मू-कश्मीर पुलिस से उनके हथियार ले लिये गए हैं।[23] किसी से भी ज़्यादा मुकामी पुलिस के इन जवानों ने मोर्चे पर ख़ुद को ख़तरे में डाला है। उन्होंने ज़मीन तैयार की, क़ब्ज़े के लिए ज़रूरी ख़ुफ़िया सेवाओं के साथ इसका पूरा साज-सामान मुहैया कराया, मालिकों के इशारे पर बेरहम कार्रवाइयाँ अंजाम दीं, और अपने ही लोगों की निगाह में ख़ुद को जलील किया। यह सब हुआ ताकि कश्मीर पर भारत का झंडा लहराता रहे। और अब, जब हालात विस्फोटक होने के कगार पर हैं, तो उन्हें बलि का बकरा बनाकर नाराज़ भीड़ के हवाले किया जा रहा है।

नरेन्द्र मोदी की सरकार ने जिस तरह से भारत के अपने सहयोगियों के भरोसे को तोड़ा है और सरेआम अपमानित किया है, वह एक क़िस्म के अहंकार और अज्ञानता की पैदाइश है, जिसने उन मक्कारी-भरे, विस्तृत ढाँचों को तहस-नहस कर दिया है, जिसे दशकों में एक शातिर लेकिन मुकम्मल भारतीय राजकाज ने मुश्किल से खड़ा किया था। अब जब यह हो चुका, तो मामला सड़क बनाम सैनिक का हो गया है। सड़कों पर कश्मीरी नौजवानों के साथ जो हो रहा है, उसके अलावा सैनिकों के साथ भी यह एक बेहूदगी भरी हरकत है।

कश्मीरी आबादी के सबसे चरमपंथी तबक़े को भारतीय क़ानूनों और संविधान से कोई ख़ास मतलब नहीं रहा है, जो आत्मनिर्णय के अधिकार या पाकिस्तान में शामिल हो जाने की माँग करते रहे हैं। अब इसमें कोई शक नहीं है कि वे इससे

ख़ुश ही होंगे कि जिन्हें वे दुश्मन के साथियों के रूप में देखते थे, उन्हें ख़ुद ही ठिकाने लगा दिया गया है और अब सच के नाम पर झूठ का कारोबार आख़िरकार ख़त्म हो गया है। अगर वे ख़ुश होते हैं तो वे जल्दबाज़ी करेंगे। क्योंकि यह पक्की बात है कि झूठ का एक नया कारोबार शुरू होगा। नए सियासी दल उभरेंगे। एक नया खेल शुरू होगा।

लॉकडाउन के चौथे दिन 8 अगस्त, 2019 को नरेन्द्र मोदी टीवी पर हाज़िर हुए और उन्होंने जश्न मनाते भारत और क़ैद में बन्द कश्मीर को सम्बोधित किया। वे एक बदले हुए आदमी लग रहे थे। उनकी रस्मी आक्रामकता और झगड़ालू, आरोप लगाने वाला अन्दाज़ नदारद था। वे एक नौजवान माँ जैसी नरमी के साथ बोल रहे थे। अब तक का यह उनका सबसे ख़ौफ़नाक अवतार था।

जब वे पुराने जम्मू-कश्मीर राज्य के अवाम को होने वाले बेपनाह फ़ायदों की फ़ेहरिश्त पेश कर रहे थे तो उनकी आवाज़ लरज रही थी और उनकी आँखें अनबहे आँसुओं से नम थीं। कि अब इसे इसके पुराने, भ्रष्ट नेताओं से मुक्ति मिल गई थी, कि अब इस पर सीधे नई दिल्ली की हुकूमत थी। उन्होंने भारतीय आधुनिकता के चमत्कारों के बारे में बताया, मानो वे टाइम कैप्सूल से निकले सामंती किसानों के किसी झुंड को समझा रहे हों। उन्होंने बताया कि कैसे फिर से उनकी हरी-भरी वादी में बॉलीवुड फ़िल्में बनाई जा सकेंगी।

जब वे अपना जज्बाती भाषण दे रहे थे, उन्होंने यह नहीं बताया कि कश्मीरियों को घरों में बन्द रहने की ज़रूरत क्यों है, और क्यों उन्हें सारी दुनिया से काट दिया गया है। उन्होंने वह नहीं बताया कि जिस फ़ैसले से उन लोगों को इतना फ़ायदा होने की बात कही जा रही है, वह उन लोगों से बिना सलाह लिये क्यों ले लिया गया। उन्होंने यह भी नहीं बताया कि भारतीय

लोकतंत्र के महान तोहफ़े एक ऐसी अवाम के किस काम आएँगे जो फ़ौजी क़ब्ज़े में रह रही है। उन्होंने उन्हें ईद की मुबारकबाद दी, जो कुछ दिनों बाद थी। लेकिन उन्होंने यह वादा नहीं किया कि इस त्योहार के लिए लॉकडाउन को उठा लिया जाएगा। ऐसा हुआ भी नहीं।

अगली सुबह भारत के अख़बार और अनेक उदारवादी टिप्पणीकार उनके इस जज्बाती भाषण पर फ़िदा पाए गए, इनमें नरेन्द्र मोदी के कुछ सबसे कड़े आलोचक भी थे। सच्चे उपनिवेशवादियों की तरह, भारत में अनेक लोग जो अपने अधिकारों और अपनी आज़ादियों के उल्लंघन पर इतने सतर्क रहते हैं, कश्मीरियों के मामले में एक दूसरी ही कसौटी रखते हैं।

15 अगस्त को अपने स्वाधीनता दिवस के भाषण में नरेन्द्र मोदी ने दिल्ली के लाल क़िले की प्राचीर से शेखी बघारी कि उनकी सरकार ने कश्मीर में अपनी पहल के साथ 'एक राष्ट्र, एक संविधान' के भारत के सपने को आख़िरकार पूरा कर लिया है।[24] लेकिन उसकी पिछली शाम को, पूर्वोत्तर भारत के अनेक संघर्षरत राज्यों में बाग़ी समूहों ने स्वाधीनता दिवस के बहिष्कार का ऐलान किया था।[25] ये वे राज्य हैं जिनको पुराने जम्मू-कश्मीर की तरह विशेष राज्य का दर्जा हासिल है। जब नरेन्द्र मोदी के लाल क़िले के दर्शक तालियाँ बजा रहे थे, तब क़रीब सत्तर लाख कश्मीरी एक घेराबन्द ज़िन्दगी जी रहे थे। अब हम सुन रहे हैं कि यह घेराबन्दी लम्बे समय तक चलेगी।

जब यह ख़त्म होगा, और इसे होना ही है, तब यह तय है कि कश्मीर से निकली हुई हिंसा भारत भर में फैल जाएगी। इसका इस्तेमाल भारतीय मुसलमानों के ख़िलाफ़ दुश्मनी की आग भड़काने के लिए किया जाएगा, जिन्हें पहले से ही बदनाम किया जा चुका है, जिन्हें अलग-थलग बस्तियों में घेर दिया गया है, आर्थिक पायदान पर जिन्हें नीचे धकेला जा चुका है, और

ख़ौफ़नाक ढंग से लगातार जिन्हें पीट-पीट कर मारा जा रहा है।[26] राज्य इसे एक मौक़े के रूप में इस्तेमाल करते हुए बाक़ियों पर भी अपनी गिरफ़्त मज़बूत करेगा—कार्यकर्ता, वकील, कलाकार, पढ़ने वाले नौजवान, बुद्धिजीवी, पत्रकार—वे लोग जिन्होंने बहादुरी से और खुलेआम इन सबका विरोध किया है।

ख़तरा कई तरफ़ से आएगा। भारत के सबसे ताक़तवर संगठन, दक्षिणपंथी हिन्दू राष्ट्रवादी राष्ट्रीय स्वयंसेवक संघ (आरएसएस) के पास नरेन्द्र मोदी और उनके कई मंत्रियों समेत छह लाख सदस्य हैं। इसने मुसोलिनी के ब्लैक शर्ट्स की तर्ज पर एक 'स्वयंसेवक' मिलिशिया को प्रशिक्षित किया है।[27] हर गुज़रते दिन के साथ आरएसएस भारतीय राज्य के हरेक संस्थान पर अपनी गिरफ़्त मज़बूत करता जा रहा है। सच तो यह है कि यह एक ऐसे मुकाम पर पहुँच गया है कि यह कमोबेश ख़ुद एक राज्य बन गया है।

ऐसे एक राज्य की सरपरस्ती में, अनगिनत छोटे-छोटे हिन्दू गिरोह, हिन्दू राष्ट्र के दस्ते हैं जो देश-भर में उग आए हैं। बड़ी लगन से वे अपने ख़ौफ़नाक काम को अंजाम दे रहे हैं।

बुद्धिजीवी और अकादमिक दुनिया के लोग ख़ास निशाने पर हैं।[28] मई में आम चुनाव जीतने के अगले दिन भाजपा के महासचिव और आरएसएस के पूर्व प्रवक्ता राम माधव ने लिखा कि 'छद्म-धर्मनिरपेक्ष/उदारवादी गिरोहों' के 'बचे-खुचे लोग जिन्होंने देश के बौद्धिक और नीतिगत संस्थानों पर असंगत नियंत्रण और आधिपत्य बनाए रखा है...उन्हें देश की अकादमिक, सांस्कृतिक और बौद्धिक भूमि से विस्थापित करने की आवश्यकता है।'[29]

1 अगस्त को 'बेदख़ली' की इस तैयारी में पहले से ही कठोर ग़ैरक़ानूनी गतिविधियाँ रोकथाम अधिनियम को संशोधित करके 'आतंकवादी' की परिभाषा में सिर्फ़ संगठनों ही नहीं व्यक्तियों को भी शामिल कर लिया गया।[30] इस संशोधन से सरकार को

इसकी इजाज़त मिल गई कि एफ़आईआर, आरोपपत्र, सुनवाई और कसूरवार ठहराए जाने की प्रक्रियाओं का पालन किए बिना, किसी भी शख़्स को एक आतंकवादी घोषित कर दिया जाए। इसका मतलब किस क़िस्म के व्यक्तियों से था, कौन इसके निशाने पर थे, यह तब साफ़ हो गया जब ख़ौफ़ से भर देने वाले हमारे गृहमंत्री अमित शाह ने संसद में कहा : 'महाशय, बन्दूक़ों से आतंकवाद नहीं बढ़ता, आतंकवाद की जड़ इसको फैलाने वाले प्रचार में है...और अगर ऐसे सभी व्यक्तियों को आतंकवादी घोषित कर दिया जाए, तो मैं नहीं सोचता कि संसद के किसी सदस्य को इस पर आपत्ति होनी चाहिए।'[31]

हममें से कइयों ने अपने को घूरती हुई उनकी सर्द आँखों को महसूस किया। यह जानकर कोई फ़ायदा नहीं कि उन्होंने एक मुलज़िम के रूप में जेल में दिन काटे हैं, जब वे अपने राज्य गुजरात में अनेक हत्याओं के मामले में मुख्य अभियुक्त थे। उनके मुक़दमे के जज, जस्टिस बृजगोपाल हरकिशन लोया की सुनवाई के दौरान ही रहस्यमय ढंग से मौत हो गई, और उनकी जगह लेने वाले जज ने आनन-फानन में उन्हें बरी कर दिया। इन सबसे हौसला पाए, भारत के सैकड़ों न्यूज चैनलों के दक्षिणपंथी टीवी एंकर अब खुलेआम असहमत लोगों को भला-बुरा कहते हैं, उनके बारे में अजीबोग़रीब आरोप लगाते हैं, माँग करते हैं कि उनकी गिरफ़्तारी हो या इससे भी बुरा सलूक किया जाए। मुमकिन है कि भारत में 'टीवी के हाथों मारे जाने' की घटनाओं का एक नया सिलसिला शुरू हो जाए।

दुनिया की निगाहों के सामने, भारतीय फ़ासीवाद की इमारत तेज़ी से तैयार की जा रही है।

28 जुलाई को अपने कुछ दोस्तों से मिलने के लिए मुझे कश्मीर जाना था। यह बात तभी दबी आवाज़ में कही-सुनी जा रही थी कि, वहाँ गड़बड़ी चल रही है, और सैनिक कश्मीर

भेजे जा रहे हैं। अब मैं असमंजस में थी। मेरे एक दोस्त और मैं इसके बारे में मेरे घर पर बैठे बातें कर रहे थे। वे एक सरकारी अस्पताल में वरिष्ठ डॉक्टर हैं, जिन्होंने अपनी ज़िन्दगी सार्वजनिक सेवा में लगा दी है। वे मुसलमान हैं। हम दोनों इस नए चलन पर बातें कर रहे थे, जिसके तहत भीड़ लोगों, ख़ास कर मुसलमानों को घेरकर *जय श्री राम!* का नारा लगवाती थी।[32]

अगर कश्मीर पर सुरक्षा बलों का क़ब्ज़ा है, तो भारत पर भीड़ ने क़ब्ज़ा कर रखा है।

मेरे दोस्त ने कहा कि वे भी इसके बारे में सोचते रहे हैं, क्योंकि अक्सर ही उन्हें राजमार्गों पर गाड़ी चलाकर अपने घर अपने परिवार से मिलने जाना पड़ता है, जो कुछ घंटों की दूरी पर है।

'बड़ी आसानी से मुझे रोका जा सकता है,' उन्होंने कहा।

मैंने कहा, 'अगर आपसे कहा जाए तो आपको नारा लगा देना चाहिए। जान बचाना ज़्यादा ज़रूरी है।'

'मैं नहीं लगाऊँगा,' उन्होंने कहा। 'क्योंकि वे यों भी मुझे मार डालेंगे। तबरेज अंसारी के साथ उन्होंने यही तो किया था।'[33]

भारत में हम इसी तरह की बातें कर रहे हैं, और कश्मीर के बोलने का इन्तज़ार कर रहे हैं। और यह तय है कि कश्मीर बोलेगा।

6

अन्त की इत्तला
हिन्दू राष्ट्र की बेलगाम रफ़्तार*

जब चिली, कातालोनिया, ब्रिटेन, फ्रांस, इराक़, लेबनान और हांग कांग की सड़कों पर आन्दोलनों की गूँज है, जब इस धरती के साथ होने वाली ज़्यादतियों को लेकर एक नई पीढ़ी अपने ग़ुस्से को ज़ाहिर कर रही है, तब मैं एक ऐसी जगह के बारे में बातें करने जा रही हूँ, जिसकी सड़कों पर एक दूसरी ही चीज़ ने क़ब्ज़ा कर रखा है। और मुझे उम्मीद है कि आप मुझे इसके लिए माफ़ करेंगे। एक वक़्त ऐसा भी था जब दुनिया भारत से असहमति के तरीक़े सीखती थी। लेकिन अब जब पश्चिम तक में आन्दोलन जोर पकड़ रहे हैं, हमारे यहाँ के सामाजिक और पर्यावरणीय न्याय के हक़ में पूँजीवादविरोधी, साम्राज्यवादविरोधी आन्दोलन, बड़े बाँधों के ख़िलाफ़, हमारी नदियों और जंगलों के निजीकरण और लूट के ख़िलाफ़, व्यापक विस्थापन और आदिवासी आबादियों को उजाड़ने के ख़िलाफ़ जुलूस आमतौर पर ख़ामोश हो गए हैं। इस साल 17 सितम्बर को प्रधानमंत्री नरेन्द्र मोदी ने अपने उनहत्तरवें जन्मदिन पर नर्मदा नदी पर बने

---

* पृथ्वी के भाग्य पर जेनाथन शेल मेमोरियल लेक्चर सीरीज़, कपूर यूनियन ग्रेट हॉल, न्यूयॉर्क, 19 नवम्बर, 2019 को दिया। 22 नवम्बर, 2019 में द *नेशन* में पहली बार प्रकाशित हुआ।

सरदार सरोवर बाँध के लबालब भरे रिज़र्वायर को ख़ुद को तोहफ़े में दिया, जबकि तीस से भी अधिक बरसों से इस बाँध की मुख़ालिफ़त करने वाले हज़ारों लोग इसके बढ़ते हुए पानी में गुम होते अपने घरों को देख रहे थे। यह एक ऐसा पल था, जिसमें प्रतीकों का दबदबा था।

आज भारत में दिनदहाड़े एक अँधेरी दुनिया हम पर काबिज हो रही है। रोज़-ब-रोज़ यह मुश्किल होता जा रहा है कि हम ख़ुद को ही समझा पाएँ कि संकट कितना बड़ा है—कैसी हैं इसकी बदलती हुई शक्लें और इसका आकार, इसकी गहराई और इसके मुखौटे। अगर हम सटीक ब्योरा देने लगेंगे तो ख़तरा है कि आप इसे हमारा बड़बोलापन समझ लें। इसलिए हमारी बात का भरोसा बना रहे और हम एक तमीजदार इनसान समझे जाएँ, इसलिए हम इस जीव को पाल-पोस रहे हैं, जिसने हमारे जिस्मों में अपने दाँत गड़ा रखे हैं। हम इसके बाल सँवारते हैं, इसके लथपथ जबड़ों को साफ़ करते रहते हैं ताकि यह शरीफ़ लोगों की संगत में बैठने के क़ाबिल बना रहे। किसी भी लिहाज से भारत दुनिया में सबसे बुरी या सबसे ख़तरनाक जगह नहीं है, कम से कम अभी तो ऐसा नहीं है, लेकिन यह जो बन सकता था और आज यह जो बन गया है, उसमें जो फ़र्क़ है, वही सबसे दर्दनाक है।

आज की तारीख़ में, कश्मीर वादी के सत्तर लाख लोग एक डिजिटल घेराबन्दी और दुनिया के सबसे सघन फ़ौजी क़ब्ज़े में क़ैद हैं। इनमें से ज़्यादातर भारत का नागरिक होने की ख़्वाहिश नहीं रखते और वे दशकों से आत्मनिर्णय के अधिकार के लिए लड़ते रहे हैं। इसी के साथ, पूर्वी राज्य असम में क़रीब बीस लाख लोगों ने, जिनका ताल्लुक भारत से है, पाया कि उनके नाम नेशनल रजिस्टर ऑफ़ सिटिजन्स से ग़ायब है। अब उनकी नागरिकता रद्द होने का ख़तरा है।[1] भारतीय सरकार ने यह इरादा

ज़ाहिर किया है कि यह बाक़ी भारत में भी एनआरसी लेकर आएगी।[2] क़ानून पर काम चल रहा है। यह एक ऐसे पैमाने पर मुल्क और इसकी नागरिकता से बेदख़ली के हालात बनाएगा, जिसे पहले कभी नहीं देखा गया।

पश्चिमी मुल्कों में अमीर लोग पर्यावरणीय तबाही के लिए अपने इन्तज़ाम कर रहे हैं। वे बंकर बना रहे हैं, खाना और साफ़ पानी जमा कर रहे हैं। ग़रीब मुल्कों में, एक अलग क़िस्म का इन्तज़ाम चल रहा है। दुनिया की पाँचवीं सबसे बड़ी अर्थव्यवस्था होने के बावजूद भारत शर्मनाक रूप से अभी भी ग़रीब और भूखा मुल्क है। भारत सरकार ने 5 अगस्त, 2019 को कश्मीर को अपने में मिला लिया, उसका रिश्ता बाक़ी हर बात के साथ-साथ जम्मू-कश्मीर से गुज़रने वाली नदियों तक अपनी पहुँच को सुरक्षित करने की भारत सरकार की हड़बड़ी से भी है।[3] और जो एनआरसी दर्जेबन्द नागरिकता की एक व्यवस्था तैयार करती है जिसमें कुछ नागरिकों को बाक़ियों के मुक़ाबले अधिक हक़ हासिल होंगे, यह एनआरसी भी एक ऐसे समय की तैयारी है, जब संसाधनों की कमी हो जाएगी। जैसा कि हाना आरेंट ने कहा था, नागरिकता अधिकार रखने का अधिकार है।[4]

जलवायु संकट की पहली मार आज़ादी, भाईचारे और बराबरी के विचार पर पड़ेगी और यह शुरू भी हो चुका है। मैं यह बताने जा रही हूँ कि ऐसा किस तरह हो रहा है। और किस तरह भारत में इस आधुनिक संकट से निबटने के लिए बनी आधुनिक प्रबन्ध व्यवस्था की जड़ें हमारे इतिहास के एक घिनौने और ख़तरनाक जाल में उलझी हुई हैं।

अपने में मिलाने की हिंसा और अपने से अलग रखने की हिंसा उस उथल-पुथल की शुरुआती निशानी है, जो भारत की बुनियादों को हिला देगी और दुनिया में इसके अर्थ और इसकी

जगह को बदल देगी। संविधान भारत को एक धर्मनिरपेक्ष, समाजवादी गणतंत्र बताता है। हमारे यहाँ धर्मनिरपेक्ष लफ़्ज़ का इस्तेमाल बाक़ी दुनिया से थोड़े अलग अर्थ में होता है। हमारे लिए यह एक ऐसे समाज का क़ायदा है, जहाँ सभी धर्म क़ानून की निगाहों में बराबर हैं। व्यवहार में, भारत न तो धर्मनिरपेक्ष है और न ही समाजवादी। असल में यह हमेशा ही एक ऊँची जातियों वाले हिन्दू राज्य के रूप में काम करता रहा है। लेकिन धर्मनिरपेक्षता का गुमान, चाहे यह कितना ही बड़ा पाखंड क्यों न हो, अकेली वाजिब बात रही है, जिसने भारत को मुमकिन बनाया। यह पाखंड ही हमारी बेहतरीन दौलत थी। इसके बग़ैर भारत ख़त्म हो जाएगा।

मई 2019 में अपनी जीत के बाद दिए गए भाषण में, जब उनकी पार्टी ने दूसरा कार्यकाल जीत लिया था, मोदी ने इस पर फ़ख़्र जताया कि किसी भी राजनीतिक दल ने अपने चुनावी अभियान में धर्मनिरपेक्षता लफ़्ज़ का इस्तेमाल करने का साहस नहीं दिखाया।[5] मोदी के मुताबिक़, धर्मनिरपेक्षता बेजान हो चुकी है। तो अब यह आधिकारिक हो चुका है। भारत से उसकी जान छीन ली गई है। और हम, जरा देरी से, अब पाखंड पर इतराना सीख रहे हैं। क्योंकि इसके साथ ही एक गुज़रे हुए तमीज़ की याद, या कम से कम उसके दिखावे की याद, जुड़ी हुई है।

भारत असल में एक मुल्क नहीं है। यह एक महादेश है। इतनी सारी जटिलताओं और विविधताओं से भरा, इतनी सारी ज़ुबानों वाला देश। आख़िरी बार जब गिना गया था तो बोलियों को छोड़कर यहाँ 780 ज़ुबानें थीं। इतनी सारी राष्ट्रीयताएँ और उप-राष्ट्रीयताएँ, इतनी सारी आदिवासी जनजातियाँ और धर्म, जितने कुल मिलाकर पूरे यूरोप में भी नहीं हैं। कल्पना कीजिए कि इस बड़े से समंदर, इसके नाज़ुक, झगड़ालू, सामाजिक ताने-बाने पर अचानक ही एक हिन्दू श्रेष्ठतावादी संगठन का क़ब्ज़ा हो जाए,

जो एक राष्ट्र, एक भाषा, एक धर्म, एक संविधान के सिद्धान्त में यक़ीन रखता हो।

मैं यहाँ राष्ट्रीय स्वयंसेवक संघ यानी आरएसएस की बात कर रही हूँ। 1925 में क़ायम हुआ यह संगठन सत्ताधारी भारतीय जनता पार्टी की बुनियाद है। इसे क़ायम करने वाले लोग जर्मन और इटली के फ़ासीवादियों से बेहद प्रभावित थे। उन्होंने भारत के मुसलमानों की तुलना जर्मनी के यहूदियों से की और वे यह मानते थे कि हिन्दू भारत में मुसलमानों की कोई जगह नहीं है। आज आरएसएस, अपने ठेठ गिरगिटी अन्दाज़ में, इस नज़रिये से ख़ुद को अलग बताता है। लेकिन इसकी विचारधारा वही है, जिसमें मुसलमानों को हमेशा विश्वासघाती 'बाहरी' लोगों के रूप में देखा जाता है, यही भाजपा के नेताओं के भाषणों में बार-बार दोहराया जाता है, बलवा करती हुई भीड़ के नारों में इसी की गूँज सुनाई पड़ती है। मिसाल के लिए : *मुसलमान का एक ही स्थान, क़ब्रिस्तान या पाकिस्तान*। इस साल अक्तूबर में आरएसएस के सर्वोच्च नेता मोहन भागवत ने कहा, 'भारत एक हिन्दू राष्ट्र है, इस पर कोई समझौता नहीं हो सकता।'

यह विचार भारत की हर ख़ूबसूरत चीज़ को एक तेजाब में बदल देता है।

आरएसएस आज जो कुछ कर रहा है, जिसके तहत हिन्दू लोग, आख़िरकार, भारत के पुराने मुसलमान शासकों के हाथों सदियों तक अपने पर होने वाले जुल्म को मिटा रहे हैं, उसे एक युग बदलने वाली क्रांति के रूप में पेश करना इसके फ़र्ज़ी इतिहास की परियोजना का हिस्सा है। असल में भारत के लाखों मुसलमान वे लोग हैं, जिनके पुरखों ने हिन्दू धर्म की बेरहम जाति-प्रथा से बचने के लिए इसलाम कबूल कर लिया था।

अगर नाजी जर्मनी एक ऐसा मुल्क था, जो अपने तसव्वुर को एक महादेश पर (और उसके बाहर) थोपना चाहता था, तो

आरएसएस की हुकूमत वाले भारत का तरीक़ा एक अर्थ में उसका उल्टा है। यह एक महादेश है, जो ख़ुद को समेटकर एक देश बनना चाहता है। देश भी नहीं, बल्कि एक सूबा। एक आदिम, जातीय (एथनिक) और धार्मिक आधार वाला सूबा। यह एक ऐसी हिंसक प्रक्रिया होगी, जो कल्पना से बाहर है—एक क़िस्म के धीमी रफ़्तार वाले सियासी अलगाव ने एक ऐसी रेडियोधर्मिता पैदा की है जिसने अपने आसपास की हरेक चीज़ को अपनी चपेट में लेना शुरू कर दिया है। इसमें कोई शक नहीं है कि यह ख़ुद अपने को भी निगल जाएगी। सवाल यह है कि जब यह जाएगी तो और किस-किस चीज़ को, और किन-किन लोगों को, और कितनों को अपने साथ लेकर जाएगी।

आज दुनिया-भर में जो गोरे श्रेष्ठतावादी, नव-नाजी समूह उभार पर हैं, उनमें से किसी के पास भी ऐसा ढाँचा और इतने लोग नहीं हैं, जैसा आरएसएस के पास है। आरएसएस बताता है कि देश-भर में इसके पास सत्तावन हज़ार शाखाएँ हैं, और छह लाख से अधिक 'स्वयंसेवकों' का एक हथियारबन्द, समर्पित मिलिशिया है।[6] यह स्कूल चलाता है जिसमें लाखों छात्र पढ़ते हैं, इसके अपने मेडिकल मिशन, मज़दूर संघ, किसान संगठन, महिला-समूह और अपना मीडिया है। हाल में इसने घोषणा की कि यह भारतीय सेना में शामिल होने की ख़्वाहिश रखने वालों के लिए एक प्रशिक्षण स्कूल खोलने जा रहा है। इसके भगवा ध्वज के नीचे आक्रामक दक्षिणपंथी संगठनों का एक भरा-पूरा कुनबा फला-फूला है जिसे संघ परिवार के नाम से जाना जाता है। ये उग्र दक्षिणपंथी संगठन भारत और दुनिया-भर में अल्पसंख्यक समुदायों पर ख़ौफ़नाक हिंसक हमलों के ज़िम्मेदार रहे हैं। भारत में पिछले कुछ बरसों में हज़ारों हत्याएँ हुई हैं। हिंसा, साम्प्रदायिक तनाव और फ़र्ज़ी हमले इनकी मुख्य रणनीतियाँ हैं और भगवा अभियान का असली कारनामा यही है।

प्रधानमंत्री नरेन्द्र मोदी पूरे जीवन आरएसएस के सदस्य रहे हैं। वे आरएसएस की उपज हैं। हालाँकि वे ब्राह्मण नहीं हैं, लेकिन इसके इतिहास में वे ऐसे शख़्स हैं जो इसे भारत का सबसे ताक़तवर संगठन बनाने, और इसका सबसे शानदार अध्याय लिखने के लिए ज़िम्मेदार हैं। मोदी के सत्ता में आने की कहानी को बार-बार दोहराना थका देने वाला काम है, लेकिन इसे आधिकारिक तौर पर जिस तरह भुला दिया गया है, उसमें इसे दोहराना क़रीब-क़रीब एक फ़र्ज़ बन गया है।

मोदी का सियासी करियर एकाएक ही अक्तूबर 2001 में, संयुक्त राज्य में 9/11 के हमलों के कुछ ही हफ़्तों के भीतर, तब शुरू हुआ जब भाजपा ने गुजरात राज्य के अपने चुने हुए मुख्यमंत्री को हटाकर उनकी जगह मोदी को बिठा दिया। तब वे राज्य विधानसभा के चुने हुए सदस्य तक नहीं थे। उनके पहले कार्यकाल के पाँच महीनों के भीतर ही आगजनी की एक घिनौनी लेकिन रहस्यमय घटना घटी, जिसमें ट्रेन के एक डिब्बे में उनसठ हिन्दू तीर्थयात्री जलकर मर गए। 'बदले' के रूप में हिन्दू भीड़ ने राज्य-भर में योजनाबद्ध रूप से बलवा किया। अन्दाज़न 2,500 लोग सरेआम मार दिए गए जिनमें क़रीब-क़रीब सभी मुसलमान थे। शहरों की सड़कों पर औरतों के साथ सामूहिक बलात्कार हुए, और दसियों हज़ार लोगों को उनके घरों से उजाड़ दिया गया। क़त्लेआम के फ़ौरन बाद मोदी ने चुनावों की माँग की। वे जीत गए, क़त्लेआम के बावजूद नहीं, बल्कि क़त्लेआम की वजह से। वे हिन्दू हृदय-सम्राट के रूप में जाने गए और इसके बाद और तीन चुनावों तक वे मुख्यमंत्री पद के लिए चुने जाते रहे। भाजपा के प्रधानमंत्री पद के उम्मीदवार के रूप में मोदी के 2014 के अभियान के दौरान—इसमें भी मुसलमानों का एक क़त्लेआम हुआ था, इस बार उत्तर प्रदेश राज्य के मुज़फ़्फ़रनगर ज़िले में—रायटर्स के एक पत्रकार ने उनसे पूछा कि क्या उनकी

निगाहों के सामने गुजरात में हुए 2002 के क़त्लेआम पर उन्हें कोई पछतावा होता है।[7] पूरी ईमानदारी से उन्होंने जवाब दिया कि अगर उनकी कार के नीचे आकर दुर्घटना से एक कुत्ते की भी मौत हो जाए तो उन्हें अफ़सोस होता है।[8] यह ठेठ आरएसएस की बोली थी।

मोदी ने जब भारत के चौदहवें प्रधानमंत्री के रूप में शपथ ली तो न सिर्फ़ उनके हिन्दू राष्ट्रवादी जनाधार ने ख़ुशियाँ मनाईं, बल्कि भारत के बड़े उद्योगपतियों और कारोबारियों ने, भारत के अनेक उदारवादियों और अन्तरराष्ट्रीय मीडिया ने उन्हें उम्मीद और तरक़्क़ी की एक निशानी के रूप में लिया। भगवा बिजनेस सूट में सजे हुए वे एक मसीहा थे, जिनकी शख़्सियत में ही प्राचीन और आधुनिक का संगम था। वे हिन्दू राष्ट्रवाद और बेलगाम मुक्त बाज़ार पूँजीवाद का चेहरा थे।

हिन्दू राष्ट्रवाद की गाड़ी तो वे काफ़ी दूर तक खींच लाए हैं, लेकिन मुक्त बाज़ार के मोर्चे पर वे बुरी तरह लड़खड़ा गए। अपनी एक के बाद एक ग़लतियों से उन्होंने अर्थव्यवस्था को मिट्टी में मिला दिया। 2016 में अपने पहले कार्यकाल के क़रीब आधा गुज़रने के बाद, एक रात वे टीवी पर यह ऐलान करने के लिए आए कि उस पल से 500 और 1,000 रुपए के बैंक नोट, जो देश में कुल करेंसी के 80 फीसदी थे, रद्द किए जाते हैं।[9] किसी भी मुल्क के इतिहास में इस पैमाने पर कभी भी ऐसा कुछ नहीं किया गया है। शायद वित्तमंत्री और मुख्य आर्थिक सलाहकार तक को इस पर भरोसे में नहीं लिया गया था।[10] मोदी ने कहा कि यह 'नोटबन्दी', भ्रष्टाचार और आतंकवाद को मिलने वाले पैसे पर 'सर्जिकल स्ट्राइक' थी। यह एक फ़र्ज़ीवाड़ा था, एक अरब लोगों के राष्ट्र को दिया जाने वाला झाँसा था। इसके नतीजे में जो कुछ हुआ वह तबाही से क़तई कम नहीं था। लेकिन कोई बलवा नहीं हुआ।

कोई विरोध नहीं हुआ। सिर झुकाए लोग घंटों तक बैंकों के बाहर क़तारों में खड़े रहे, ताकि वे अपने पुराने करेंसी नोटों को जमा करा सकें—उन नोटों को बदलने का यही एक तरीक़ा रह गया था। मेरे मुल्क में कोई चिली, कोई कातालोनिया, कोई लेबनान या कोई हांग कांग नहीं हुआ। रातोंरात रोज़गार ख़त्म हो गए, इमारती निर्माण का उद्योग ठहर गया, छोटे-मोटे धंधे तो बन्द ही हो गए।

हममें से कुछ ने बेवकूफ़ी में यह मान लिया था कि अपार घमंड से भरी इस हरकत के चलते मोदी का सूरज ढल जाएगा। हम कितने ग़लत थे। लोग ख़ुशी में झूम रहे थे। उन्हें तकलीफ़ें उठानी पड़ीं, लेकिन वे ख़ुश थे। ऐसा था मानो दर्द ही एक मस्ती में ढल गया हो। मानो उनकी तकलीफ़ें, ज़चगी का दर्द थीं, जिसके नतीजे में एक गौरवमय, धनी, हिन्दू भारत जन्म लेगा।

ज़्यादातर अर्थशास्त्री इस पर सहमत थे कि नोटबन्दी और इसके फ़ौरन बाद 'एक राष्ट्र, एक टैक्स' के वादे के साथ नए गुड्स एंड सर्विसेज़ टैक्स की मोदी की घोषणा ऐसी ही थी, मानो किसी तेज़ रफ़्तार कार के टायरों में गोली मारकर उन्हें पंक्चर कर दिया जाए। कइयों ने कहा कि तब से सरकार आर्थिक वृद्धि के जो आधिकारिक आँकड़े जारी कर रही है, वे बदहाली को तो ज़ाहिर कर ही रहे थे, सच्चाई से भी उनकी अदावत चल रही थी। वे कहते हैं कि भारतीय अर्थव्यवस्था मंदी की शिकार है, और नोटबन्दी इसकी शुरुआत थी। यहाँ तक कि सरकार भी मानती है कि बेरोज़गारी पैंतालीस सालों में सबसे अधिक है।[11] 2019 ग्लोबल हंगर इंडेक्स में भारत क़रीब-क़रीब सबसे नीचे है—117 देशों में 102वीं जगह पर। (नेपाल 73वीं जगह पर है, बांग्लादेश 88वीं जगह पर और पाकिस्तान 94वीं जगह पर।)[12]

लेकिन नोटबन्दी का रिश्ता सिर्फ़ अर्थव्यवस्था से ही नहीं था। यह वफ़ादारी की परीक्षा थी, यह प्यार की परीक्षा थी जो

हमारे महान नेता हमसे माँग रहे थे। क्या हम उनकी बात मानेंगे, क्या हम उन्हें हमेशा प्यार करेंगे, चाहे जैसी भी स्थितियाँ हों? हम इस परीक्षा में खरे उतरे। एक अवाम के रूप में जिस पल हमने नोटबन्दी को क़बूल कर लिया था, उसी पल हमने ख़ुद को बेवकूफ़ बनाते हुए, एक घटिया निरंकुशता के आगे समर्पण कर दिया था।

लेकिन मुल्क के लिए जो बुरा था, वह भाजपा के लिए बेहतरीन साबित हुआ। साल 2016 से 2017 के बीच, जब अर्थव्यवस्था रसातल में जा रही थी, भाजपा देश की सबसे दौलतमंद राजनीतिक पार्टी बनी।[13] इसकी आमदनी 81 फ़ीसदी बढ़ गई और यह अपनी मुख्य प्रतिद्वंद्वी कांग्रेस पार्टी से कम से कम, क़रीब-क़रीब पाँच गुना अधिक धनी हो गई, जिसकी आमदनी में 14 फ़ीसदी की गिरावट आ गई थी। छोटे-मोटे राजनीतिक दल तो एक तरह से दिवालिया ही हो गए। जंग लड़ने के लिए जुटाई गई इस दौलत के बूते भाजपा ने उत्तर प्रदेश राज्य के चुनाव जीते, और 2019 के आम चुनाव को फेरारी और एक जर्जर साइकिल की रेस में बदल दिया। और जब चुनाव दिन-ब-दिन पैसे का खेल बनकर रह गए हैं—और सत्ता हासिल करने और पूँजी हासिल करने में अब कोई फ़र्क़ नहीं दिखता है—ऐसे में आनेवाले दिनों में मुक्त और निष्पक्ष चुनावों की सम्भावनाएँ फीकी पड़ गई हैं। यानी कि कुल मिलाकर नोटबन्दी कोई ग़लती नहीं थी।

मोदी के दूसरे कार्यकाल में नई बात यह हुई कि आरएसएस ने अपना खेल खुलकर खेलना शुरू कर दिया है। अब यह पर्दे के पीछे छुपा हुआ या एक समांतर राज्य नहीं रह गया है। अब यही राज्य है। दिन-ब-दिन हम मीडिया पर, पुलिस पर, ख़ुफ़िया सेवाओं पर इसके नियंत्रण की मिसालें देखते हैं। फ़िक्र की बात यह भी है कि सशस्त्र बलों पर भी इसका ख़ासा असर दिखता

है। विदेशी राजदूत आरएसएस नेतृत्व के साथ गलबहियाँ कर रहे हैं।[14] जर्मन राजदूत (संयोग! संयोग!!) नागपुर में आरएसएस के मुख्यालय में पाए गए।[15]

सच बात यह है कि चीज़ें एक ऐसे मुकाम पर पहुँच गई हैं कि खुला नियंत्रण अब ज़रूरी भी नहीं रह गया है। चौबीस घंटे चलने वाले चार सौ से ज़्यादा टीवी न्यूज़ चैनल और लाखों व्हाट्सऐप समूह, और टिकटॉक वीडियोज़ हर पल लोगों की रगों में धार्मिक उन्माद का पागलपन भरने में लगे हुए हैं।

*

9 नवम्बर, 2019 को भारत के सर्वोच्च न्यायालय ने एक ऐसे मामले में फ़ैसला सुनाया जिसे दुनिया के कुछ सबसे अहम मामलों में से एक कहा जाता रहा है।[16] 6 दिसम्बर, 1992 को अयोध्या शहर में भाजपा और विश्व हिन्दू परिषद द्वारा बुलाई गई एक हिंसक हिन्दू भीड़ ने चार सौ साल पुरानी एक मस्जिद को हथौड़ों और गैतियों से तोड़कर धूल में मिला दिया। उनका दावा था कि यह बाबरी मस्जिद एक हिन्दू मंदिर के अवशेषों पर बनाई गई थी, जो भगवान राम का जन्मस्थान था। इसके बाद जो साम्प्रदायिक हिंसा हुई उसमें दो हज़ार से ज़्यादा लोग मारे गए। उनमें भी ज़्यादातर मुसलमान थे। अपने हालिया फ़ैसले में अदालत ने कहा कि मुसलमान यह साबित नहीं कर पाए कि इस जगह पर उनका अपना ख़ास और अटूट मालिकाना हुआ करता था। इसने उस जगह को एक ट्रस्ट को सौंप दिया, जिसकी ज़िम्मेदारी उस पर मंदिर बनाने की होगी। यह ट्रस्ट भाजपा सरकार को बनाना है। इस फ़ैसले की आलोचना करने वाले लोगों की सामूहिक गिरफ़्तारियाँ हुई हैं। विहिप ने अपने पुराने बयान से पीछे हटने से मना कर दिया है कि यह दूसरी मस्जिदों का रुख़ करेगी। उनका अभियान एक अन्तहीन अभियान

हो सकता है—आख़िरकार हर कोई कहीं न कहीं से आया है, हर चीज़ किसी न किसी चीज़ पर बनी है।

अपनी बेपनाह दौलत के बूते भाजपा अपने सियासी प्रतिद्वंद्वियों को अपने साथ मिला लेने, ख़रीद लेने या फिर कुचल देने में कामयाब रही है। सबसे अधिक चोट उत्तरी राज्यों के उन दलों को पहुँची है, जिनका आधार उत्तर प्रदेश और बिहार में दलितों और दूसरी पिछड़ी जातियों के बीच रहा है। बहुजन समाज पार्टी, राष्ट्रीय जनता दल और समाजवादी पार्टी जैसे दलों के परम्परागत मतदाताओं का बड़ा हिस्सा उनसे अलग होकर भाजपा के साथ चला गया है। यह किसी चमत्कार से कम नहीं है और यह चमत्कार भाजपा ने बहुत मेहनत करते हुए हासिल किया, जिसके लिए उसने दलितों और पिछड़ी जातियों के भीतर जातीय ऊँच-नीच का फ़ायदा उठाया और उसे उभारा, क्योंकि इन जातियों के भीतर भी वर्चस्व और हाशिए पर धकेले जाने की अपनी एक रवायत है। भाजपा की भरी हुई तिजोरी और जातियों की इसकी गहरी, चालाक समझ ने जातीय सियासत के परम्परागत चुनावी गणित को पूरी तरह बदलकर रख दिया है।

दलित और पिछड़ी जातियों के वोटों को पक्का कर लेने के बाद, शिक्षा और सार्वजनिक क्षेत्र के निजीकरण की भाजपा की नीतियाँ आरक्षण से हासिल हुए फ़ायदों को तेज़ी से पलट रही हैं, और पिछड़ी जातियों से आने वाले लोगों को नौकरियों और शिक्षा संस्थाओं से बेदख़ल कर रही हैं। इस बीच राष्ट्रीय अपराध रेकॉर्ड ब्यूरो के मुताबिक़ दलितों के ख़िलाफ़ अत्याचारों में तेज़ इज़ाफ़ा हुआ है, जिसमें पीट-पीट कर हत्याएँ और सार्वजनिक रूप से कोड़े लगाना शामिल है।[17] सितम्बर 2019 में जब भारत को खुले में शौच से मुक्त बनाने के लिए गेट्स फाउंडेशन मोदी को सम्मानित कर रहा था, दो दलित बच्चों को खुले में शौच करने के लिए पीट-पीट कर मार डाला गया, जो प्लास्टिक की

चादर से बने एक बसेरे में रहते थे।[18] ऐसे में जब दसियों हज़ार दलितों को सिर पर मैला ढोने और गटर साफ़ करने का काम करना पड़ता है, एक प्रधानमंत्री को सफ़ाई के काम के लिए सम्मानित करना एक बीभत्स, घिनौनी और घटिया हरकत है।

धार्मिक अल्पसंख्यकों पर हमलों के साथ-साथ, हम जिन हालात में जी रहे हैं वह एक गम्भीर वर्गीय और जातीय युद्ध है।

अपने राजनीतिक फ़ायदों को पुख़्ता करने के लिए आरएसएस और भाजपा की मुख्य तरकीब यह है कि एक बड़े पैमाने पर उथल-पुथल खड़ी की जाए, जो अरसे तक बनी रहे। अपने रसोईघर में उन्होंने खदबदाते हुए देग चढ़ा रखे हैं, जिनमें ज़रूरत के मुताबिक़ फ़ौरन ही उबाल लाया जा सकता है।

5 अगस्त, 2019 को भारतीय सरकार ने एकतरफ़ा तौर पर उस विलय समझौते की बुनियादी शर्तों को तोड़ डाला, जिसकी बिना पर जम्मू-कश्मीर रियासत 1947 में भारत का हिस्सा बनने पर राजी हुई थी। इसने जम्मू-कश्मीर से राज्य का दर्जा और उसकी विशेष हैसियत छीन ली, जिसमें इसके पास अपना संविधान और अपना झंडा रखने के अधिकार शामिल थे। राज्य की क़ानूनी हैसियत ख़त्म होने का मतलब संविधान के अनुच्छेद 35ए का अन्त भी था, जिसमें इस तत्कालीन राज्य के बाशिंदों को ऐसे अधिकार और हक़ दिए गए थे, जो उन्हें अपने इलाक़े का मालिक बनाते थे। इस क़दम की तैयारी करते हुए सरकार ने दसियों हज़ार सैनिकों को हवाई जहाज़ से उस राज्य में भेजा, जहाँ पहले से ही लाखों सैनिक तैनात हैं।[19] 4 अगस्त की रात तक कश्मीर वादी से पर्यटकों और तीर्थयात्रियों को निकाल लिया गया था। आधी रात के बाद से इंटरनेट बन्द कर दिया गया, फ़ोन सम्पर्क काट दिया गया। स्कूल और बाज़ार बन्द कर दिए गए। जल्दी ही चार हज़ार लोगों को गिरफ़्तार कर लिया गया।[20] इनमें राजनेता, कारोबारी, वकील, जन-अधिकारों

के लिए काम करने वाले कार्यकर्ता, स्थानीय नेता, छात्र और तीन पूर्व मुख्यमंत्री शामिल थे। कश्मीर की पूरी सियासी जमात क़ैद कर ली गई, जिनमें वे लोग भी शामिल थे जो भारत के लिए वफ़ादार रहे थे।

कश्मीर के विशेष दर्जे का अन्त, ऑल-इंडिया नेशनल रजिस्टर ऑफ़ सिटिजंस, अयोध्या में राम मंदिर का निर्माण—ये सभी आरएसएस और भाजपा के बड़े मुद्दे रहे हैं। पस्त पड़े हुए उन्माद को फिर से हवा देने के लिए उन्हें बस यही करना होता है कि वे अपने भंडार से एक खलनायक को चुन लें और फिर ख़ूँख्वार जंगी कुत्तों की लगाम ढीली कर दें। खलनायकों के अनेक दर्जे हैं—पाकिस्तानी जिहादी, कश्मीरी आतंकवादी, बांग्लादेशी 'घुसपैठिये', या फिर भारत के क़रीब बीस करोड़ की आबादी वाले मुसलमानों में से कोई भी एक जिन पर किसी भी वक़्त पाकिस्तानपरस्त या राष्ट्रविरोधी और गद्दार होने का आरोप लगाया जा सकता है। इन सभी 'पत्तों' में से हरेक को एक-दूसरे का बंधक बनाकर रखा गया है, और अक्सर उन्हें एक-दूसरे के बदले इस्तेमाल में लाया जाता है। उनका आपस में रिश्ता बहुत कम है, और वे अक्सर एक-दूसरे के मुख़ालिफ़ भी हैं, क्योंकि उनकी ज़रूरतें, चाहतें, विचार और हालात ही महज़ एक-दूसरे के ख़िलाफ़ नहीं हैं, बल्कि वे एक-दूसरे के वजूद के लिए भी ख़तरा बन जाते हैं। लेकिन क्योंकि वे सभी मुसलमान हैं, इसलिए उन्हें एक-दूसरे के कामों का ख़मियाज़ा भुगतना पड़ता है।

लगातार दो राष्ट्रीय चुनावों में भाजपा ने दिखाया है कि वह बिना 'मुसलमान वोट' के भी संसद में एक बेरहम बहुमत हासिल कर सकती है। नतीजतन भारतीय मुसलमानों के वोटों को बेमानी बना दिया गया है, राजनीतिक रूप से उनकी हैसियत ख़त्म कर दी गई है और वे सबसे असुरक्षित अवाम बनते जा

रहे हैं—एक समुदाय जिसकी कोई राजनीतिक हैसियत, कोई आवाज़ नहीं बची है। कई शक्लों में एक अनकहा सामाजिक बहिष्कार उन्हें आर्थिक पायदान पर नीचे धकेलता जा रहा है और जान की चिन्ता उन्हें बन्द, भीड़-भरी बस्तियों में धकेलती जा रही है। मुख्यधारा के मीडिया में भी भारतीय मुसलमानों की कोई जगह नहीं बची है—टीवी शो में हम सिर्फ़ वही मुसलमान आवाज़ें सुनते हैं, जिन्हें लगातार और जानबूझकर बुलाया जाता है ताकि वे युगों पुराने, इस्लामी मौलाना की भूमिका अदा करें, ताकि हालात को बद से बदतर बनाने में मदद मिल सके। इसके अलावा मुसलमान समुदाय को सार्वजनिक रूप से बोलने की इजाज़त इसलिए मिलती है ताकि वे भारतीय झंडे के साथ अपनी वफ़ादारी को लगातार ज़ाहिर करते रह सकें। इस तरह, अपने इतिहास और ख़ास तौर पर अपने भूगोल के चलते, बेरहमी से सताए जा रहे कश्मीरियों के पास अभी भी एक उम्मीद की नाव यानी आज़ादी का उनका सपना बचा हुआ है, लेकिन भारतीय मुसलमानों को जहाज़ के डेक पर रहना है और टूटे हुए जहाज़ की मरम्मत करनी है।

('राष्ट्र-विरोधी' खलनायकों का एक और दर्जा भी है—मानवाधिकार कार्यकर्ता, वकील, छात्र, अकादमिक लोग, 'अर्बन नक्सल'—जिन्हें बदनाम किया जाता है, जेल में डाल दिया जाता है, क़ानूनी मामलों में उलझा दिया जाता है, इस्राइली स्पाइवेयर से जिनकी ख़ुफ़िया जासूसी की जाती है, और कई बार तो मार भी दिया जाता है। यह एक अलग ही खेल है जो उनके साथ खेला जा रहा है।)

जिस तरह तबरेज़ अंसारी को पीट-पीट कर मार डाला गया, वह दिखाता है कि सड़ाँध कितनी गहरी है। पीट-पीट कर की जाने वाली हत्याएँ, असल में सार्वजनिक रूप से की जाने वाली आनुष्ठानिक हत्याएँ हैं, जिनमें किसी आदमी या औरत

को मारकर उनके समुदाय को याद दिलाया जाता है कि वे भीड़ के रहमोकरम पर ज़िन्दा हैं। और यह कि पुलिस, क़ानून, सरकार, और अपने घरों में रहने वाले भले लोग—ऐसे लोग जो एक मक्खी तक की जान लेना पसन्द नहीं करेंगे, जो बाक़ायदा अपने काम पर जाते हैं और अपने परिवारों का ख़याल रखते हैं—इस भीड़ के दोस्त हैं। तबरेज को जून 2019 में पीट-पीट कर मारा गया।[21] वह एक यतीम लड़का था, जो झारखंड में अपने चाचा के घर में बड़ा हुआ था। किशोर उम्र में तबरेज़ ने पुणे जाकर वेल्डर का काम शुरू किया। बाईस साल का होने पर वह शादी के लिए अपने घर लौटा। अठारह साल की शाइस्ता के साथ अपनी शादी के कुछ ही समय बाद तबरेज़ को एक भीड़ ने पकड़ लिया। उसे बिजली के एक खम्भे से बाँधा। घंटों तक उसे पीटते रहे और हिन्दू युद्ध का नया नारा 'जय श्रीराम!' उससे बुलवाते रहे। आख़िरकार पुलिस ने तबरेज़ को हिरासत में लिया, लेकिन उसके ग़मज़दा परिवार और उसकी युवा दुल्हन को उसे अस्पताल लेकर जाने की इजाज़त नहीं दी। पुलिस ने उलटे उस पर चोर होने का इल्जाम लगाया और मजिस्ट्रेट के सामने पेश किया, जिससे उसे हिरासत में भेज दिया गया। चार दिनों के बाद तबरेज़ की मौत हो गई।

अक्तूबर में जारी अपनी ताज़ा रिपोर्ट में राष्ट्रीय अपराध रेकॉर्ड्स ब्यूरो ने जानबूझकर भीड़ द्वारा लोगों को पीटने की घटनाओं का ज़िक्र नहीं किया है। एक भारतीय न्यूज़ वेबसाइट द *क्विंट* के मुताबिक़ 2015 के बाद से भीड़ की हिंसा में कुल 113 लोग मारे गए हैं।[22] पीट-पीट कर मारने वाले लोगों, और सामूहिक क़त्लेआम समेत नफ़रत के अपराधों के दूसरे आरोपियों को सार्वजनिक नौकरियों और मोदी मंत्रिमंडल के मंत्रियों के हाथों सम्मानों से नवाजा जाता है। ख़ुद मोदी ट्विटर पर इतना लिखते रहते हैं और दिल खोलकर श्रद्धांजलियों और सालगिरह

की मुबारकबाद देते हैं, लेकिन जब किसी व्यक्ति की पीट-पीट कर हत्या होती है तब चुप लगा जाते हैं। शायद एक प्रधानमंत्री से यह उम्मीद करना तर्कसंगत नहीं है कि हर बार जब किसी की कार के नीचे कोई कुत्ता आ जाए तो वे इस पर कुछ बोलें। ख़ास कर जब यह रोज़मर्रा की बात हो गई हो। आरएसएस के मुखिया मोहन भागवत ने कहा है कि पीट-पीट कर हत्याओं का विचार पश्चिमी अवधारणा है जो बाइबल से ली गई है और हिन्दुओं में ऐसी कोई परम्परा नहीं है। उन्होंने ऐलान किया कि 'पीट कर मारने की महामारी' की सारी बातें भारत को बदनाम करने की साज़िशें हैं।

हम जानते हैं कि यूरोप में इससे मिलती-जुलती एक विचारधारा वाले एक संगठन ने जब एक देश पर ख़ुद को थोप दिया और फिर लेबेन्स्राउम (रहने की जगह) की माँग की तब क्या हुआ। हम जानते हैं कि ऐसा इसलिए हुआ कि बाक़ी की दुनिया ने उन लोगों की चेतावनियाँ नहीं सुनीं जिन्होंने आने वाले समय की शुरुआती निशानियाँ देख-सुन ली थीं। शायद वे चेतावनियाँ एक मर्दाने माहौल वाली, अंग्रेज़ीदाँ दुनिया को पर्याप्त संतुलित और सुलझी हुई नहीं लगी होंगी, जिसमें किसी भी तनाव और भावुकता के खुलेआम प्रदर्शन को सन्देह से देखा जाता है।

लेकिन इसी दुनिया को एक ख़ास क़िस्म के आडंबर से भरी भावुकता को कबूल करने में कोई गुरेज़ नहीं है। 22 सितम्बर, 2019 को संयुक्त राज्य में इसका अपार प्रदर्शन भी हुआ—जब नर्मदा बाँध की साइट पर मोदी के जन्मदिन के जश्न के पाँच दिनों के बाद ह्यूस्टन के एनआरजी स्टेडियम में पचास हज़ार भारतीय अमेरिकी 'हाउडी, मोदी!' के भव्य आडंबर में जमा हुए।[23] अब यह बात एक शहरी मिथक में ढल चुकी है। राष्ट्रपति डोनाल्ड ट्रंप इतने खुले दिल वाले निकले कि उन्होंने इस बात की इजाज़त दे दी कि प्रधानमंत्री उनके ही देश

में, उन्हीं के नागरिकों से एक विशेष मेहमान के रूप में उनका परिचय कराएँ। इस मजमे में संयुक्त राज्य कांग्रेस के अनेक सदस्य भी बोले, जिनके चेहरे से मुस्कान छलकी पड़ रही थी, जिनके हाव-भाव में एहसानमंद होने की रंगत थी। ड्रमरोल और शोर-शराबे का उन्माद चरम पर था और उन पर फ़िदा भीड़ 'मोदी! मोदी! मोदी!' के नारे लगा रही थी। नाटक के अन्त में ट्रंप और मोदी ने एक-दूसरे का हाथ पकड़ा और स्टेडियम का एक चक्कर लगाया। स्टेडियम फटा जा रहा था। भारत में टीवी चैनलों ने साँस लिये बिना लगातार इसे दिखाया और इसका शोर कई-कई गुना बढ़ गया। 'हाउडी' अब एक हिन्दी का लफ़्ज़ है। इस बीच न्यूज़ चैनलों ने यह बात नज़रअन्दाज़ कर दी कि स्टेडियम के बाहर हज़ारों लोग इसकी मुख़ालिफ़त कर रहे थे।

भारत में हममें से कुछ लोग सहमे हुए कभी 'हाउडी मोदी!' देखते और कभी 1939 में मेडिसन स्क्वेयर गार्डेन में नाज़ी रैली के बारे में बनी मार्शल करी की छोटी-सी डॉक्यूमेंटरी फ़िल्म देखते।[24]

ह्यूस्टन स्टेडियम के उन पचास हज़ार लोगों की सारी गरज भी कश्मीर की बहरी कर देने वाली ख़ामोशी को ढक नहीं सकी। वह दिन, 22 सितम्बर, वादी में कर्फ़्यू लगाए जाने और सम्पर्क काटे जाने का अड़तालीसवाँ दिन था।

एक बार फिर मोदी अपनी ख़ास क़िस्म की बेरहमी को बेलगाम छोड़ देने में कामयाब रहे, जिसे इस पैमाने पर आधुनिक वक़्तों में कभी देखा-सुना नहीं गया। और एक बार फिर, उनकी वफ़ादार जनता उन पर और फ़िदा हो गई। 6 अगस्त को जब जम्मू एंड कश्मीर रीऑर्गेनाइज़ेशन बिल भारत की संसद में पास हुआ, तो सभी सियासी ख़ेमों में जश्न का माहौल था। दफ़्तरों में मिठाइयाँ बाँटी गईं, सड़कों पर लोग नाच रहे थे। एक क़ब्ज़े, एक औपनिवेशिक क़ब्ज़े, हिन्दू राष्ट्र की एक और जीत का जश्न मनाया जा रहा था। एक बार फिर विजेताओं की निगाह

जीत की उन्हीं पुरानी सम्पदाओं पर थी—औरतों पर और वहाँ की ज़मीन पर। भाजपा के आला राजनेताओं से लेकर लाखों लोगों द्वारा देखे जा रहे देशभक्ति से भरे पॉप वीडियो तक, सबमें इसी बेशर्मी को जायज बनाया जा रहा था।[25] गूगल ट्रेंड्स के मुताबिक़ वेबसाइट पर 'कश्मीरी लड़की से शादी करने' और 'कश्मीर में ज़मीन ख़रीदने' के बारे में सर्च करने का रुझान बेतहाशा बढ़ गया था।

बात गूगल पर बेहूदा सर्च तक ही सीमित नहीं थी। घेराबन्दी के महज़ कुछ ही हफ़्तों के भीतर फ़ॉरेस्ट एडवाइजरी कमिटी ने 125 परियोजनाओं को मंजूरी दी जिनके मुताबिक़ अब कश्मीर की जंगल में पड़ने वाली ज़मीन का इस्तेमाल दूसरे कामों के लिए किया जा सकता था।[26]

लॉकडाउन के शुरुआती दिनों में वादी से बहुत कम ख़बरें बाहर आईं। भारतीय मीडिया में वही बताया जाता जो सरकार हमें सुनाना चाहती थी। कश्मीरी अख़बारों को पूरी तरह सेंसर किया गया। उनके पन्ने-दर-पन्ने रद्द की गई शादियों, जलवायु परिवर्तन के असरात, झीलों और वन्य जीव अभयारण्यों को बचाने, डायबिटीज के साथ जीने की तरकीबों, कश्मीर के दर्जे में नई गिरावट से कश्मीरी अवाम को होने वाले फ़ायदों के बारे में पूरे पेज के सरकारी विज्ञापनों से भरे हुए थे।[27] मुमकिन है इन 'फ़ायदों' में ऐसी परियोजनाएँ बनाना शामिल हो जिनसे कश्मीर से बहने वाली नदियों के पानी को नियंत्रित करके उनका मनमाना इस्तेमाल किया जा सके। यक़ीनन इनमें वे नुक़सान शामिल होंगे, जो जंगलों की कटाई, नाजुक हिमालयी पारिस्थितिकी की तबाही और कश्मीर की भरी-पूरी कुदरती दौलत को भारतीय कॉरपोरेट कंपनियों द्वारा लूटने के नतीजे *में होने वाले* हैं।

आम *लोगों की ज़िन्दगियों की असली ख़बरें ज़्यादातर एजेंसे फ्रांस-प्रेस, द असोसिएटेड प्रेस, अल जजीरा, द गार्डियन, बीबीसी,*

द *न्यूयॉर्क टाइम्स* और द *वाशिंगटन पोस्ट* जैसे अन्तरराष्ट्रीय मीडिया के लिए काम करने वाले पत्रकारों और फ़ोटोग्राफ़रों की बदौलत ही आ पाईं। रिपोर्टर, जिनमें ज़्यादातर कश्मीरी हैं, सूचना के एक बियाबान में काम कर रहे थे, जिनके पास आधुनिक दौर के रिपोर्टरों को हासिल कोई भी औज़ार नहीं था। वे अपने इलाक़े में भारी जोखिम उठाकर सफ़र करते हुए हम तक ख़बरें पहुँचा रहे थे। और ख़बरें भी कैसी : रातों को पड़ने वाले छापे की, नौजवानों की गिरफ़्तारियों और घंटों तक उन्हें पीटे जाने की, उनकी चीख़ों को उनके पड़ोसियों और परिवारों को सुनाने के लिए लाउडस्पीकर पर बजाय जाने की, फ़ौजियों के गाँववालों के घरों में घुसकर सर्दियों के लिए जमा करके रखे गए खाने में खाद और किरासन तेल मिला देने की।[28] ख़बरें किशोरों की, शॉटगन पैलट से छलनी हुए उनके जिस्मों की, घरों पर उनके जैसे-तैसे इलाज की क्योंकि अगर वे अस्पताल जाते तो गिरफ़्तार कर लिये जाते।[29] रात के सन्नाटे में सैकड़ों बच्चों को उठा लेने की ख़बरें, उनके बेहाल और हताश माँ-बाप की ख़बरें।[30] ख़बरें थीं ख़ौफ़ और ग़ुस्से की, हताशा की, उलझन की, पक्के इरादों की, और एक जोशीली मुख़ालिफ़त की।

लेकिन गृह मंत्री अमित शाह ने बताया कि यह घेराबन्दी महज़ लोगों की एक कल्पना थी, जम्मू-कश्मीर के राज्यपाल सत्यपाल मलिक ने बताया कि कश्मीरियों के लिए फ़ोन लाइनें अहम नहीं थीं और सिर्फ़ आतंकवादी ही उनका इस्तेमाल करते थे, सेना प्रमुख बिपिन रावत ने बताया, 'जम्मू और कश्मीर में आम जीवन पर कोई असर नहीं पड़ा है। लोग अपना ज़रूरी काम-काज कर रहे हैं...जिन्हें लगता है कि ज़िन्दगियों पर असर पड़ा है, ये वे लोग हैं जिनका वजूद आतंकवाद पर टिका हुआ है।'[31] यह समझना मुश्किल नहीं है कि भारत की सरकार किन्हें आतंकवादियों के रूप में देखती है।

तसव्वुर कीजिए कि पूरी न्यूयॉर्क सिटी में ख़बरों पर पाबन्दी लगा दी जाए और लाखों सैनिकों की निगरानी में एक कर्फ़्यू लागू कर दिया जाए। तसव्वुर कीजिए कि कँटीले तारों और यातना घरों से आपके शहर का नक़्शा रँग दिया जाए। तसव्वुर कीजिए कि आपके मुहल्लों में छोटे-छोटे अबु-गरेब खुल जाएँ। तसव्वुर कीजिए कि हज़ारों की तादाद में आप लोगों को गिरफ़्तार कर लिया जाए और आपके परिवारों को मालूम न हो कि आपको कहाँ ले जाया गया है। तसव्वुर कीजिए कि हफ़्तों तक आप किसी से बात तक नहीं कर पाएँ, न पड़ोसियों से, न शहर के बाहर अपने अज़ीज़ लोगों से, न बाहर की दुनिया में किसी से। तसव्वुर कीजिए कि आपके माँ-बाप, भाई-बहन, साथी और बच्चे मर रहे हों और हफ़्तों तक आपको इसकी ख़बर न हो। मेडिकल इमरजेंसी, दिमाग़ी सेहत की इमरजेंसी, क़ानूनी मामलों की इमरजेंसी, खाने, पैसे और पेट्रोल की कमी का तसव्वुर कीजिए। तसव्वुर कीजिए कि आप एक दिहाड़ी या ठेके पर काम करने वाले मज़दूर हों, और हफ़्तों तक आप कुछ न कमा पाएँ। और फिर तसव्वुर कीजिए कि आपको बताया जाए कि यह सब आपकी ही भलाई के लिए किया जा रहा था।

कश्मीर पिछले कुछ महीनों में जिस ख़ौफ़ से रू-ब-रू हुआ है, वह तीस साल से चली आ रही यातना के अलावा है, जिसने सत्तर हज़ार जानें ली हैं और वादी को क़ब्रों से पाट दिया है। किस हथियार को उन पर नहीं आजमाया गया—जंग, पैसा, यातना, सामूहिक गुमशुदगियाँ, पाँच लाख से अधिक की फ़ौज, और बदनाम करने की एक मुहिम जिसमें एक पूरी की पूरी आबादी को हत्यारे कट्टरपंथियों के रूप में पेश किया गया—और इन सबके बावजूद वे अपनी जगह पर कायम हैं।

आज जब मैं बोल रही हूँ, इस घेराबन्दी को तीन महीने से ज़्यादा वक़्त हो चुका है। कश्मीरी राजनेता अभी भी क़ैद

में हैं। उनसे कहा गया है कि उन्हें सिर्फ़ एक ही शर्त पर रिहा किया जाएगा, अगर वे एक दस्तावेज़ पर दस्तख़त करें कि वे पूरे एक साल तक कोई सार्वजनिक बयान नहीं देंगे। ज़्यादातर ने इनकार कर दिया।

अब कर्फ़्यू में ढील दी गई है, स्कूल खोल दिए गए हैं, और कुछ फ़ोन लाइनें चालू की गई हैं। ऐलान हुआ है कि हालात 'सामान्य' हैं। कश्मीर में कभी भी हालात सामान्य होते नहीं, उनके सामान्य होने का ऐलान किया जाता है—यह सामान्य हालात भी हुकूमत या फ़ौज का फ़रमान होते हैं। आम लोगों की ज़िन्दगियों से इसका बहुत कम रिश्ता होता है।

अब तक कश्मीरियों ने हालात में इस नई मामूलियत को कबूल नहीं किया है। क्लासरूम ख़ाली हैं, सड़कें वीरान हैं, वादी में सेब की भरपूर फ़सल बागों में सड़ रही है। एक माँ-बाप या एक किसान के दिल पर कौन-सी बात इससे भारी गुज़रेगी? अपनी पहचान मिट जाने का फ़ौरी ख़तरा, शायद।

कश्मीरी संघर्ष का नया दौर शुरू हो चुका है। चरमपंथियों ने चेतावनी दे दी है कि अब से सारे भारतीय उनके लिए एक जायज निशाना ग्गने जाएँगे। दस से ज़्यादा लोग मारे भी जा चुके हैं, जिनमें से ज़्यादातर ग़रीब, ग़ैर-कश्मीरी, प्रवासी मज़दूर थे। (हाँ, लड़ाई में निशाना बनने वाले ग़रीब ही होते हैं, क़रीब-क़रीब हर बार ग़रीब ही होते हैं।) हालात बहुत बुरे होने वाले हैं। बहुत बुरे।

बहुत वक़्त नहीं लगेगा जब यह हाल का इतिहास भी भुला दिया जाएगा, और एक बार फिर से टीवी स्टूडियो में बहसें होंगी जिनमें भारतीय सुरक्षा बलों और कश्मीरी चरमपंथियों के अत्याचारों को एक ही तराजू में तौला जाएगा। आप कश्मीर की बात करें, और आपको भारत सरकार और इसका मीडिया फ़ौरन ही पाकिस्तान के बारे में बताने लग जाएगा। जानबूझकर एक

मुख़ालिफ़ विदेशी मुल्क के कारनामों और एक फ़ौजी क़ब्ज़े के तहत जीने वाले आम लोगों की लोकतांत्रिक ख़्वाहिशों के फ़र्क़ को मिटा दिया जाएगा। भारतीय हुकूमत ने यह साफ़ कर दिया है कि कश्मीरी लोगों के सामने एक ही रास्ता है कि वे पूरी तरह समर्पण कर दें, कि हिंसक, अहिंसक, बोलकर, लिखकर, गाकर, किसी भी क़िस्म की मुख़ालिफ़त कबूल नहीं है। लेकिन कश्मीरी जानते हैं कि उनका वजूद कायम रहे, इसके लिए उन्हें मुख़ालिफ़त जारी रखनी होगी।

आख़िर वे भारत का हिस्सा क्यों बनना चाहेंगे? किसकी ख़ातिर? अगर उन्हें आज़ादी की ख़्वाहिश है, तो उन्हें आज़ादी मिलनी चाहिए।

भारतीयों को भी इसी की ख़्वाहिश होनी चाहिए। कश्मीरी लोगों के लिए नहीं, अपनी ख़ातिर। उनके नाम पर जो अत्याचार हो रहे हैं, वह भारत की बुनियाद को इस तरह खोखला कर रहे हैं कि इसका वजूद ही ख़त्म हो जाएगा। मुमकिन है कश्मीर भारत को हरा न पाए, लेकिन एक तरह से यह भारत को खोखला (कन्ज़्यूम) कर देगा। कई मायनों में ऐसा हो भी चुका है।

ह्यूस्टन स्टेडियम में ख़ुशी से पागल पचास हज़ार लोगों की उस भीड़ को शायद इससे कोई मतलब न हो। आख़िर वे सबसे बड़े भारतीय सपने को जी रहे हैं कि वे अमेरिका पहुँच गए हैं। उनके लिए कश्मीर शायद एक पुराना, पस्त पड़ चुका मामला हो, और शायद अपनी बेवकूफ़ी में वे यह मान रहे हों कि भाजपा ने इसका एक टिकाऊ हल खोज लिया है। लेकिन क्योंकि वे ख़ुद भी एक प्रवासी हैं, यह मुमकिन था कि असम में जो कुछ हो रहा है उसके बारे में उनकी एक बारीक समझ होती। या शायद उन लोगों से यह उम्मीद रखना कुछ ज़्यादा हो जो शरणार्थियों और प्रवासियों से भरी इस दुनिया में सबसे क़िस्मत वाले प्रवासी हैं। ह्यूस्टन स्टेडियम में जुटे लोगों के

पास शायद अमेरिकी नागरिकता होगी और छुट्टियों के लिए एक अतिरिक्त घर की तरह भारत की प्रवासी नागरिकता का प्रमाणपत्र भी।

'हाउडी, मोदी!' जब आयोजित हो रहा था, इस बात को तब बाईस दिन हो चुके थे जब असम में क़रीब बीस लाख लोगों ने पाया कि उनके नाम नेशनल रजिस्टर ऑफ़ सिटिजंस से ग़ायब हैं।

कश्मीर की तरह ही, असम एक सरहदी सूबा है जिसका इतिहास अनगिनत सम्प्रभुताओं से भरा हुआ है, इसमें सदियों का पलायन है, जंगें हैं, क़ब्ज़ा है, लगातार बदलती सरहदें हैं, ब्रिटिश उपनिवेशवाद है, और सत्तर साल से अधिक पुराना चुनावी लोकतंत्र है जिसने ख़तरनाक रूप से सुलगते इस समाज की दरारों को और गहरा बनाया है।

एनआरसी जैसी एक क़वायद जो हुई है, इसके पीछे असम का एक बहुत ख़ास सांस्कृतिक इतिहास है। असम उन इलाक़ों में से था, जिन्हें 1826 की पहली अंग्रेज़-बर्मी जंग के बाद हुई शान्ति संधि में बर्मी शासन ने ब्रिटिश लोगों के हवाले किया था। तब यह बहुत घने जंगल वाला और बहुत कम आबादी वाला सूबा था, जिसमें सैकड़ों समुदाय अपनी-अपनी ज़ुबानों और बोलियों के साथ रहते थे। इनमें शामिल थे बोडो, काचर, मिशिंग, लालुंग, अहोमिया हिन्दू और अहोमिया मुसलमान। इनमें हरेक का अपनी ज़मीन के साथ सीधा जुड़ाव था, लेकिन अक्सर इस जुड़ाव को दर्ज करने वाला कोई दस्तावेज़ नहीं था। भारत की एक छोटी-सी बानगी के रूप में, असम हमेशा ही अल्पसंख्यक समुदायों का एक समूह रहा, जो एक जातीय और भाषायी बहुसंख्या बनाने के लिए एक-दूसरे से गठजोड़ करने की होड़ में लगे रहते। बने हुए संतुलन को बदलने या उसके लिए ख़तरा बनने वाली कोई भी चीज़ हिंसा को जन्म दे सकती थी।

ऐसे ही एक बदलाव के बीज 1837 में बोए गए, जब असम के नए मालिकों, ब्रिटिश लोगों, ने बांग्ला भाषा को सूबे की आधिकारिक ज़ुबान बना दिया। इसका नतीजा यह निकला कि क़रीब-क़रीब सभी प्रशासनिक और सरकारी नौकरियाँ पढ़े-लिखे हिन्दू, बांग्लाभाषी कुलीन लोगों ने हथिया लीं। हालाँकि इस नीति को 1870 के दशक की शुरुआत में उलट दिया गया, और असमिया ज़ुबान को बांग्ला के साथ आधिकारिक दर्जा दे दिया गया, लेकिन इसने सत्ता के संतुलन में गहरे बदलाव किए और एक ऐसे दौर की शुरुआत हुई, जिसमें क़रीब दो सदी से असमिया और बांग्ला बोलने वाले लोगों के बीच मनमुटाव चल रहा है।

उन्नीसवीं सदी के बीच में, ब्रिटिश लोगों ने पाया कि इलाक़े की आबोहवा और मिट्टी चाय की खेती के लिए माकूल है। स्थानीय लोग चाय बागानों में गुलामों की तरह काम करने को तैयार नहीं थे, इसलिए मध्य भारत से बड़ी तादाद में आदिवासी आबादी को ले आया गया। उनमें और दुनिया-भर में ब्रिटिश लोगों द्वारा अपने उपनिवेशों में जहाज़ों में भरकर ले जाए गए बँधुआ (गिरमिटिया) मज़दूरों में कोई फ़र्क़ नहीं था। सिवाय इसके कि आज स्थानीय आबादी इन मज़दूरों को जिस हिकारत से देखती है, उस तरह से, मिसाल के लिए, दक्षिण अफ्रीका में भारतीय मूल की आबादी को नहीं देखा जाता है। असम की आबादी में अब 15 से 20 फ़ीसदी बागान मज़दूर हैं। वे बागान मालिकों के रहमोकरम पर और ग़ुलामों जैसी दिहाड़ी कमाते हुए आज भी बागान में काम करते हैं।

1890 के दशक के आख़िरी दौर में, जब चाय का उद्योग फैला और पड़ोस में पूर्वी बंगाल के मैदानी इलाक़ों में खेती की संभावनाएँ अन्तिम हद तक पहुँच गईं, तब ब्रिटिश शासन ने बंगाली मुसलमान किसानों को असम आने के लिए प्रोत्साहित किया। ये किसान उपजाऊ, गाद वाले दरियाई मैदानों और चार के नाम से

जाने जाने वाले ब्रह्मपुत्र नदी के चल द्वीपों में खेती की कला में माहिर थे। ब्रिटिश लोगों को लगता था कि असम के जंगल और मैदानों का कोई मालिक नहीं है, वे क़रीब-क़रीब उनकी बपौती हैं। उन्होंने असम की अनेक जनजातियों की मौजूदगी की क़रीब-क़रीब अनदेखी करते हुए, जनजातीय सामुदायिक ज़मीनों को खुले हाथ उन 'उत्पादक' किसानों को सौंप दिया, जिनकी उपज से ब्रिटिश शासन का ख़ज़ाना भरता था। प्रवासी हज़ारों की तादाद में आए, उन्होंने जंगल काटे और दलदली ज़मीनों को खेतों में बदल दिया, जहाँ वे अनाज और पटसन की खेती करते थे। प्रवासियों का आना जारी रहा और 1930 तक इसने असम की अर्थव्यवस्था और आबादी की बनावट दोनों को ही बड़े पैमाने पर बदल दिया।

पहले-पहल तो असमिया राष्ट्रवादी समूहों ने प्रवासियों का स्वागत किया, लेकिन जल्दी ही जातीय, धार्मिक और भाषायी तनाव पैदा होने लगे। कुछ समय के लिए उन्हें शान्त कर दिया गया। 1941 की जनगणना में बांग्ला बोलने वाली पूरी की पूरी मुसलमान आबादी ने अपने नए वतन के साथ अपना प्यार जताते हुए असमिया को अपनी मादरी ज़ुबान के रूप में दर्ज़ कराया। ऐसा करके उन्होंने यह यक़ीनी बनाया कि असमिया एक आधिकारिक ज़ुबान बनी रहे। इस आबादी की अपनी बोलियों को मिया ज़ुबान के नाम से जाना जाता है। आज भी, मिया बोलियाँ असमी लिपि में लिखी जाती हैं।

समय के साथ, असम की सरहदें लगातार इस तरह बदलती रहीं कि आप चक्कर खा जाएँगे। जब ब्रिटिश लोगों ने 1905 में बंगाल का बँटवारा किया, तो उन्होंने असम सूबे को मुस्लिम बहुल पूर्वी बंगाल से जोड़ दिया जिसकी राजधानी ढाका थी। तुरन्त ही जो आबादी असम में प्रवासी आबादी थी, वह अब प्रवासी नहीं रह गई, वह बहुसंख्या का हिस्सा बन गई। छह

साल के बाद बंगाल को जब फिर से आपस में जोड़ा गया और असम एक अलग सूबा बन गया, तो इसकी बंगाली आबादी फिर से अल्पसंख्यक बन गई। 1947 के बँटवारे के बाद जब पूर्वी बंगाल पाकिस्तान का हिस्सा बन गया, असम में बंगाली मूल के मुसलमान आबादकारों ने असम में ही रहने का फ़ैसला किया। लेकिन बँटवारे के चलते असम में बंगाली शरणार्थियों की एक भारी तादाद भी असम आई जिसमें हिन्दू भी थे और मुसलमान थी। इसके बाद 1971 में शरणार्थियों की एक और लहर आई जो पूर्वी पाकिस्तान में पाकिस्तानी फ़ौज के नस्ली क़त्लेआम, और मुक्ति युद्ध से बचने की कोशिश में भागे थे। लाखों जानें लेने वाले इस युद्ध के नतीजे में बांग्लादेश नाम के एक नए राष्ट्र का जन्म हुआ।

तो असम पूर्वी बंगाल का हिस्सा बना, और उससे अलग भी कर दिया गया। पूर्वी बंगाल पूर्वी पाकिस्तान बना और पूर्वी पाकिस्तान बांग्लादेश बना। मुल्क बदले, झंडे बदले, राष्ट्रगान बदले। शहर बसे, जंगल काट दिए गए, दलदली ज़मीनों को पाट दिया गया, आदिवासियों की सामुदायिक ज़मीनों को आधुनिक 'विकास' ने निगल लिया। और लोगों के बीच दरारों की उम्र बढ़ती गई, वे पुख़्ता और ज़िद्दी होती गईं।

पाकिस्तान से बांग्लादेश को मुक्ति दिलाने में अपनी भूमिका पर भारतीय सरकार को इतना फ़ख़्र महसूस होता है! तब की प्रधानमंत्री इंदिरा गांधी ने पाकिस्तान के सहयोगियों चीन और संयुक्त राज्य की धमकियों की अनदेखी करते हुए नस्ली क़त्लेआम को रोकने के लिए भारतीय फ़ौज भेजी। एक 'न्यायसंगत युद्ध' लड़ने पर फ़ख़्र तो हुआ, लेकिन यह इंसाफ़ या एक ईमानदार सरोकार में तब्दील नहीं हुआ। न ही इसके चलते शरणार्थियों या असम और इसके पड़ोसी राज्यों के लोगों के लिए कोई समझदार नीति ही बन पाई।

असम में नागरिकों के एक राष्ट्रीय रजिस्टर (नेशनल रजिस्टर ऑफ़ सिटीजंस) की माँग इसी अनोखे, विवादग्रस्त, उलझे हुए इतिहास से निकली है। विडंबना यह है कि यहाँ राष्ट्रीय का रिश्ता भारत से उतना नहीं है, जितना असम राष्ट्र से है। 1951 में किए गए पहले एनआरसी को अपडेट करने की माँग छात्रों के नेतृत्व वाले एक असमिया राष्ट्रवादी आन्दोलन से उभरी थी, जो 1979 और 1985 के बीच अपने चरम पर पहुँच गई। इसके साथ-साथ एक चरमपंथी अलगाववादी आन्दोलन भी चल रहा था, जिसमें दसियों हज़ार लोगों ने अपनी जान गँवाई। असमिया राष्ट्रवादियों ने कहा कि जब तक 'विदेशियों' का नाम निर्वाचन सूची से नहीं हटाया जाता, वे चुनावों का बहिष्कार करेंगे। 3डी के लिए नारा लगता था, जिसका मतलब था डिटेक्ट, डिलीट, डिपोर्ट (पता लगाओ, नाम हटाओ, बाहर निकालो)। जिन्हें विदेशी कहा जा रहा था, उनकी तादाद 50 और 80 लाख के बीच बताई गई और यह कुल मिलाकर एक अनुमान था। आन्दोलन ने जल्दी ही हिंसक रूप अख़्तियार कर लिया। हत्याओं, आगजनी, बम धमाकों और जन-प्रदर्शनों ने 'बाहरी लोगों' के ख़िलाफ़ दुश्मनी और बेकाबू ग़ुस्से का माहौल तैयार कर दिया। 1979 आते-आते राज्य जल उठा। हालाँकि आन्दोलन मुख्यत: बंगालियों और बांग्ला बोलने वाले लोगों के ख़िलाफ़ था, लेकिन आन्दोलन के भीतर की हिन्दू साम्प्रदायिक ताक़तों ने इसे एक मुसलमान विरोधी चरित्र भी दे दिया। 1983 में इसका अंजाम ख़ौफ़नाक नेल्ली क़त्लेआम के रूप में सामने आया, जिसमें छह घंटों के भीतर बंगाली मूल के दो हज़ार से ज़्यादा मुसलमान आबादकारों को मार डाला गया। (ग़ैरसरकारी अन्दाज़ों के मुताबिक़ मारे गए लोगों की तादाद इसके दोगुने से भी अधिक थी।) पुलिस रेकॉर्ड के मुताबिक़, हत्यारे पड़ोस की एक पहाड़ी जनजाति के लोग थे। यह जनजाति न हिन्दू थी और न ही यह उग्र असमिया जातीयता

के लिए जानी जाती थी। फिर क्रूर हिंसा की वह लहर अचानक कैसे उठ खड़ी हुई, यह आज भी एक राज़ है। दबी आवाज़ में, कानाफूसियों में, इसका ज़िम्मेदार असम में मौजूद आरएसएस कार्यकर्ताओं की करतूतों को ठहराया जाता है, हालाँकि इसको साबित नहीं किया जा सका है।

उस क़त्लेआम के बारे में बनी एक डॉक्यूमेंटरी *व्हाट द फील्ड्स रिमेंबर* में, हिंसा में अपने सभी बच्चों को खो देने वाले एक बुज़ुर्ग मुसलमान बताते हैं कि कैसे उनकी एक बेटी 'विदेशियों' को बाहर निकालने की माँग करने वाले एक जुलूस का हिस्सा बनी थी। यह क़त्लेआम के बहुत पहले की बात नहीं थी।[32] वे बताते हैं कि मरने के पहले उसका आख़िरी सवाल था, 'बाबा, क्या हम भी विदेशी हैं?'

1985 में असम आन्दोलन के छात्र नेताओं ने केन्द्र सरकार के साथ असम समझौते पर दस्तख़त किए। उसी साल वे राज्य की विधानसभा के चुनावों में चुनकर आ गए और उन्होंने सरकार बनाई। एक तारीख़ पर सहमति हुई : 24 मार्च, 1971 की आधी रात के बाद असम आने वालों को बाहर किया जाएगा। यही वह तारीख़ थी, जब पाकिस्तानी सेना ने पूर्वी पाकिस्तान में नागरिकों पर हमला शुरू किया था। एनआरसी को अपडेट करने का मतलब था कि असम के 'असली नागरिकों' को 1971 के बाद असम आए 'घुसपैठियों' से छाँटकर अलग कर दिया जाए।

अगले कुछ बरसों में, सीमा पुलिस द्वारा पता लगाए गए 'घुसपैठियों', या चुनाव अधिकारियों द्वारा घोषित 'संदिग्ध मतदाताओं' (डी-वोटर्स) पर इल्लीगल माइग्रेशन (डिटर्मिनेशन बाई ट्रिब्यूनल) एक्ट के तहत मुक़दमा चलाया गया, जिसे 1983 में इंदिरा गांधी की कांग्रेस सरकार ने मंजूर किया था। अल्पसंख्यकों को परेशान किए जाने से बचाने के लिए इस आईएमडीटी अधिनियम में किसी व्यक्ति की नागरिकता को

बेबुनियाद साबित करने की ज़िम्मेदारी पुलिस या आरोप लगाने वाले पक्ष के ऊपर डाली गई थी, न कि आरोपित व्यक्ति पर। 1997 से चार लाख से अधिक डी-वोटर्स या घोषित विदेशियों (डी-वोटर्स वे हैं जो अपनी नागरिकता साबित करने में नाकाम रहे) पर फॉरेनर्स ट्रिब्यूनल्स में मुक़दमा चलाया जा चुका है।[33] एक हज़ार से अधिक लोग डिटेंशन केन्द्रों में बन्द हैं, जो जेलों के भीतर जेलें हैं, जहाँ क़ैद लोगों के पास आम अपराधियों को हासिल अधिकार भी नहीं होते हैं।[34]

2005 में सर्वोच्च न्यायालय ने एक मामले में फ़ैसला सुनाया, जिसमें माँग की गई थी कि आईएमडीटी अधिनियम को रद्द कर दिया जाए, क्योंकि इसके तहत 'ग़ैरक़ानूनी प्रवासियों की पहचान और निकाले जाने को क़रीब-क़रीब नामुमकिन' बना दिया गया था।[35] इस अधिनियम को रद्द करते हुए अपने फ़ैसले में अदालत ने कहा, 'इसमें किसी भी क़िस्म का शक नहीं है कि असम राज्य बाहरी घुसपैठ और अन्दरूनी उथल-पुथल का सामना कर रहा है जिसकी वजह बांग्लादेशी नागरिकों की बड़े पैमाने पर ग़ैरक़ानूनी आमद है।'[36] अब इसने नागरिकता साबित करने की ज़िम्मेदारी नागरिकों के ऊपर डाल दी। इसने पूरा का पूरा मामला ही बदल दिया, और एक नए, अपडेटेड एनआरसी के लिए ज़मीन तैयार कर दी। यह मुक़दमा ऑल असम स्टूडेंट्स यूनियन के पूर्व अध्यक्ष सर्बानंद सोनोवाल ने दायर किया था, जो अब भाजपा के साथ हैं और फ़िलहाल असम के मुख्यमंत्री हैं।[37]

2013 में सर्वोच्च न्यायालय ने असम पब्लिक वर्क्स नाम के एक ग़ैरसरकारी संगठन द्वारा दायर एक मुक़दमे को लिया, जिसमें ग़ैरक़ानूनी प्रवासियों के नाम मतदाता सूची से हटाने की माँग की गई थी।[38] आख़िरकार एनआरसी के क़ायदे-क़ानून को अन्तिम रूप देने का मामला जस्टिस रंजन गोगोई की

अदालत को सौंप दिया गया, जो असम से आते हैं।

दिसम्बर 2014 में जस्टिस गोगोई और रोहिंटन फाली नरीमन के दो जजों के पीठ ने फ़ैसला दिया कि एक साल के भीतर एनआरसी की एक अपडेटेड सूची सर्वोच्च न्यायालय के सामने पेश की जाए।[39] किसी को भी इसके बारे में कोई अन्दाज़ा नहीं कि जिन पचास लाख 'घुसपैठियों' का पता लगाने की उम्मीद की जा रही है, उनके साथ क्या किया जा सकता है या क्या किया जाएगा। उन्हें बांग्लादेश वापस भेजे जाने का कोई सवाल ही नहीं था। क्या इतने सारे लोगों को डिटेंशन कैंपों में क़ैद किया जा सकता था? कितने समय के लिए? क्या उनकी नागरिकता छीन ली जाएगी? और क्या भारत की सर्वोच्च संवैधानिक अदालत नौकरशाही की इतनी बड़ी एक क़वायद की निगरानी और छोटी से छोटी बात का बन्दोबस्त करने जा रही थी, जो तीन करोड़ लोगों की ज़िन्दगियों, क़रीब बावन हज़ार नौकरशाहों और इस पर खर्च होने वाली भारी रकम का मामला था?

दूर-दराज के लाखों गाँववालों से यह उम्मीद की गई कि वे कुछ ख़ास क़िस्म के दस्तावेज़ पेश करेंगे, जिन्हें 'लिगेसी पेपर्स' या विरासत के दस्तावेज़ कहा गया। ये दस्तावेज़ साबित करते कि 1971 से पहले से असम से उनका सीधा और अटूट खानदानी सम्बन्ध है। सर्वोच्च न्यायालय की समय सीमा ने इस पूरी क़वायद को एक डरावना सपना बना दिया। फटेहाल, अनपढ़ गाँववालों को नौकरशाही, क़ानूनी दाँव-पेंच, काग़ज़ात, अदालती सुनवाई और इन सबके साथ चलने वाली चालबाज़ियों की भूलभुलैया में घसीटकर छोड़ दिया गया।

ब्रह्मपुत्र नदी के गाद-भरे, जगह बदलते रहने वाले चार द्वीपों पर बसी दूर-दराज की क़रीब-क़रीब ख़ानाबदोश आबादियों तक पहुँचने का एक ही रास्ता है। वह है मुकामी लोगों द्वारा चलाई जाने वाली नावें, जो ख़तरनाक रूप से भरी हुई होती

हैं। क़रीब 2,500 चार द्वीप एक वक़्ती सौगातें हैं, जिन्हें अपनी तुनकमिज़ाजी के लिए मशहूर ब्रह्मपुत्र नदी कभी भी वापस ले सकती है और उन्हें किसी और जगह पर ले जाकर छोड़ सकती है, किसी और शक्ल में, किसी और आकार में। उन पर बसी आबादियाँ भी वक़्ती हैं और रिहाइशें तो महज़ झोंपड़ियाँ हैं। लेकिन कुछ द्वीप तो इतने उपजाऊ हैं, और उन पर मेहनत करने वाले किसान इतने हुनरमंद हैं कि वे साल में तीन फसलें उगा लेते हैं। लेकिन अस्थायी होने के चलते उनके पास ज़मीन के मालिकाने के काग़ज़ नहीं हैं, न ही उन तक विकास, स्कूल और अस्पताल पहुँच पाए हैं।

मैं अक्तूबर 2019 में जिन कम उपजाऊ चारों में गई थी, वहाँ ग़रीबी इस तरह पसरी हुई थी जैसे ब्रह्मपुत्र का गहरे रंग का, गाद-भरा पानी। आधुनिकता की अकेली निशानी थे चमकीले प्लास्टिक बैग्स, जिनमें सहेजे हुए दस्तावेज़ों को उनके मालिक पढ़ नहीं सकते थे, लेकिन उन्हें बड़ी बेचैनी से देखते रहते थे मानो वे उन पन्नों में मिटती जा रही अबूझ निशानियों को समझने की कोशिश कर रहे हों। और जानने की कोशिश कर रहे हों कि क्या ये काग़ज़ात उनको और उनके बच्चों को उन बड़े-बड़े नए डिटेंशन कैंपों से बचा पाएँगे जिनके बारे में उन्होंने सुना था कि वे असम के ग्वालपाड़ा के जंगलों में बनाए जा रहे हैं। वे आने वाले अजनबियों के चारों ओर जमा हो गए थे। इस तरह के दसियों लाख लोगों की एक पूरी आबादी की कल्पना कीजिए, वे लोग जो पस्त हैं, जो डर के मारे जम गए हैं, जिन्हें अपने काग़ज़ों की फ़िक्र सता रही है। यहाँ किसी फ़ौज का क़ब्ज़ा नहीं, लेकिन यक़ीनन यह दस्तावेज़ों का क़ब्ज़ा है। ये काग़ज़ात लोगों की सबसे क़ीमती धरोहर हैं, जिन्हें वे अपने बच्चों या माँ-बाप से भी ज़्यादा प्यार करते हैं। वे बाढ़ और तूफ़ान और हर क़िस्म की आफ़त से बचकर निकले हैं। सफ़ेद बालों वाले, धूप में तपे हुए

किसान, मर्द, औरतें, इस धरती और इस दरिया के बदलते हुए मिज़ाज के जानकार ये लोग 'लीगेसी डॉक्यूमेंट', 'लिंक पेपर', 'सर्टिफाइड कॉपी', 'रीवेरिफिकेशन', 'रेफरेंस केस', 'डी-वोटर', 'डिक्लियर्ड फॉरेनर', 'वोटर लिस्ट', 'रिफ़्यूज़ी सर्टिफिकेट' जैसे अंग्रेज़ी लफ़्ज़ों का ऐसे इस्तेमाल करते हैं मानो ये उनकी अपनी ज़ुबान के लफ़्ज़ हों। वे हैं भी। एनआरसी ने लफ़्ज़ों की अपनी एक खेप तैयार की है। इसमें सबसे उदास कर देने वाला लफ़्ज़ है 'जेनुइन सिटीजन'। असली नागरिक।

गाँव-दर-गाँव लोगों ने कहानियाँ सुनाईं कि किस तरह उन्हें देर रात नोटिस दिए गए जिनमें सुबह उन्हें 200 या 300 किमी. दूर एक अदालत में हाजिर होने का हुक्म था। वे उन मुसीबतों के बारे में बताते कि किस तरह वे घरवालों को और उनके दस्तावेज़ों को जुटाते, घुप्प अँधेरे में तेज़ रफ़्तार नदी पर छोटी नावों में ख़तरनाक यात्राएँ करते, किनारे पहुँचने पर चालाक ट्रांसपोर्टरों के साथ सौदे करते जो उनकी मजबूरी भाँप लेते और गाड़ी-भाड़ा तिगुना कर देते। वे रातों में ख़तरनाक राजमार्गों पर लापरवाह ड्राइवरों के बारे में बताते। सबसे रोंगटे खड़ी कर देने वाली जो कहानी मैंने सुनी वह एक परिवार के बारे में थी जो एक पिकअप ट्रक में जा रहा था। यह ट्रक सड़क के काम में लगे अलकतरे के ड्रम ले जा रहे एक ट्रक से टकरा गया। ड्रम पलट गए और ज़ख़्मी परिवार अलकतरे में सन गया। मेरे साथ गए नौजवान कार्यकर्ता ने मुझे बताया, "मैं जब अस्पताल में उनसे मिलने गया तो उनका नन्हा बेटा अपनी चमड़ी से अलकतरा और उसमें चिपके हुए कंकड़ छुड़ाने की कोशिश कर रहा था। उसने अपनी माँ को देखकर पूछा, 'क्या हम कभी विदेशी होने के काले दाग से छूट पाएँगे?'"

फिर भी, इन सबके बावजूद, कार्रवाई और उनको अमल में लाने को लेकर उठने वाले सवालों के बावजूद, एनआरसी

को अपडेट करने की बात का असम में क़रीब-क़रीब सबने स्वागत किया। सबकी अपनी वजहें थीं। असमिया राष्ट्रवादियों ने उम्मीद की थी कि आख़िरकार बंगाली घुसपैठियों की पहचान कर ली जाएगी और उन्हें 'विदेशी' घोषित कर दिया जाएगा, जिनमें हिन्दू भी थे और मुसलमान भी। स्थानीय जनजातीय समुदायों ने यह उम्मीद की कि उनके साथ जो ऐतिहासिक नाइंसाफ़ियाँ हुई हैं, उसकी कुछ भरपाई हो पाएगी। बंगाली हिन्दू और मुसलमान एनआरसी में अपना नाम देखना चाहते थे ताकि वे यह साबित कर पाएँ कि वे 'असली' भारतीय थे, ताकि 'विदेशी' होने के 'काले दाग़' से उन्हें हमेशा के लिए निजात मिल जाए। और हिन्दू राष्ट्रवादी, जो अब असम में सरकार में भी थे, चाहते थे कि एनआरसी से दसियों लाख मुसलमानों के नाम मिटा दिए जाएँ। हर किसी को एक न एक क़िस्म के निबटारे की उम्मीद थी।

कई बार टलने के बाद आख़िरी अपडेटेड फ़ेहरिश्त 31 अगस्त, 2019 को प्रकाशित हुई। 19 लाख नाम इसमें से ग़ायब थे।[40] यह तादाद बढ़ सकती है, क्योंकि इसमें यह प्रावधान है कि पड़ोसी, दुश्मन, अजनबी, कोई भी 'एतराज़' कर सकता है। आख़िरी गिनती यह है कि अब तक दो लाख से ज़्यादा एतराज़ दर्ज किए गए हैं। फ़ेहरिश्त में से नदारद नामों में काफ़ी बड़ी तादाद औरतों और बच्चों की है, और इनमें से ज़्यादातर ऐसे समुदायों से आते हैं जिनमें औरतों की उनकी शुरुआती किशोर उम्र में शादी कर दी जाती है और रिवाज के मुताबिक़ उनके नाम बदल दिए जाते हैं। उनके पास अपनी विरासत को साबित करने के लिए कोई 'लिंक डॉक्यूमेंट' नहीं है। एक बड़ी संख्या उन अनपढ़ लोगों की है जिनके अपने या माँ-बाप के नाम इन बरसों में ग़लत तरीक़े से लिखे जाते रहे हैं : अंग्रेज़ी में किसी हसन का नाम बदलकर हस्सन हो गया, कोई जोयनुल बदलकर ज़ैनुल हो गए, एक मोहम्मद थे जिनका नाम कई तरह

से लिखा गया था। एक अकेली चूक और आप बेदख़ल। अगर आपके पिता मर चुके हैं, या आपकी माँ से अलग हो चुके हैं, उन्होंने वोट नहीं डाला था, वे पढ़े-लिखे नहीं थे, और उनके पास ज़मीन नहीं थी, तो आप बेदख़ल हो जाते हैं। क्योंकि असल में माँओं की विरासत को यहाँ मंजूर नहीं किया जाता। एनआरसी को अपडेट करने में काम कर रहे सारे पूर्वग्रहों में शायद सबसे बड़े पूर्वग्रह वे हैं जो इसकी बनावट में ही रचे-बसे हैं, औरतों के ख़िलाफ़ और ग़रीबों के ख़िलाफ़ ढाँचागत पूर्वग्रह। और आज के भारत में ज़्यादातर मुसलमान, दलित और आदिवासी ही हैं जो ग़रीब हैं।

सभी 19 लाख लोगों को, जिनके नाम फ़ेहरिश्त से ग़ायब हैं, अब एक फॉरेनर्स ट्रिब्यूनल में अपील करनी होगी। आज के वक़्त में असम में एक सौ फॉरेनर्स ट्रिब्यूनल हैं, एक हज़ार और बनने वाले हैं।[41] इन ट्रिब्यूनलों के 'सदस्य' कहे जाने वाले आदमियों-औरतों के हाथों में दसियों लाख लोगों की क़िस्मत है, लेकिन उनके पास जज होने का कोई तजुर्बा नहीं है। वे नौकरशाह या फिर जूनियर वकील हैं जिन्हें सरकार ने अच्छी-खासी तनख़्वाह पर रखा है। एक बार फिर, पूर्वग्रह तो ढाँचे में ही रचे-बसे हैं। कार्यकर्ताओं द्वारा जुटाए गए दस्तावेज़ बताते हैं कि क़रारनामा पूरा होने के बाद सदस्यों को फिर से काम पर रखने की अकेली कसौटी यही है कि उन्होंने कितनी अपीलों को ख़ारिज किया था। फॉरेनर्स ट्रिब्यूनल में अपील के लिए जाने वालों को अपने लिए वकील भी रखने होंगे, शायद उन्हें उनकी फीस चुकाने के लिए कर्ज़ लेना पड़ेगा, अपनी ज़मीन या अपने घर बेचने पड़ेंगे, कर्ज़ और फटेहाली की ज़िन्दगी के हाथों बिक जाना होगा। और फिर अनेक लोगों के पास बेचने के लिए न ज़मीन है और न घर। ऐसे हालात आने पर कई लोगों ने ख़ुदकुशी कर ली।[42]

इस भारी-भरकम क़वायद और लाखों रुपए के ख़र्च के बाद, एनआरसी से जुड़े हर फरीक को फ़ेहरिश्त से भारी निराशा ही हाथ लगी। बंगाली मूल के प्रवासी निराश हैं क्योंकि वे जानते हैं कि जायज नागरिकों को मनमाने तरीक़े से बाहर कर दिया गया है। असमिया राष्ट्रवादी निराश हैं क्योंकि उन्होंने उम्मीद की थी कि उनके अन्दाज़े के मुताबिक़ फ़ेहरिश्त 50 लाख 'घुसपैठियों' की पहचान करके उन्हें बाहर करेगी, लेकिन यह फ़ेहरिश्त इससे काफ़ी पीछे रह गई, क्योंकि उन्हें लगता है कि कई ग़ैरक़ानूनी विदेशियों को फ़ेहरिश्त में शामिल कर लिया गया है। और भारत के सत्ताधारी हिन्दू राष्ट्रवादी निराश हैं कि 19 लाख लोगों में से आधे से अधिक लोग ग़ैर-मुस्लिम हैं। (इसकी वजह किसी विडंबना से कम नहीं है। बंगाली मुसलमान प्रवासियों ने इतनी रंजिश झेली है कि बरसों तक मेहनत करके उन्होंने 'लिगेसी पेपर्स' जमा किए। हिन्दुओं ने ऐसा नहीं किया, क्योंकि वे कम असुरक्षित महसूस करते थे।)

फ़ेहरिश्त आने के बाद जस्टिस गोगोई ने एनआरसी के मुख्य संयोजक प्रतीक हजेला के तबादले का हुक्म सुनाया और उन्हें असम छोड़ने के लिए सात दिन का वक़्त दिया। जस्टिस गोगोई ने ऐसा हुक्म देने के लिए कोई वजह नहीं बताई।

एक नई एनआरसी के लिए माँग शुरू हो चुकी है।

क्या यह मुमकिन है कि कोई ऐसे पागलपन को शायरी की मदद के बिना समझ सके? मिया कवि के रूप में जाने जाने वाले नौजवान मुसलमान कवियों के एक समूह ने अपने दर्द और अपने अपमान को बयान करना शुरू किया। इसके लिए उन्होंने एक ऐसी ज़ुबान अपनाई जिसे वे अपने सबसे क़रीब महसूस करते थे, एक ऐसी ज़ुबान जिसे अब तक वे सिर्फ़ अपने घरों में बोलते थे—ढकैया, मैमनसिंघिया और पबनिया की मिया बोलियाँ। ऐसे कवियों में से एक रेहना सुल्ताना ने

'माँ' नाम की एक कविता में लिखा :

माँ, आमि तुमार काछे आमार पोरिसोयी दिति दिति
बियाकुल ओया जाई

(अम्माँ, तुम्हें मैं अपनी पहचान बताते-बताते थक गई हूँ)[43]

जब ये कविताएँ फेसबुक पर पोस्ट की गईं और काफ़ी लोगों में शेयर होने लगीं, तो एक निजी ज़ुबान एकबारगी ही सार्वजनिक ज़ुबान बन गई। भाषायी सियासत के पुराने भूत ने फिर से अपनी आँखें खोलीं। अनेक मिया कवियों के ख़िलाफ़ पुलिस में मुक़दमे दर्ज हुए, जिनमें उन पर असमिया समाज को बदनाम करने का इल्ज़ाम लगाया गया। बचने के लिए रेहना सुल्तान को छिपना पड़ा।

इस बात से इनकार नहीं किया जा सकता है कि असम में एक समस्या है। लेकिन इसे कैसे सुलझाया जाए? दिक़्क़त यह है कि एक बार जातीय-राष्ट्रवाद की मशाल जल जाए तो यह जानना नामुमकिन हो जाता है कि हवा किस दिशा में आग को उड़ा ले जाएगी। जम्मू-कश्मीर के विशेष दर्जे को छीनने के बाद बने लद्दाख के नए संघशासित क्षेत्र में बौद्ध और शिया मुसलमानों के बीच तनाव सुगबुगाने लगा है। भारत के अकेले पूर्वोत्तर के राज्यों में ही चिंगारियों ने पुरानी रंजिशों को भड़काना शुरू कर दिया है। अरुणाचल प्रदेश में असमिया लोग हैं जिनको अवांछित प्रवासी बताया जा रहा है। मेघालय ने असम के साथ अपनी सीमाओं को बन्द कर दिया है और यह ज़रूरी बना दिया है कि चौबीस घंटे से ज़्यादा रहने वाले सभी 'बाहरी' लोगों को नए मेघालय रेजीडेंट सेफ़्टी एंड सेक्योरिटी एक्ट के तहत सरकार के पास अपना नाम दर्ज कराना होगा। नागालैंड में, केन्द्र सरकार और नागा बाग़ियों के बीच बाईस साल पुरानी

शान्ति-वार्ता इस बात पर आकर रुक गई है कि वे एक अलग नागा झंडे और संविधान की माँग कर रहे हैं। मणिपुर में, नागाओं और केन्द्र सरकार के बीच किसी मुमकिन निबटारे को लेकर फ़िक्रमंद असहमत लोगों ने लंदन में एक देशबदर सरकार की घोषणा कर दी है। त्रिपुरा की मूल जनजातियाँ अपनी एनआरसी की माँग कर रही हैं ताकि हिन्दू बंगाली आबादी को वहाँ से निकाला जा सके जिन्होंने उनकी ही अपनी ज़मीन पर उन्हें एक छोटी अल्पसंख्या बनाकर रख दिया है।

असम के एनआरसी से जन्मी अफ़रा-तफ़री और तकलीफ़ों को देखते हुए पीछे हटने के बजाय मोदी सरकार इसको बाक़ी के भारत में लाने के इन्तजाम कर रही है। इसने एनआरसी के दाँव-पेंच में हिन्दुओं और अपने बाक़ी हिमायतियों के फँसने की संभावनाओं को दूर करने के लिए, जैसा असम में हो चुका है, नए नागरिकता संशोधन अधिनियम का मसौदा तैयार किया है। (संसद में पास हो जाने के बाद अब यह नागरिकता संशोधन अधिनियम हो गया है।)[44] इसके मुताबिक़ पाकिस्तान, बांग्लादेश और अफ़ग़ानिस्तान से आए सभी ग़ैर-मुसलिम 'सताए गए अल्पसंख्यकों' यानी हिन्दुओं, सिखों, बौद्धों और ईसाइयों को भारत में पनाह दी जाएगी। इस तरह सीएए बाक़ायदा यह यक़ीनी बनाएगा कि सिर्फ़ मुसलमान ही नागरिकता से महरूम होंगे।

एनआरसी की प्रक्रिया शुरू होने से पहले एक नेशनल पॉपुलेशन रजिस्टर तैयार करने की योजना है।[45] इसमें घर-घर जाकर एक सर्वेक्षण किया जाएगा जिसमें जनगणना के बुनियादी आँकड़ों के साथ-साथ सरकार का इरादा आँख की पुतलियों का स्कैन और दूसरे बायोमेट्रिक डाटा को जमा करना है। यह सभी डाटा बैंकों का सरताज होगा।

इसकी ज़मीनी तैयारी शुरू भी हो चुकी है। गृहमंत्री के तौर

पर अपने पहले ही दिन अमित शाह ने एक नोटिफ़िकेशन जारी करके भारत की सभी राज्य सरकारों को फॉरेनर्स ट्रिब्यूनल और डिटेंशन सेंटर बनाने की इजाज़त दे दी, जिनका कामकाज ग़ैर-न्यायिक अधिकारी देखेंगे जिनके हाथों में बहुत क्रूर ताक़त होगी। कर्नाटक, उत्तर प्रदेश और हरियाणा की सरकारों ने काम शुरू भी कर दिया है। जैसा कि हमने देखा है, असम में एनआरसी एक बहुत ख़ास इतिहास की पैदाइश है। बाक़ी भारत में इसको लागू करना पूरी तरह से एक दुर्भावना से भरा काम है। असम में अपडेटेड एनआरसी की माँग चालीस साल से ज़्यादा पुरानी थी। वहाँ लोग पचास बरसों से अपने दस्तावेज़ जुटाते और सहेजते आ रहे थे। भारत में कितने लोग हैं जो 'लिगेसी डॉक्यूमेंट' पेश कर सकते हैं? शायद हमारे प्रधानमंत्री भी ऐसा नहीं कर पाएँगे, जिनका जन्म दिवस, कॉलेज की डिग्री, और वैवाहिक स्थिति सभी कुछ राष्ट्रीय विवाद का विषय रहे हैं।

हमें बताया जा रहा है कि भारत-भर में लागू होने वाला एनआरसी एक ऐसी क़वायद है जिसमें दसियों लाख बांग्लादेशी 'घुसपैठियों' की पहचान की जाएगी। हमारे गृहमंत्री उन्हें 'दीमक' कहना पसन्द करते हैं। उन्हें क्या लगता है कि इस तरह की भाषा से बांग्लादेश के साथ भारत के रिश्तों पर क्या असर पड़ेगा? एक बार फिर, काल्पनिक आँकड़ों का एक भूत खड़ा किया जा रहा है, जिसमें दसियों लाख लोगों की बात कही जा रही है। इसमें शक नहीं है कि भारत में बिना काग़ज़ों के बांग्लादेश से आने वाले मज़दूरों की एक बड़ी संख्या है। इसमें भी कोई शक नहीं है कि वे इस मुल्क में सबसे ग़रीब, सबसे हाशिए पर खड़ी आबादियों में से एक हैं। जो कोई भी मुक्त बाज़ार में यक़ीन करने का दावा करता है उसे जानना चाहिए कि वे महज़ ख़ाली पड़ी आर्थिक जगहों को ही भर रहे हैं, जिनमें वे ऐसे काम करते हैं जो और कोई नहीं करेगा। वे ऐसी मज़दूरी

पर जी लेते हैं जो कोई और क़बूल नहीं करेगा। एक ईमानदार दिहाड़ी के साथ वे एक ईमानदार मेहनत करते हैं। ये वे लोग नहीं हैं जो इस मुल्क को तबाह कर रहे हैं, जनता के पैसे को लूट रहे हैं और इसके बैंकों को दिवालिया बना रहे हैं। वे तो आरएसएस के असली मक़सद के लिए महज़ एक चारा हैं, एक ट्रोजन हॉर्स हैं जिनकी ओट में छिपकर वह अपना ऐतिहासिक अभियान पूरा करना चाहता है।

सीएए से लैस, पूरे भारत में लागू होने वाली एनआरसी का असली मकसद भारतीय मुसलमान समुदाय को डराना, उसे अस्थिर करना और बदनाम करना है। इसका निशाना ख़ास तौर से सबसे ग़रीब मुसलमान बनेंगे। इसका मक़सद एक दर्जाबन्द नागरिकता तैयार करना है, जिनमें से एक दर्जे के नागरिकों को कोई अधिकार नहीं होंगे और वे दूसरों के रहमोकरम पर, या उनकी भलमनसाहत पर जीएँगे। यह एक आधुनिक जाति व्यवस्था होगी, जो पुरानी जाति व्यवस्था के साथ-साथ बनी रहेगी, और मुसलमान इसमें नए दलित होंगे। सिर्फ़ नाम के लिए नहीं, बल्कि सचमुच में। क़ानूनी तौर पर। पश्चिम बंगाल में, जहाँ भाजपा बड़े आक्रामक तौर पर हुकूमत पर क़ाबिज़ होने के लिए आगे बढ़ रही है, आत्महत्याएँ शुरू हो चुकी हैं।

अपनी किताब *वी ऑर अवर नेशनहुड डिफाइंड* में आरएसएस के मुखिया एम.एस. गोलवलकर ने 1940 में यह लिखा था :

> मुसलमान जब पहली बार हिन्दुस्थान की धरती पर उतरे थे, उस दुर्दिन से लेकर वर्तमान समय तक हिन्दू राष्ट्र इन लुटेरों के साथ वीरता से लड़ता आ रहा है...नस्ल का भाव जाग चुका है...
>
> हिन्दुओं की भूमि हिन्दुस्थान में हिन्दू राष्ट्र का वास है और इसी का वास होना चाहिए...

> अन्य सभी या तो राष्ट्रीय लक्ष्य के गद्दार हैं या शत्रु हैं, या थोड़ी उदारता से कहा जाए तो मूर्ख हैं...
>
> हिन्दुस्थान में विदेशी नस्लें...देश में रह सकती हैं, हिन्दू राष्ट्र के पूर्णतया अधीन रहते हुए, उन्हें कोई दावा नहीं करना होगा, वे किसी अधिकार के योग्य नहीं होंगी, उनके प्रति कोई सुविधापूर्ण व्यवहार तो और भी नहीं—उन्हें नागरिक तक के अधिकार नहीं होंगे।[46]

आगे यह लिखा गया है :

> नस्ल और अपनी संस्कृति की शुद्धता को बनाए रखने के लिए, जर्मनी ने सेमेटिक नस्लों—यहूदियों—से देश को स्वच्छ करके दुनिया को हतप्रभ कर दिया है। नस्ली गौरव यहाँ अपने सर्वोच्च रूप में प्रकट हुआ है... हिन्दुस्थान में हमारे लिए यह सीखने और लाभ उठाने के लिए एक अच्छा पाठ है।[47]

आज के समय में जब हम इसका अनुवाद करेंगे तो इसका मतलब नागरिकता संशोधन अधिनियम विधेयक के साथ नेशनल रजिस्टर ऑफ़ सिटिजन्स नहीं होगा तो और क्या होगा? यह जर्मनी के 1935 न्यूरेमबर्ग क़ानूनों का संघी संस्करण है, जिनके तहत जर्मन नागरिक केवल वही लोग थे जिन्हें थर्ड राईष की सरकार द्वारा नागरिकता के काग़ज़—लिगेसी पेपर्स दिए गए थे। मुसलमानों के ख़िलाफ़ संशोधन, पहला ऐसा संशोधन है। बेशक इसमें दूसरे लोग, आरएसएस के सारे दुश्मन भी आएँगे—ईसाई, दलित, कम्युनिस्ट।

देश-भर में जो फॉरेनर्स ट्रिब्यूनल और डिटेंशन सेंटर पनपने लगे हैं, शायद उनका इरादा फ़िलहाल करोड़ों मुसलमानों को क़ैद करने का न हो। लेकिन उनका मक़सद हमें याद दिलाना

है कि भारत के मुसलमान सचमुच में ऐसे ही बरताव के हक़दार हैं, अगर उन्होंने विरासत के काग़ज़ात पेश नहीं किए। क्योंकि हिन्दुओं को भारत के मूल निवासी मान लिया गया है, जिन्हें काग़ज़ों की ज़रूरत नहीं होगी। उस बाबरी मस्जिद के पास तक विरासत के सही काग़ज़ात नहीं थे, जो चार सदी पुरानी थी। फिर एक ग़रीब किसान और एक फेरीवाले की तो बिसात ही क्या है?

यही वह घिनौने मूल्य हैं, जिन पर ह्यूस्टन स्टेडियम में पचास हज़ार लोग ख़ुशी से पागल हो रहे थे। इसी की हिमायत करने के लिए संयुक्त राज्य के राष्ट्रपति ने मोदी का हाथ थामा था। इस्राइली इसी में अपना कंधा मिलाना चाहते हैं, जर्मन इससे मुनाफ़ा कमाना चाहते हैं, फ्रांसीसी इसी को अपने लड़ाकू जहाज़ बेचना चाहते हैं, और सऊदी लोग इसी में अपना पैसा लगाना चाहते हैं।

शायद अखिल भारतीय एनआरसी का निजीकरण कर दिया जाए, हमारी आँखों की पुतलियों के स्कैन समेत पूरे डाटा बैंक को निजी हाथों में दे दिया जाए। रोज़गार के मौक़े और इससे जुड़े फ़ायदों से शायद हमारी दम तोड़ती हुई अर्थव्यवस्था जी उठे। डिटेंशन सेंटरों को बनाने का काम भारत के ज़ीमन्सों, बायरों और आईजी फार्बनों* को दिया जा सकता है। अन्दाज़ा लगाना मुश्किल नहीं है कि भारत में वे कौन-से कॉरपोरेशन हो सकते हैं। अगर साइक्लोन बी** का इस्तेमाल करने का मुकाम नहीं भी आए, तब भी बहुत सारी दौलत खड़ी कर लेने की संभावना है।

---

* जर्मन कम्पनियाँ जिन्होंने नाजी हुकूमत की मदद की थी।

** नाजी गैस चैम्बरों में उपयोग की जाने वाली साइनाइड आधारित एक जहरीली गैस।

हम बस यही उम्मीद कर सकते हैं कि जल्दी ही किसी दिन भारत की सड़कों पर अवाम का हुजूम उतर पड़ेगा, जिसको इसका अहसास होगा कि अगर अब उन्होंने क़दम नहीं बढ़ाए तो अन्त क़रीब है।

अगर ऐसा नहीं हुआ, तो इन लफ़्ज़ों को एक ऐसी शख़्स की जानिब से अन्त की इत्तला समझ लीजिएगा, जो इन वक़्तों में रही था।

7

क़ब्रिस्तान से उठती आवाज़ें
फेक न्यूज़ के दौर में क़िस्सागोई*

मुझे द क्लार्क लेक्चर के लिए बुलाने के लिए आपका शुक्रिया। जैसा कि आप जानते ही हैं, यह लेक्चर अब अपने 132वें साल में है। जब मुझे यहाँ आने का बुलावा मिला, तो मैंने यहाँ बोल चुके नामों की फ़ेहरिश्त पर नज़र डाली। कितने सारे 'सर' और सर-जैसे लगने वाले नामों ने यहाँ इतने अलग-अलग विषयों पर अपनी बातें रखी हैं, मसलन 'लिटररी क्रिटिसिज़्म ऑफ़ द एज ऑफ़ क्वीन एन', 'शेक्सपियर ऐज क्रिटिसाइज्ड इन फ्रांस फ्रॉम द टाइम ऑफ़ वॉल्टेयर', 'द क्राउनिंग प्रिविलेज : प्रोफ़ेशनल स्टैंडर्ड्स इन इंगलिश पोएट्री' और 'मेकर्स एंड मटेरियल्स : द पोएट्री ऑफ़ स्पेन्सर, शेक्सपियर, मिल्टन, यीट्स, एंड इलियट'। अगर इस कहानी का एक कार्टून संस्करण निकले, तो मेरी भूमिका अदा करने वाला किरदार भौंहें सिकोड़े हुए होगा और उसके संवाद वाले बलून में लिखा होगा, 'हुँह?' मुझे थोड़ी

---

* ट्रिनिटी कॉलेज, यूनिवर्सिटी ऑफ़ कैंब्रिज द्वारा क़ायम 2020 क्लार्क लेक्चर इन इंगलिश लिटरेचर। ट्रिनिटी कॉलेज बोर्ड ऑफ़ ट्रस्टीज़ और यूनिवर्सिटी ऑफ़ कैंब्रिज के यूनिवर्सिटी एंड कॉलेज यूनियन के बीच जारी एक विवाद के कारण, और यूनियन के एक आग्रह के साथ खड़े होते हुए, यह लेक्चर बज़ाते—ख़ुद नहीं दिया गया, जो 13 फ़रवरी, 2020 को तय था।

तसल्ली तब मिली जब मेरी नज़र टोनी मॉरिसन की 'स्टडीज़ इन अमेरिकन अफ्रीकनिज़्म' पर गई, लेकिन यह ख़ुशी भी देर तक नहीं बनी रही। मुझे बुलावा भेजने वाले डॉ. जॉन मारेनबोन से मैंने पूछा कि क्या पिछले कुछ लेक्चर मुझे पढ़ने को मिल सकेंगे, क्योंकि इंटरनेट पर वो मुझे मिल नहीं रहे थे। उन्होंने बहुत मददगार ढंग से मुझे जवाब दिया कि वक्ताओं से कभी भी उनके लेक्चरों को ट्रिनिटी में जमा करने को नहीं कहा गया, लेकिन टी.एस. इलियट की द *वेरायटीज़ ऑफ़ मेटाफ़िज़िकल पोएट्री* उनके क्लार्क लेक्चर से ही विकसित हुई थी, और ई.एम. फॉर्स्टर का *आस्पेक्ट्स ऑफ़ द नॉवेल* भी।

इसका मतलब था—मुझ पर किसी तरह का कोई दबाव नहीं था।

यह व्याख्यान विकसित हुआ है हाल में दिए गए उन मुकालमों (भाषणों) से, जिनमें मैंने इस पर बात की थी कि हम जिस दौर में रह रहे हैं उसमें साहित्य के लिए क्या जगह है। जिनमें मैंने ज़ुबान की सियासत पर बात की। इनमें अवामी और निजी दोनों क़िस्म की ज़ुबानें शामिल हैं। ऐसा करना कुछ-कुछ जोख़िम-भरा काम भी है। इसमें कभी-कभार यह क़यास भी शामिल है कि आपमें से अनेक लोग मेरे काम से वाक़िफ़ हैं, जबकि मुमकिन है ऐसा न हो और इसके लिए मैं माफ़ी चाहूँगी।

भारत में क़ब्रिस्तान ज़्यादातर मुसलमान क़ब्रिस्तान होते हैं, क्योंकि ईसाई आबादी बहुत छोटी-सी है और आप जानते होंगे कि हिन्दू और ज़्यादातर दूसरे समुदाय अपनी लाशों को जलाते हैं। मुसलमान क़ब्रिस्तान हमेशा ही हिन्दू राष्ट्रवादियों की परिकल्पनाओं और भाषणों पर छाया रहता है। 'मुसलमान का एक ही स्थान, क़ब्रिस्तान या पाकिस्तान!' —यह उस हत्यारे, तलवार लहराने वाले मिलिशिया और भीड़ का जंगी नारा है जिसने भारत की सड़कों पर क़ब्ज़ा कर रखा है।

जब हिन्दू दक्षिणपंथ ने राज्य पर, और ग़ैर-सरकारी निजाम पर क़रीब-क़रीब पूरा क़ब्ज़ा कर रखा है, ऐसे में मुसलमानों के दिन ब दिन बढ़ते जा रहे खुलेआम सामाजिक और आर्थिक बहिष्कार ने उन्हें सामाजिक पायदान पर और भी नीचे धकेल दिया है। इसने 'धर्मनिरपेक्ष' सार्वजनिक जगहों और हाउसिंग कॉलोनियों में उनके दाख़िले को मुश्किल बना दिया है। अपनी हिफ़ाज़त और ज़रूरत के लिहाज से, शहरी इलाक़ों में अनेक मुसलमान जिनमें कुलीन तबके भी शामिल हैं, अब ऐसी बस्तियों का रुख़ कर रहे हैं जिन्हें अक्सर ही नफ़रत भरे लहजे में 'मिनी पाकिस्तान' कहकर बुलाया जाता है। अब मौत की तरह, ज़िन्दगी में भी अलगाव एक क़ायदा बनता जा रहा है। इस बीच, दिल्ली जैसे शहरों में बेघर और बदहाल लोग दरगाहों और क़ब्रिस्तानों में जमा होते हैं, जो सिर्फ़ मुर्दों ही नहीं, बल्कि जीते-जागते लोगों की भी पनाहगाह बनते जा रहे हैं। आज मैं मुस्लिम क़ब्रिस्तान के बारे में बात करूँगी, कि किस तरह यह हिन्दू भारत का एक नया घेटो बन गया है—सचमुच में और बिंबों में भी। और ऐसे दौर में क़िस्सागोई करने यानी फिक्शन लिखने के बारे में बात करूँगी।*

एक मायने में, 2017 में प्रकाशित हुए मेरे उपन्यास द *मिनिस्ट्री ऑफ़ अटमोस्ट हैपीनेस* को दो क़ब्रिस्तानों के बीच एक गुफ़्तगू के रूप में पढ़ा जा सकता है। एक क़ब्रिस्तान वहाँ है जहाँ दिल्ली के फसीलबन्द शहर में एक मुसलमान परिवार में

* इस व्याख्यान के छपने के दस दिनों के बाद पूर्वोत्तर दिल्ली को हिंसा ने अपनी चपेट में ले लिया। हथियारों से लैस और पुलिस की हिमायत वाली संगठित फ़ासीवादी भीड़ मज़दूर मुसलमानों का क़त्लेआम करती रही। उनके घर, दुकानें, मस्जिदें, और मुहल्ले जला दिए गए। कई लोग मारे गए। कई लोग गुमशुदा हैं। हज़ारों मुसलमानों ने उजड़कर मुकामी क़ब्रिस्तानों में पनाह ले रखी है (देखें अध्याय 8)।

जन्मी और एक लड़के के रूप में पली-बढ़ी एक हिजड़ा अंजुम अपना घर बसाती है और धीरे-धीरे एक गेस्ट हाउस, जन्नत गेस्ट हाउस, खड़ा करती है, जहाँ कई तरह के लोग आकर पनाह लेते हैं। दूसरा क़ब्रिस्तान है बेपनाह ख़ूबसूरत कश्मीर की वादी, जो अब तीस साल की जंग के बाद क़ब्रिस्तानों से भर गई है, और एक तरह से ख़ुद भी एक क़ब्रिस्तान बन गई है। तो एक क़ब्रिस्तान जिसमें जन्नत गेस्ट हाउस है, और एक जन्नत जो क़ब्रिस्तानों से भरी हुई है।

इस बातचीत, दो क़ब्रिस्तानों के बीच इस गुफ़्तगू पर भारत में पाबन्दी है, और हमेशा से रही है। सचमुच की दुनिया में, सरकारी प्रचार को छोड़कर, कश्मीर के बारे में सारी बातें एक गम्भीर अपराध मानी जाती हैं, यह देश से गद्दारी तक हो सकती है। क़िस्मत से, कहानियों पर दूसरे नियम लागू होते हैं।

हम इस मनाही वाली गुफ्तगू पर आएँ, इसके पहले मैं आपको बताना चाहती हूँ कि मेरे लिखने की डेस्क से क्या दिखाई देता है। कुछ लेखक शायद अपनी खिड़की बन्द कर लेना चाहें या किसी और कमरे में चले जाएँ। लेकिन मैं ऐसा नहीं कर सकती। तो आपको थोड़ा सब्र करना पड़ेगा, क्योंकि यही वह ज़मीन है, जिस पर मैं अपना चूल्हा फूँकती हूँ और अपने बरतन चढ़ाती हूँ। इसी ज़मीन पर मेरा साहित्य जन्म लेता है।

आज 13 फरवरी, 2020 को 193 दिन पूरे हो रहे हैं जबसे भारतीय सरकार ने कश्मीर में इंटरनेट बन्द कर रखा है। महीनों तक मोबाइल डाटा और ब्रॉडबैंड तक पहुँच नहीं होने के बाद अब सत्तर लाख कश्मीरी लोगों को, जो दुनिया में सबसे घने फ़ौजी क़ब्ज़े में रहते हैं, अब व्हाइट लिस्ट नाम से जानी जाने वाली वे थोड़ी-सी वेबसाइटें देखने की इजाज़त मिल गई है, जिन्हें सरकार ने मंजूरी दी है। इसमें कुछ चुने हुए न्यूज़ पोर्टल हैं, लेकिन सोशल मीडिया नहीं है जिस पर कश्मीरी लोग अपनी

ज़िन्दगियों की कहानी सुनाने के लिए निर्भर करते हैं क्योंकि भारतीय मीडिया उनके प्रति दुश्मनी का भाव रखता है। दूसरे शब्दों में, कश्मीर में इंटरनेट पर बाक़ायदा एक फायरवाल है। मुमकिन है कि दुनिया में हममें से अनेक लोगों का भविष्य यही होने वाला हो। यह ऐसा ही है कि एक प्यासे इनसान को आँख में डालने वाली दवा पीने के लिए दे दी जाए।

इंटरनेट बन्द करने का नतीजा यह हुआ है कि कश्मीर में रोज़मर्रा की ज़िन्दगी क़रीब-क़रीब हर पहलू से पंगु हो गई है। इससे जन्मी मुश्किलों की मुकम्मल तस्वीर हमें अभी मालूम नहीं है। यह मानवाधिकारों के व्यापक उल्लंघन की नई क़वायद है। सूचनाओं की घेराबन्दी एक तरफ़, हज़ारों कश्मीरियों को क़ैद कर रखा गया है जिनमें बच्चे, सिविल सोसायटी कार्यकर्ता, राजनीतिक शख़्सियतें शामिल हैं। इनमें से कुछ पर कठोर सार्वजनिक सुरक्षा अधिनियम लागू हैं। और यह इस बेअन्त और लगातार जारी त्रासदी की महज़ छोटी-सी झलक है। जब दुनिया ने इससे अपनी आँखें मूँद रखी हैं, कारोबार ठप पड़ गए हैं, पर्यटन क़रीब-क़रीब बन्द पड़ गया है, कश्मीर को चुप करा दिया गया है और अब यह नक़्शे-से धीरे-धीरे उतरने लगा है। हममें से किसी को भी यह याद दिलाने की ज़रूरत नहीं है कि जब जगहें नक़्शे से उतरने लगती हैं तो क्या होता है। जब इन सबका अंजाम सामने आएगा तो कम से कम मैं उन लोगों में नहीं होऊँगी जो हैरान होने का नाटक कर रहे होंगे।

इस बीच भारत सरकार ने एक नया नागरिकता क़ानून मंज़ूर किया है। यह चाहे जितने भी दाँव-पेंच वाला हो, यह बहुत साफ़ तौर पर और खुलेआम मुसलमानों के ख़िलाफ़ भेदभाव से भरा हुआ क़ानून है। मैंने इसके बारे में एक लेक्चर में विस्तार से लिखा है, जिसे मैंने नवम्बर में दिया था, इसलिए मैं अब क़ानून पर विस्तार से बात नहीं करूँगी। बस इतना ही कहूँगी कि

यह एक ऐसे पैमाने पर नागरिकता से लोगों की बेदख़ली और बेचारगी को जन्म दे सकता है जिसे हमने अब तक इतिहास में नहीं देखा है।[1] हिन्दू राष्ट्रवाद की गंगोत्री, और नरेन्द्र मोदी की भारतीय जनता पार्टी के जनक राष्ट्रीय स्वयंसेवक संघ के लिए यह क़ानून वही मायने रखता है जो थर्ड राईष के लिए जर्मनी के 1935 के न्यूरेमबर्ग क़ानून थे, जिनमें उसे यह तय करने की ताक़त मिल गई है कि कौन सही नागरिक है और कौन नहीं है। इसके लिए कुछ ख़ास दस्तावेज़ ज़रूरी हैं, जिनकी मदद से लोगों को अपना ख़ानदानी सिलसिला साबित करना होगा। वह लेक्चर मेरे सबसे ग़मगीन कर देने वाले लेखों में से एक है।

तीन महीनों के भीतर, वह उदासी, एक एहतियात से भरी हुई उम्मीद में बदल गई है। नागरिकता संशोधन विधेयक 11 दिसम्बर, 2019 को संसद में मंज़ूर हुआ और नागरिकता संशोधन अधिनियम बन गया। महज़ कुछ ही दिनों के भीतर छात्र उठ खड़े हुए। सबसे पहले उठ खड़े होने वालों में अलीगढ़ मुस्लिम विश्वविद्यालय और दिल्ली में जामिया मिलिया इस्लामिया के छात्र थे। इसके जवाब में दंगा पुलिस ने आँसू गैस और स्टन गनों से कैंपसों पर हमला किया। छात्रों को बेरहमी से पीटा गया, कुछ को अपाहिज बना दिया गया, और एक छात्र की एक आँख खराब कर दी गई। ग़ुस्सा अब देश-भर के कैंपसों में फैल गया है और सड़कों पर उतर आया है। नाराज़ नागरिकों ने, जिनकी रहनुमाई छात्र और मुसलमान औरतें कर रही हैं, चौक-चौराहों पर क़ब्ज़ा कर लिया है और हफ़्तों से सड़कों को बन्द कर रखा है। हिन्दू दक्षिणपंथ इस होशियार, मुखर और बहुत औरताना ग़ुस्से के आगे थोड़ा हक्का-बक्का भी है, जो हमेशा ही मुसलमान मर्दों को औरतों से नफ़रत करने वाले, आतंकवादी जिहादी बताने और ख़ुद को मुसलमान औरतों के मुहाफ़िज़ के रूप में पेश करने में इतनी ऊर्जा लगाता रहा है। दिल्ली में अब एक प्रतीक

बन चुके शाहीन बाग के आन्दोलन में हज़ारों, दसियों हज़ार और कभी-कभी तो एक लाख लोगों ने क़रीब दो महीनों से एक मुख्य सड़क को बन्द कर रखा है। इसने मुल्क-भर में छोटे-छोटे शाहीन बागों के बीज बोए हैं। दसियों लाख लोग सड़क पर हैं, वे अपने मुल्क पर अपना दावा कर रहे हैं, भारतीय झंडा लहरा रहे हैं, भारतीय संविधान को बचाने की क़समें खा रहे हैं और उसकी प्रस्तावना को पढ़ रहे हैं, जो कहती है कि भारत एक धर्मनिरपेक्ष, समाजवादी गणतंत्र है।

इस नई बग़ावत का जो गीत है, जो नारा क़स्बों और कॉलेज के कैंपसों और मुल्क-भर के चौराहों पर गूँज रहा है, वह कश्मीरी आज़ादी के संघर्ष के मशहूर नारे का ही एक रूप है, 'हम क्या चाहते? आज़ादी!' यह नारा एक टेक है, जो एक गीत की तर्ज पर गाया जाता है, जिसमें लोगों का ग़ुस्सा, उनके सपने और आने वाली लड़ाई बयान की गई है। कहने का मतलब यह नहीं है कि आज़ादी के नारे पर कोई एक समूह अपने मालिकाने का दावा कर सकता है—इसका एक लम्बा और बहुरंगी इतिहास रहा है। यह ईरानी इन्क़लाब का नारा था, जिसने हाल ही में अपनी चालीसवीं सालगिरह मनाई है। और यह हमारे उपमहाद्वीप में सत्तर और अस्सी के दशकों में स्त्रीवादी आन्दोलन के एक हिस्से का नारा भी था। लेकिन पिछले तीन दशकों में यह सबसे ज़्यादा कश्मीरी सड़कों पर गाए जाने वाले आन्दोलनकारी गीत के रूप में जाना गया। और अब जब कश्मीर की गलियों को ख़ामोश कर दिया गया है, तो विडंबना देखिए कि इसके अवाम का यह गीत, मिलते-जुलते बोलों के साथ, उसी धुन में, उसी लय में उस मुल्क की सड़कों पर गूँज रहा है, जिसे ज़्यादातर कश्मीरी एक औपनिवेशिक क़ब्ज़ावर के रूप में देखते हैं। वह क्या है जो एक सड़क की ख़ामोशी और दूसरी से उठने वाली आवाज़ों

के बीच में मौजूद है? क्या यह एक खाई है, क्या यह एक पुल बन सकती है?

यहाँ मैं अपने उपन्यास द *मिनिस्ट्री ऑफ़ अटमोस्ट हैपीनेस* से 'आज़ादी!' के कश्मीरी नारे पर एक छोटी-सी दास्तान सुनाना चाहूँगी। इस दास्तान में जो 'मैं' है वह बिप्लब दासगुप्ता है, जिसे अपने दोस्तों के बीच गार्सन होबर्ट के नाम से जाना जाता है। यहाँ हमें इसकी वजह जानने की ज़रूरत नहीं है। वह एक नफ़ासतपसन्द, यहाँ तक कि एक होशियार भारतीय ख़ुफ़िया अधिकारी है जो कश्मीर में तैनात है। होबर्ट कश्मीरी संघर्ष का कोई दोस्त नहीं है। वक़्त 1996 का है जो 1990 के दशक में वादी को हिलाकर रख देने वाली हथियारबन्द बग़ावत का सबसे गहरा दौर था। होबर्ट सरकारी अमले के साथ श्रीनगर के बाहर एक राष्ट्रीय पार्क में घिर गया है। वे घर लौट नहीं पा रहे हैं, क्योंकि शहर में लाखों मातमगीर लोग हाल ही में शहीद हुए अपने लोगों को क़ब्रिस्तान ले जा रहे हैं। होबर्ट का सचिव फ़ोन करके उन्हें सलाह देता है कि वे सड़कों पर वापस क़ब्ज़ा हो जाने तक न लौटें :

> डाचीगाम फ़ॉरेस्ट गेस्ट हाउस के बरामदे में बैठे हुए चिड़ियों के गीतों और झींगुरों की गूँज के बीच मैंने हज़ारों आवाज़ों की धमक सुनी जिनमें आज़ादी की पुकार थी : आज़ादी! आज़ादी! आज़ादी! बार-बार, बार-बार, बार-बार। फ़ोन पर भी यह दिल हिला देने वाला था... ऐसा था मानो पूरा शहर एक ही जोड़ी साझे फेफड़ों से साँस ले रहा हो, और उस फ़ौरी, ज़बरदस्त पुकार के ज़ोर से पूरा शहर किसी गले की तरह फूल उठता हो। अब तक मैंने कुछ जुलूस ख़ुद देखे थे और देश के दूसरे हिस्सों में लगने वाले नारों के बारे में सुन रखा था। मगर यह कश्मीरी पुकार उन सबसे अलग थी।

> यह महज़ एक सियासी माँग नहीं थी। यह एक तराना थी, एक हम्द, एक दुआ...
>
> उन मौक़ों पर (क़िस्मत से वे बहुत थोड़े समय तक ही रहते) जब यह पुकार अपने पूरे ज़ोर से उठती, तो इसमें तारीख़ और भूगोल की, तर्क और सियासत की हदबन्दियों को गिरा देने की ताक़त थी। इसमें ऐसी ताक़त थी कि हममें से कट्टर से कट्टर लोगों को भी यह सोचने पर मजबूर कर देती, चाहे ज़रा देर के लिए ही सही, कि आख़िर हम कश्मीर में कर क्या रहे हैं, हम यहाँ ऐसे अवाम पर हुकूमत कर रहे हैं जो रोम-रोम से हमें नफ़रत करते हैं।[2]

यह बात साफ़ होनी चाहिए कि भारत में होने वाले आन्दोलनों में एक बिलकुल अलग क़िस्म की आज़ादी की माँग की जाती है—ग़रीबी से, भूख से, जाति से, पितृसत्ता से और दमन से आज़ादी। 'भारत से आज़ादी नहीं, भारत में आज़ादी,' कन्हैया कुमार का कहना है। वे एक करिश्माई नौजवान राजनेता हैं, जिन्होंने आज के भारत में जनता की बग़ावतों के लिए इस नारे को एक नई शक्ल और नई धार दी है।[3] जब हम सड़कों पर होते हैं, हममें से हर कोई अपने दुखते दिलों के साथ इस बात को समझ रहा होता है कि कश्मीरी मक़सद के लिए जताई गई एक ज़रा-भर भी हमदर्दी के नतीजे में जो राष्ट्रवादी आग भड़केगी वह पूरे आन्दोलन को ही नहीं, बल्कि वहाँ खड़े एक-एक शख़्स को जलाकर ख़त्म कर देगी। चाहे यह हमदर्दी किसी एक अकेले शख़्स ने ही क्यों न ज़ाहिर की हो और यह अनजाने में ही क्यों न हुआ हो। और अगर वह शख़्स मुसलमान हुआ, तब तो जो आग भड़केगी वह जहन्नुम की आग से भी बदतर होगी। क्योंकि जब किसी मुसलमान की बात आती है तब अलग क़िस्म के

नियम लागू होते हैं—पार्किंग टिकट से लेकर छोटे-मोटे अपराधों तक। मैं काग़ज़ पर लिखे नियमों की बात नहीं कर रही है, उनकी बात कर रही हूँ जो अमल में लाए जाते हैं। देखिए कि भारत किस हद तक बीमार हो चुका है!

इसलिए मुसलमान विरोधी नागरिकता क़ानूनों के ख़िलाफ़ हो रहे जनवादी आन्दोलनों में, जिनमें कश्मीर से लिया गया नारा गूँज रहा है, कश्मीर वादी में हो रहे जुर्मों पर जानबूझकर कुछ नहीं कहा जाता। यह ख़ामोशी दशकों पुरानी है और इसकी शर्मिंदगी भीतर ही भीतर खाती जा रही है। इस शर्मिंदगी में न सिर्फ़ हिन्दू राष्ट्रवादियों का हिस्सा है, न सिर्फ़ भारत के पूरे सियासी मंजर का हिस्सा है, बल्कि भारत के अवाम की बहुसंख्या भी इसमें हिस्सेदार है। इसमें वो लोग भी शामिल हैं जो आज बहुत बहादुरी से सड़कों पर उतर पड़े हैं। अपने दिल में इसको जज्ब किए रखना बहुत मुश्किल है।

लेकिन शायद यह बस एक वक़्त की बात है जब भारत की सड़कों पर इंसाफ़ के लिए उतरे नौजवानों की पुकार में कश्मीरियों के लिए इंसाफ़ की माँग भी शामिल हो जाएगी। शायद इसीलिए भाजपा की हुकूमत वाले उत्तर प्रदेश के मुख्यमंत्री और कइयों के लिए आने वाले कल के मोदी, योगी आदित्यनाथ ने 'आज़ादी!' के नारे को गद्दारी बताया है।

इन आन्दोलनों से सरकार बड़ी बेरहमी से निबट रही है। इसकी शुरुआत प्रधानमंत्री ने की जब उन्होंने अपने ठेठ लहजे में ज़हर बुझे तंज किए। एक चुनावी रैली में उन्होंने कहा कि आन्दोलनकारियों को आसानी से 'उनके कपड़ों से पहचान' सकते हैं। उनके कहने का मतलब था कि वे सभी मुसलमान हैं। यह सही नहीं है। लेकिन इसका मक़सद था कि उस आबादी की साफ़ तौर पर निशानदेही हो जाए जिसे सज़ा मिलनी है। उत्तर प्रदेश में योगी आदित्यनाथ ने किसी गैंगस्टर की तरह खुलेआम

'बदले' की क़सम खाई है।[4] अब तक बीस से अधिक लोग मारे जा चुके हैं। कुछ हफ़्ते पहले एक जन सुनवाई में मैंने लोगों के बयान सुने कि कैसे राज्य में पुलिस आधी रात को लोगों के घरों में घुसती, उन्हें आतंकित करती और चीज़ें लूट लेती है। लोगों ने बताया कि उन्हें पुलिस लॉकअप में नंगा करके कई दिनों तक पीटा गया। उन्होंने बयान किया कि कैसे अस्पतालों ने गम्भीर रूप से ज़ख़्मी लोगों को वापस लौटा दिया, कैसे हिन्दू डॉक्टरों ने उनका इलाज करने से मना कर दिया। आन्दोलनकारियों पर पुलिस के हमलों के वीडियो देखिए, मुसलमानों के ख़िलाफ़ वे जो बातें कहते हैं उन्हें ज़ुबान पर लाना मुश्किल है। बुदबुदाकर कही गई पूर्वग्रह से भरी बातें, उनके दिए जाने वाले ज़ख़्मों से कहीं अधिक ख़ौफ़नाक हैं। जब एक हुकूमत अपनी पूरी ताक़त को खुलेआम अपनी ही आबादी के एक हिस्से के ख़िलाफ़ झोंक देती है, तब जो दहशत यह पैदा करती है, उसे समझना या उस पर यक़ीन कर पाना उस समुदाय से बाहर के लोगों के लिए आसान नहीं है।

कहने की ज़रूरत नहीं है कि योगी आदित्यनाथ को बहुत साफ़ और अटल राजनीतिक समर्थन हासिल है। पश्चिम बंगाल में भाजपा के अध्यक्ष ने, जो लगता है कि उत्तर प्रदेश मॉडल से जलते भी हैं और इस पर गर्व भी करते हैं, कहा, 'हमारी सरकार उन्हें कुत्तों की तरह मारती है।' मोदी के मंत्रिमंडल के एक केन्द्रीय मंत्री ने दिल्ली में एक रैली में भाषण देते हुए नारा लगाया 'देश के गद्दारों को' और भीड़ ने चिल्लाकर इसका जवाब दिया 'गोली मारो सालों को'।[5] एक सांसद ने कहा कि शाहीन बाग के आन्दोलनकारियों को हटाया नहीं गया तो वे घरों में घुसकर 'तुम्हारी बहनों-बेटियों का बलात्कार करेंगे'—यह एक दिलचस्प बात थी, क्योंकि शाहीन बाग की आन्दोलनकारी ज़्यादातर औरतें थीं। गृहमंत्री अमित शाह ने लोगों से पूछा कि

वे किसको चुनेंगे, मोदी को जो 'पाकिस्तान पर हवाई हमले और सर्जिकल स्ट्राइक करते हैं' या उनको जो 'शाहीन बाग की हिमायत करते हैं'।[6]

जहाँ तक मोदी की बात है, उन्होंने ऐलान किया कि एक फ़ौजी लड़ाई में पाकिस्तान को हराने में भारत को सिर्फ़ दस दिन लगेंगे।[7] अब तक जो बातें कही जा रही थीं, उनको देखते हुए लग सकता है कि पूरे मामले में यह एक बेमेल बात थी। लेकिन ऐसा नहीं है। यह उनकी चालाक तरकीब थी जिससे उन्होंने आन्दोलनकारियों और पाकिस्तान के बीच एक रिश्ता जोड़ने की कोशिश की। पूरा मुल्क सहमा हुआ है, और भी ख़ून-ख़राबों का अन्देशा है, शायद जंग न हो जाए।

भारत ने जब बहुसंख्यकवादी हिन्दू राष्ट्रवाद को अपना लिया है, जो फ़ासीवाद का ही एक दूसरा नाम है, तो कई उदारवादी और यहाँ तक कि कम्युनिस्ट भी इसे इसके असली नाम से बुलाने में संकोच कर रहे हैं। इसके बावजूद कि आरएसएस के विचारक खुलेआम हिटलर और मुसोलिनी पर फिदा हैं, और अब तो भारत में एक स्कूली किताब के कवर पर दुनिया के महान नेताओं में गांधी और मोदी के साथ हिटलर की तस्वीर भी छप गई है।[8] इसे फ़ासीवाद कहने पर जो मतभेद है, उससे यह सवाल खड़ा होता है कि आप फ़ासीवाद को फ़ासीवाद क्या तभी कहेंगे जब एक पूरे महादेश को तबाह कर दिया जाए और लाखों लोगों को गैस चैंबरों में मार दिया जाए, या फिर आप मानते हैं कि फ़ासीवाद एक विचारधारा है जिसने उन ख़ौफ़नाक जुर्मों को जन्म दिया—कि यह ऐसी विचारधारा है जो उन जुर्मों को जन्म दे सकती है—और यह कि जो लोग इस विचारधारा पर अमल करते हैं वे फ़ासीवादी हैं।

मैं थोड़ी देर के लिए अपने व्याख्यान के उपशीर्षक 'फेक न्यूज़ के दौर में क़िस्सागोई' पर आती हूँ। फेक न्यूज़ या फ़र्ज़ी

ख़बरें उतनी ही पुरानी हैं जितनी कि क़िस्सागोई, और अक्सर ये दोनों एक ही चीज़ हो सकती हैं। फ़र्ज़ी ख़बरें वह बुनियादी ढाँचा है, वह मचान है, जिसके ऊपर लुभावनी नाराज़गी का पलीता लपेटा जाता है और जो फ़ासीवाद की आग को सुलगाने का काम करता है। यह मचान जिस ज़मीन पर खड़ी होती है वह फ़र्ज़ी इतिहास की ज़मीन है, और यह शायद फ़र्ज़ी ख़बरों का सबसे पुराना रूप है। हिन्दू राष्ट्रवादी जिस इतिहास की गप्पें हाँकते हैं, जिसमें बनावटी बहादुरी और पीड़ित होने की अतिरेकपूर्ण बातों की एक मामूली-सी कहानी होती है, जिसमें इतिहास एक मिथक बन जाता है और मिथक इतिहास में बदल दिया जाता है। इस इतिहास की असलियत को गम्भीर विद्वानों ने बहुत मेहनत के साथ उजागर किया है और इसे नकारा है। लेकिन यह कहानी गम्भीर विद्वानों के लिए कभी नहीं बनाई गई थी। यह उन लोगों के लिए बनाई गई थी, जिन तक गम्भीर विद्वान पहुँचने की शायद उम्मीद भी नहीं कर सकते। हम इसका मज़ाक़ उड़ाते हुए इस पर भले हँस लें, यह एक महामारी की तरह फैल रही है और लोगों की कल्पनाओं में फल-फूल रही है। मानो यह दिमाग़ को मुर्दा कर देने वाली कोई बीमारी हो। इस पूरे ताने-बाने में एक कहीं अधिक गहरी, कहीं अधिक बेचैन कर देने वाली चीज़ भी काम कर रही है जिसके बारे में यहाँ मैं ज़्यादा विस्तार से बात नहीं कर सकती, लेकिन मैं उसकी तरफ़ इशारा करूँगी। मैं जो कहने जा रही हूँ, अगर आपको उससे हैरानी हो तो आप जानिए कि मैंने उनके बारे में विस्तार से एक किताब द *डॉक्टर एंड द सेंट* में लिखा है।[9]

हिन्दू राष्ट्रवाद और हिन्दू श्रेष्ठता की सनक की बुनियाद में वर्णाश्रम धर्म का सिद्धान्त, जाति-व्यवस्था है, जिसे जाति-विरोधी परम्परा में ब्राह्मणवाद कहा जाता है। ब्राह्मणवाद समाज को एक सीढ़ीदार ऊँच-नीच के दर्जे में बाँटता है जिसे ईश्वर

का विधान बताया जाता है। इसमें सब कुछ इसी ऊँच-नीच के आधार पर तय होता है : शुद्धता और गंदगी (प्रदूषण), अधिकार और कर्तव्य, और ख़ानदानी पेशे। इस सीढ़ी में सबसे ऊपर हैं ब्राह्मण, जो शुद्धता का साकार रूप माने जाते हैं, सारे अधिकार उन्हीं से निकलते हैं। सबसे नीचे हैं 'अवर्ण'—दलित, जिन्हें कभी 'अछूत' नाम से जाना जाता था, जिनको इनसानी हैसियत भी नहीं दी जाती, जिन्हें घेरकर अलग-थलग बस्तियों में रखा जाता है, जो सदियों से ऐसे जुल्म सहते आए हैं जो कल्पना से बाहर हैं। इनमें से कोई भी दर्जा एकरस नहीं है, हरेक दर्जे में ऊँच-नीच की अपनी भरी-पूरी, दुनिया बँटी हुई है। बराबरी, भाईचारे या बहनापे के उसूलों से जाति-व्यवस्था को दुश्मनी अभिशाप है। इसलिए यह देखना मुश्किल नहीं है कि यह विचार कितनी आसानी से 'मालिक नस्ल' के फ़ासीवादी विचार में ढल जाता है, जो पहले से ही इनसानों को एक ईश्वर के विधान के रूप में पैदाइशी तौर पर दूसरों से बेहतर या कमतर मानती हो। सदियों से इसी ब्राह्मणवाद के अत्याचारों से बचने के लिए दलितों और मातहत जातियों के लाखों लोगों ने इस्लाम, सिख या ईसाई धर्म अपनाए। इसलिए, हिन्दू बहुसंख्यकवाद की राजनीति और अल्पसंख्यकों पर इसके द्वारा किए जाने वाले जुल्मों में जाति का सवाल भी बारीकी से जुड़ा हुआ है। आज भी जाति ही है जो भारतीय समाज के क़रीब-क़रीब हरेक पहलू को चलाने वाला इंजन भी है और उसूल भी। और ऐसा होने के बावजूद कई सारे मशहूर लेखकों, इतिहासकारों, दार्शनिकों, समाजशास्त्रियों और फ़िल्मकारों ने भारत में ऐसा लाजवाब काम पेश किया है (जिन्हें देश में और अन्तरराष्ट्रीय स्तर पर काफ़ी तारीफ़ और इनाम भी मिलते हैं), जिसमें जाति या तो पूरी तरह नदारद है या फिर महज़ फुटनोट बनकर रह गई है। मैं इसको भी फ़र्ज़ी इतिहास ही कहूँगी। यह आँखों पर पट्टी बाँधने, और

चीज़ों को अनदेखा करने की महान परियोजना है।

इसकी एक बेहतरीन मिसाल सर रिचर्ड एटेनबरो की ऑस्कर जीतने वाली फ़िल्म *गांधी* है, जिसमें भारत सरकार ने भी पैसा लगाया था। फ़िल्म दक्षिण अफ्रीका में गांधी के बिताए दौर और काले अफ्रीकी लोगों के ख़िलाफ़ उनके रवैये के बारे में इस हद तक ग़लत बातें पेश करती है कि यह झूठी बन गई है। क़रीब-क़रीब उतनी ही परेशान करने वाली बात डॉ. भीमराव आंबेडकर की ग़ैरमौजूदगी है, जो भारत में गांधी जितनी या उनसे भी बड़ी शख़्सियत हैं। महाराष्ट्र से आने वाले एक दलित आंबेडकर ने गांधी को नैतिक, राजनीतिक और बौद्धिक चुनौती दी थी। उन्होंने हिन्दू धर्म और इससे जुड़े हुए जातीय भेदभाव को नकारा और हिन्दू धर्म को छोड़कर बौद्ध धर्म अपनाते हुए दलितों को एक राह दिखाई। दोनों शख़्सियतें ग़ैरमामूली थीं, और उनके बीच के विवाद ने आज हमारी सोच को बनाने में भारी भूमिका अदा की है। जहाँ जाति को लेकर गांधी के विचार हिन्दू दक्षिणपंथियों के विचारों से बहुत अलग नहीं थे, वहीं भारत में मुसलमानों की जगह के बारे में उनके विचार हिन्दू दक्षिणपंथियों के उलट थे। आख़िरकार इसी वजह से आरएसएस के एक पूर्व सदस्य (कुछ का कहना है कि वह तब भी सदस्य था) ने उनकी हत्या कर दी।[10] जब गांधी के गुणगान वाली, और गम्भीर रूप से उनका एक झूठा मिथक खड़ी करने वाली और आंबेडकर को इससे एकदम ही ग़ायब कर देने वाली, सरकार की आर्थिक सहायता से (कांग्रेसी सरकार की आर्थिक सहायता से) बनी लाखों डॉलर वाली इस आडंबरपूर्ण फ़िल्म की बुनियाद पर अभी भी दुनिया-भर में गांधी और भारत की आज़ादी के आन्दोलन के बारे में राय बनाई जाती है, तब इसका क्या मतलब निकलता है? सही है कि यह फ़िल्म काफ़ी पहले बनी थी, लेकिन ग़लतियाँ सुधारने की कोशिश तो कहीं नहीं दिखती, कहाँ हैं वो भव्य फ़िल्में जो

कम-से-कम, सच्चाई बयान करने की कोशिश ही करें? कहाँ हैं कबीर, रविदास, आंबेडकर, पेरियार, अय्यनकली, पंडिता रमाबाई, जोतिबा, सावित्रीबाई फुले और सदियों से जाति के ख़िलाफ़ लड़ने वाले लोगों पर बनी भारी-भरकम फ़िल्में? भारत में ऐसे उदारवादी हैं जो ब्रिटिश लोगों को इसके लिए फटकार लगाते हैं कि उन्होंने अपनी इतिहास की किताबों से ब्रिटिश उपनिवेशवाद को बाहर रखा, लेकिन जब जाति-व्यवस्था की बात आती है तो वे ठीक यही ग़लतियाँ ख़ुद दोहराते हैं।

दक्षिण अफ्रीका में गांधी ने प्रभुत्वशाली जाति के पैसेंजर इंडियंस (सवारी भारतीयों) को उत्पीड़ित जाति के बँधुआ मज़दूरों और काले अफ्रीकियों से अलग करने की कोशिश की, जिन्हें वे अक्सर 'क़ाफ़िर' और 'असभ्य' कहकर बुलाते थे। यह अभियान कई बरसों तक चलता रहा। 1894 में नाटाल लेजिस्लेटिव असेंबली को एक खुले ख़त में उन्होंने लिखा कि भारतीय और अंग्रेज़ लोग दोनों 'एक ही प्रजाति से निकले हैं जिन्हें इंडो-आर्यन कहा जाता है'।[11] आज भी अनेक प्रभुत्वशाली सवर्ण हिन्दुओं को इसी का झूठा गर्व है। वे ख़ुद को आर्यों की विजेता नस्ल के वंशजों के रूप में देखना पसन्द करते हैं। (गोरी चमड़ी को लेकर उनके जुनून और गहरे रंग की चमड़ी से उनके डर की वजहें इसमें देखी जा सकती हैं।) और इसके बावजूद, जब मुसलमानों का सवाल आता है, तो फ़ौरन वे हिन्दू भूमि की मिट्टी के पैदाइशी बेटे बन जाते हैं, और मुसलमानों और ईसाइयों को 'विदेशी' बताने लगते हैं।

हमारे पक्के हिन्दू फ़ासीवादियों के लिए, जिन्हें संघ परिवार के नाम से जाना जाता है, मुसलमान ऐसे 'अन्दरूनी दुश्मन' हैं जिनकी असली वफ़ादारी भारत के बजाय किसी और देश के प्रति है। भले दिल वाले कई उदारवादी लोग मुसलमानों को खुले दिल से लेते तो हैं, लेकिन उसी तरह जैसे मेहमानों को

लिया जाता है। इसलिए उनसे उम्मीद की जाती है कि वे अच्छा बरताव करेंगे। अपने साथी नागरिकों पर ऐसी ज़िम्मेदारी थोपना एक घटिया हरकत है। यह ऐसा ही है कि औरतों को तभी अधिकार दिए जाएँ जब वे अच्छी बनने का वादा करें—अच्छी माँएँ, बहनें, बीवियाँ और बेटियाँ। यहाँ तक कि बहुत ईमानदार, प्रगतिशील लोग भी मुसलमान-विरोधी बातों की काट करते हुए यह बताने लगते हैं कि मुसलमान बहुत देशभक्त हैं। अनेक उदारवादी, जिनमें ख़ुद कुछ मुसलमान भी हैं, मुसलमानों के बारे में बताते हैं कि उनका भारतीय बनना कोई इत्तेफ़ाक़ नहीं था, बल्कि उनका 'फ़ैसला' था। जिसका मतलब यह है कि उन्होंने 1947 में बँटवारे के बाद पाकिस्तान जाने के बजाय भारत में रहने का फ़ैसला किया। कइयों ने किया, कइयों ने नहीं किया और कइयों के लिए यह विकल्प मौजूद ही नहीं था। लेकिन भारतीय मुसलमानों को ऐसे अवाम के रूप में दिखाना जो 'फ़ैसला' करके या अपनी 'पसन्द से' भारत में रह रहा है, एक ख़तरनाक दलील है। इससे एक पूरी आबादी के बारे में एक झूठा नज़रिया बनता है, जिसमें इस बात का इशारा छुपा हुआ है कि इस धरती से उनके जुड़ाव में कोई कमी है, और मुसलमान लोग किसी और जगह पर भी रह सकते थे। यह सीधे-सीधे अच्छे मुसलमान और बुरे मुसलमान, या मुसलमान देशभक्त और मुसलमान जिहादी की खड़ी की हुई ग़लत बाइनरी को ही मज़बूत करता है। और अनचाहे ही यह एक पूरी आबादी को एक ऐसी भूलभुलैया में फँसा देता है, जहाँ सिर्फ़ अपने वजूद भर को क़ायम रखने के लिए उन्हें जीवन-भर झंडे लहराते रहने और संविधान का पाठ करने की ज़रूरत पड़ती है। यह अनचाहे ही हिन्दू राष्ट्रवादियों के घिनौने तर्क को भी मज़बूत करता है : मुसलमानों के पास इतने सारे मुल्क हैं, हिन्दुओं के पास बस एक भारत ही है। इसी का सीधा अंजाम है : 'पाकिस्तान चले जाओ' जिसे मुसलमानों को

और हिन्दू राष्ट्रवादियों के नज़रिये को चुनौती देने वाले लोगों को सुनाया जाता है।[12]

पाकिस्तान, बांग्लादेश और भारत की जड़ें सामाजिक, सांस्कृतिक और भौगोलिक रूप से आपस में जुड़ी हुई हैं। आप हिन्दू राष्ट्रवादियों के तर्क को पलट दें और कल्पना करें कि बांग्लादेश और पाकिस्तान में रहने वाले करोड़ों हिन्दुओं के लिए इसका क्या मतलब निकलेगा। भारत में हिन्दू राष्ट्रवाद और मुसलमानों का अलगाव इन अल्पसंख्यकों को बेहद असुरक्षित बनाता है। नया नागरिकता संशोधन अधिनियम पाकिस्तान, अफ़ग़ानिस्तान और बांग्लादेश में सताए जा रहे ग़ैरमुसलमान अल्पसंख्यकों का स्वागत करने का दिखावा करता है, और इसी में यह अजीबोग़रीब इशारा भी छुपा है कि इन मुल्कों में किसी मुसलमान पर कोई जुल्म नहीं होता। लेकिन ज़्यादा मुमकिन है कि इस अधिनियम से इन अल्पसंख्यकों को ख़तरा बढ़ जाए। इस पार कहे जा रहे 'पाकिस्तान चले जाओ!' के जवाब में मुमकिन है उस पार से 'भारत चले जाओ!' की बात उठने लगे। इन पूरी आबादियों को इस तरह अस्थिर करने के नतीजे में एक नस्ली क़त्लेआम भी मुमकिन है। हम इससे बख़ूबी वाक़िफ़ हैं। हम इसे भुगत चुके हैं। हम 1947 के ख़ूनख़राबे से गुज़रे हैं। यह मान लेना बहुत बड़ी ग़लती होगी कि भारत की मौजूदा हुकूमत, जो बेरहमी की किसी भी हद तक जा सकती है, यह हुकूमत किसी के भी हाथों किसी के सताए जाने को लेकर जरा भर फ़िक्रमंद होगी, चाहे वो हिन्दू ही क्यों न हों। असल में, लगता तो यही है कि यह जुल्मों के ही बूते ज़िन्दा रहती है।

यह सब कहने का मतलब यह है कि आज भारत में फ़ासीवाद की नींव, हिन्दू राष्ट्रवाद का नामंज़ूर फ़र्ज़ी इतिहास, एक दूसरी और कहीं अधिक स्वीकार्य लगने वाली एक दूसरी बुनियाद पर क़ायम है। यह कहीं अधिक महारत से गढ़े गए

झूठे इतिहासों का पुलिंदा है, जो जाति की, औरतों की और कई सारे दूसरे जेंडरों की कहानियों को छुपाता है, यह छुपाता है कि कैसे वर्ग और पूँजी की भव्य दास्तान की सतह के नीचे ये सारी कहानियाँ एक-दूसरे से जुड़ी हुई हैं। फ़ासीवाद को चुनौती देने का मतलब इसको चुनौती देना भी है।

कभी-कभी मुझे महसूस होता है कि क़िस्सागोई में इन्हें चुनौती देने की एक अनोखी ख़ासियत है। शायद यह अहसास अपने पेशे से जुड़े लगाव का ही रूप है, जैसे एक सर्जन को सर्जरी में भरोसा होता है। लेकिन मैं ऐसा सोचती हूँ, क्योंकि क़िस्सागोई में ऐसा विस्तार है, ऐसी आज़ादी और फैलाव है, क़ायनात की अपार जटिलताओं को सँभाल पाने की ऐसी क़ाबिलियत है। क्योंकि हरेक इनसान पहचानों का चलता-फिरता झुंड है—एक रूसी गुड़िया जिसमें पहचानों के भीतर पहचानें भरी हुई हैं, इनमें से हरेक की एक-दूसरे से अदला-बदली की जा सकती है। इनमें से हरेक बड़े अजीबोग़रीब तरीक़ों से उन परम्पराओं को उलट सकती हैं या कबूल कर सकती हैं, जिन्हें 'सामान्य' कहा जाता है। ये वे 'सामान्य' परम्पराएँ हैं, जिनके ज़रिये बड़े अनगढ़ तरीक़े से और अक्सर बेरहमी से लोगों की परिभाषा तय की जाती है, वे पहचाने जाते हैं, संगठित किए जाते हैं। ख़ासकर भारत में हमारे इस सामंती, मध्यकालीन समाज में, जो आधुनिक होने का दिखावा कर रहा है, लेकिन जहाँ दुनिया के सामाजिक ऊँच-नीच की सबसे बेरहम रस्मों में से एक पर अमल जारी है।

मैं जब क़िस्सागोई की बात कर रही हूँ तो मेरा मतलब ब्योरों या पर्दाफ़ाश करने वाले लेखन से नहीं है, न ही मैं क़िस्सागोई को सामाजिक बुराइयों को सुधारने के अर्थ में लेती हूँ। मेरा मतलब ऐसी क़िस्सागोई से भी नहीं है जो एक छुपा हुआ घोषणापत्र हो, या किसी ख़ास मुद्दे या मौज़ूँ के बारे में

लिखा गया हो। मेरा मतलब ऐसी क़िस्सागोई से है जो एक जानी-पहचानी क़ायनात की रचना करती हो, लेकिन उन सारी चीज़ों को निगाहों के सामने रख देती हो जिनको अनदेखा करने की परियोजना छुपाना चाहती है।

अनदेखा करने की परियोजना रहस्यमय तरीक़ों से काम करती है। यह बड़ी-बड़ी तारीफ़ों की लुभावनी शक्ल में सामने आ सकती है। मिसाल के लिए, बीस से भी अधिक साल पहले छपे मेरे पहले उपन्यास, द *गॉड ऑफ़ स्मॉल थिंग्स* में जाति की सरहदों के पार जाती यौन और भावनात्मक चाहतें, और जाति और कम्युनिज़्म के बीच रिश्ता केन्द्रीय विषय हैं। इस उपन्यास के शायराना लहजे, इसके बिम्बों, इसकी बनावट, बच्चों के मन की इसकी समझ—इन सबके बारे में काफ़ी कुछ कहा गया है। लेकिन केरल को छोड़ दें तो, जहाँ इस उपन्यास को बहुत अच्छे से समझा गया और इसलिए इसे कुछ-कुछ अदावत का सामना भी करना पड़ा, जाति के सवाल को आमतौर पर नज़रअन्दाज़ कर दिया जाता है, या फिर एक वर्गीय सवाल के रूप में लिया जाता है। मानो अम्मू और वेलुता लेडी चैटरली और ऑलिवर मेलर्स हों। इस तरह तो भारतीय समाज के बारे में कुछ भी नहीं समझा जा सकता। बेशक जाति और वर्ग एक-दूसरे में आवाजाही करते हैं, लेकिन वे एकसमान नहीं हैं। भारत की अनेक कम्युनिस्ट पार्टियों को इतनी देर से अब जाकर यह बात समझ में आ रही है और वे इसका ख़मियाज़ा भी भुगत रही हैं।

जिस वक़्त मैंने द *मिनिस्ट्री ऑफ़ अटमोस्ट हैपीनेस* लिखना शुरू किया, उपमहाद्वीप में चीज़ें जिस तरफ़ जा रही थीं, वह सचमुच चिन्ताजनक था। भारत और पाकिस्तान परमाणु ताक़त बन गए थे, जिसके चलते कश्मीर परमाणु जंग की एक संभावित वजह बन गया। (मुझे अन्देशा है कि जिस तरह फ़ासीवाद को तब तक फ़ासीवाद नहीं कहा जाएगा जब तक यातना शिविरों में

लाखों लोगों को गैस देकर मार न दिया जाए, उसी तरह परमाणु ख़तरे को भी तब तक गम्भीरता से नहीं लिया जाएगा जब तक इसके लिए काफ़ी देर न हो चुकी हो।) भारत में पहले जिस बाज़ार को संरक्षण हासिल था, अब वह अन्तरराष्ट्रीय पूँजी के लिए खोल दिया गया था। नवउदारवादी आर्थिक मसीहा और हिन्दू राष्ट्रवादी एक ही रथ पर सवार होकर गाँवों-क़स्बों में पहुँचने लगे, इन रथों में जुते दहकते हुए भगवा घोड़ों पर चित्तियों की जगह डॉलर के निशान थे। इसके चलते हुआ यह कि जब हमारी सारी ऊर्जा नफ़रत की आग बुझाने की कोशिशों में ख़र्च हो रही है, जहाँ इनसानों को इनसानों के ख़िलाफ़ खड़ा कर दिया गया है, हमारे जंगल और नदियाँ दम तोड़ रही हैं, हमारे पहाड़ों को बिखेरा जा रहा है, हमारी बर्फ़ की चोटियाँ पिघल रही हैं, और भारतीय अर्थव्यवस्था तेज़ी से गिर रही है, देश के तिरसठ सबसे अमीर लोगों की दौलत उससे भी अधिक है, जितनी 1.3 अरब की आबादी वाले इस मुल्क का सालाना बजट खर्च होता है। अब तक तो हालात यही हैं।[13]

ऐसे हालात हों तो कोई कैसे लिखता है? कोई क्या लिखता है?

अमूमन तो मेरे उपन्यासों के लोग मुझे सिखाते हैं कि मुझे कैसे सोचना चाहिए और क्या लिखना चाहिए। यह मैं उन्हीं पर छोड़ देती हूँ।

आपके लिए द *मिनिस्ट्री ऑफ़ अटमोस्ट हैपीनेस* के दूसरे अध्याय का यह हिस्सा पेश करती हूँ : अंजुम और उसका दोस्त और कारोबार में साझीदार सद्दाम हुसैन जन्नत गेस्ट हाउस की छत पर हैं। उनका दिन आलस में गुज़रा है, वे चाय पी रहे हैं और आसमान में चक्कर काटती पतंगों को देख रहे हैं। अंजुम पचास पार कर चुकी है और बरसों से क़ब्रिस्तान में रह रही है। अभी-अभी उसने नौजवान सद्दाम हुसैन को बताया है कि उसे मालूम था कि वह असल में एक मुसलमान नहीं है। सद्दाम

उसे अपनी कहानी बताना शुरू करता है। वह हरियाणा के एक गाँव में दलित चमारों के एक परिवार में पैदा हुआ था। उसके माँ-बाप ने उसका नाम रखा दयाचंद। फिर एक ख़ौफ़नाक घटना के बाद वह अपने घर से भाग जाता है। यह वाक़या एक सचमुच की घटना पर आधारित है, जिसमें एक हिन्दू भीड़ ने पाँच दलितों को पीट-पीटकर मार डाला था। ग़ुस्से और अपमान से भरे दयाचंद ने हिन्दू धर्म छोड़कर इस्लाम कबूल कर लिया। उन्होंने इराक़ के सद्दाम हुसैन का वीडियो देखा था, जिसमें वे अपने जल्लादों का सामना भी संजीदगी से करते हैं। प्रेरणा पाने के लिए अपने मोबाइल फ़ोन पर यह वीडियो वो कभी-कभी देख लेता है। इसी वीडियो की कशिश में दयाचंद ने अपना नाम सद्दाम हुसैन रख लिया था।

सद्दाम का इस्लाम कबूल करना हमारे समय में एक ग़ैरमामूली बात है। लेकिन अभी पिछले ही साल तमिलनाडु के एक गाँव के तीन हज़ार दलितों ने अपने इरादे का ऐलान किया कि वे इस्लाम कबूल कर लेंगे। जून में यह गाँव एक नौजवान जोड़े की 'ऑनर किलिंग' (इज़्ज़त के नाम पर हत्या) से सकते में आ गया था, जिसमें एक दलित लड़की और एक ग़ैर दलित लड़के को लड़के के भाई ने मार डाला था। इसी गाँव में प्रभुत्वशाली जातियों ने एक पहाड़ी पर एक दीवार बना रखी थी। यह एक जातीय दीवार थी, जो पहाड़ी के नीचे बसे दलित टोले को बाक़ी के गाँव से अलग करती थी। दिसम्बर की एक रात यह दीवार नीचे की झोंपड़ियों पर गिर गई और सत्रह लोग मारे गए। यह एक अस्थिर और असुरक्षित रूप से बनी हुई दीवार थी और लोगों ने इसका विरोध किया था लेकिन कोई असर नहीं पड़ा। इसकी ख़बर रवि चंद्रन ने दी जो एक दलित ब्लॉग और यूट्यूब चैनल 'दलित कैमरा : थ्रू अन-टचेबल आईज़' के संस्थापक हैं। उन्होंने भी इस्लाम

कबूल कर लिया है। अब उनका नाम रईस मुहम्मद है।[14]

एक ऐसे समय में जब सियासी बहसें दलितों के 'हिन्दूकरण' की इतराती हुई बातों से भरी हुई हैं, और ठीक ऐसे समय जब मोदी सरकार मुसलमानों को पूरी तरह कमज़ोर करने और उनकी नागरिकता ख़त्म करने की कोशिश कर रही है, तीन हज़ार दलितों का इसलाम धर्म अपनाना सचमुच एक सियासी धमाका होगा। सिर्फ़ इसी एक मिसाल की बुनियाद पर कहें, तो हम आंबेडकर द्वारा अपने लोगों से हिन्दू धर्म छोड़ने का आह्वान करने पर कोई सवाल कैसे कर सकते हैं?

लेकिन द *मिनिस्ट्री ऑफ़ अटमोस्ट हैपीनेस* के इस नौजवान सद्दाम हुसैन ने यह क़दम कई साल पहले उठाया था। वह अंजुम को अपनी कहानी सुनाने वाला है। इस कहानी में भगवा सुग्गे हिन्दू हत्यारे गिरोहों को कहा गया है, जो अक्सर सिर पर भगवा पट्टियाँ बाँधकर निकलते हैं :

> 'तो हम लोग जाते और लाशें उठाते, उनकी खाल उतारते और उनसे चमड़ा बनाते...यह मैं सन् 2002 की बात कर रहा हूँ। मैं तब स्कूल में था। तुम्हें बेहतर पता है कि तब क्या चल रहा था...कैसा था...तुम्हारे साथ हादसा फ़रवरी में हुआ, मेरे साथ नवम्बर में। दशहरे का दिन था। गाय उठाने के लिए जाते हुए हम रामलीला मैदान से गुज़रे जहाँ उन्होंने राक्षसों के बड़े-बड़े पुतले बना रखे थे...रावण, मेघनाद, कुंभकर्ण, तीन-तीन मंज़िला इमारतों जितने ऊँचे पुतले—शाम को उनको जलाना था।'

पुरानी दिल्ली के किसी मुसलमान को दशहरे के बारे में बताने की ज़रूरत नहीं थी। यह तुर्कमान गेट के ठीक बाहर रामलीला मैदान में हर साल मनाया जाता था। हर साल लंका के दस सिरों वाले 'राक्षस' राजा रावण, उनके

भाई कुंभकर्ण और उनके बेटे मेघनाद के पुतले साल दर साल ऊँचे होते जाते थे, उनमें भरे पटाखे भी बढ़ते जाते थे। हर साल रामलीला में आक्रामकता बढ़ती जाती थी और इसी के साथ बढ़ता जाता था इसके लिए मिलने वाला चंदा भी। हिन्दुओं को यक़ीन था कि अयोध्या के राजा राम के हाथों लंका की लड़ाई में रावण की हार की यह कहानी बुराई पर अच्छाई की जीत की कहानी है। कुछ साहस रखने वाले विद्वान यह कहने लगे थे कि रामलीला सचमुच में एक इतिहास था, जिसे मिथक में बदल दिया गया था। वे कहते कि ये बुरे राक्षस गहरे रंग वाले द्रविड़ (मूल निवासी शासक) थे और उन्हें हराने वाले हिन्दू देवता आर्य हमलावर थे (जिन्होंने मूल निवासियों को 'अछूत' और अन्य उत्पीड़ित जातियाँ बना दिया जो नए शासकों की सेवा में अपना जीवन लगा देंगे)। वे गाँवों में चलने वाले कर्मकांडों की तरफ़ ध्यान दिलाते हैं, जिनमें रावण की भी पूजा होती है, जिन्हें हिन्दू धर्म में राक्षस माना गया था। लेकिन नई हुकूमत में आम लोगों को यह जानने के लिए किसी विद्वान की ज़रूरत नहीं थी (चाहे वे इसे साफ़-साफ़ न भी कहें) कि तेज़ी से बढ़ते जा रहे सुग्गा राष्ट्र में पोथियों में जो भी लिखा हो, भगवा सुग्गों की बोली में बुरे राक्षस सिर्फ़ मूल निवासी लोग ही नहीं, बल्कि हर वह शख़्स था जो हिन्दू नहीं है। और बेशक इसमें शाहजहानाबाद के शहरी भी शामिल थे।

जब विशाल पुतलों में आग लगाई जाती, तो धमाके की आवाज़ पुराने शहर की तंग गलियों को दहला देती। और इसमें किसी को कोई सन्देह नहीं था कि ऐसा किस मक़सद से किया जाता है।[15]

आज नागरिकता संशोधन अधिनियम के ख़िलाफ़ चल रहे आन्दोलन के जाने-माने चेहरों में से एक हैं भीम आर्मी (जिसका नाम भीमराव आंबेडकर के नाम पर रखा गया है) के नौजवान दलित राजनेता। वे ख़ुद को चन्द्रशेखर आज़ाद रावण कहते हैं। यह नाम उन्होंने राम के 'राक्षस' दुश्मन रावण के सम्मान में ही नहीं अपनाया, बल्कि वे उनकी शख़्सियत को भी अपनाना चाहते हैं। इसका क्या मतलब है? यह इस बात का साहस-भरा ऐलान है कि कम-से-कम कुछ लोग हैं जो हिन्दू धर्म को—महज़ हिन्दुत्व को नहीं जो हिन्दू राष्ट्रवादी राजनीतिक विचारधारा है, बल्कि हिन्दू धर्म को—उपनिवेशवाद और क्रूर ग़ुलामी का एक रूप मानते हैं। रावण अक्सर अख़बारों के पहले पन्नों पर मौजूद होते हैं, जब वे मुसलमान समुदाय के साथ एकजुटता दिखाते हैं। सरकार इससे नाराज़ होती रहती है। एक दिन देर रात वे दिल्ली की जामा मस्जिद की सीढ़ियों पर जुटे अवाम में शामिल हुए—वह रात 'जय भीम!' और 'इन्क़लाब ज़िन्दाबाद!' के नारों से रोशन रात थी।

एक नाजुक एकजुटता बन रही है, जिसमें मुसलमान और आंबेडकरी, और जोतिबा और सावित्रीबाई फुले, संत रविदास और बिरसा मुंडा जैसे दूसरे जातिविरोधी नेताओं के मानने वाले एक साथ आ रहे हैं। और इसी में नौजवान वामपंथियों की नई पीढ़ी भी है, जो पुरानी पीढ़ी के उलट, जाति को वर्ग के साथ रखकर दुनिया को देखती है। यह एकजुटता अभी भी बड़ी नाज़ुक है, इसमें अभी भी सचमुच के और विचारों के भेद हैं, अभी भी इनमें शुबहे और नाराज़गियाँ भरी हुई हैं, लेकिन हमारे पास यही अकेली उम्मीद है।

मुश्किल यह है कि यह नाज़ुक साझेदारी अभी पैदा ही हुई है कि इसका दम घोंटा जा रहा है। फेक न्यूज़ की परियोजना का, अपने इतिहास विभाग और समसामयिक ख़बरों वाले डेस्क

समेत, कॉरपोरेटीकरण और बॉलीवुडीकरण हो चुका है, यह टीवी पर है, ट्विटर पर है, नन्हे-नन्हे रूपों में हर जगह है, हथियार बन चुकी है, व्हाट्सऐप पर छाई हुई है, और बिजली की-सी तेज़ी से अपना झूठ हर जगह परोस रही है। यह हमारे आसपास हर जगह है। यह एक मौसम है, जिसे हम मुसीबत की तरह जी रहे हैं। यह हवा है जिसमें हम साँस ले रहे हैं। यह बसंत की ख़ुशबू और सर्दियों की ठिठुरन है। हम यही देखते हैं, यही सुनते हैं, इसी में डूबते-उतराते हैं। यह ख़तरा है। यह वादा है। जब हम सपनों में होते हैं, और जब हम जागते हैं, तो हमारे दिलों को कुचलती रहने वाली मनहूस चक्की यही है। हम इसी पर अपनी प्रतिक्रिया देते हैं और इसी के ख़िलाफ़ लिखते हैं। और यही है जिसकी वजह से लिखना एक ख़तरनाक काम हो गया है, इसके नतीजे में कोई पुरस्कार या अच्छी या बुरी समीक्षाएँ नहीं मिलनीं। हममें से कुछ का हरेक वाक्य, बोला हुआ या लिखा हुआ, सचमुच का या फ़र्ज़ी, हरेक शब्द, हरेक चिह्न, पूरी लिखाई से अलग करके, तोड़-मरोड़ कर एक अदालती नोटिस में, एक पुलिस केस में, भीड़ के एक हमले में, पागलपन से भरे न्यूज एंकरों द्वारा टीवी लिंचिंग में बदला जा सकता है—या जैसा कि पत्रकार गौरी लंकेश और कई कम मशहूर लोगों के मामले में हुआ, हत्या की जा सकती है। गौरी को सितम्बर 2017 में बेंगलुरु में उनके घर के बाहर गोली से मार दिया गया। उन्होंने मुझे जो आख़िर पैग़ाम भेजा था, वह एक फ़ोटो था जिसमें वे *द मिनिस्ट्री ऑफ़ अटमोस्ट हैपीनेस* पकड़े हुए थीं।

अंजामों की फ़ेहरिश्त में हत्या का एक ख़ास मकाम है। इसके अलावा इसमें धमकियाँ, गिरफ़्तारियाँ, पिटाई आती हैं। और अगर आप एक औरत हैं तो फ़र्ज़ी वीडियो और आपको बदनाम करने की कोशिशें—'वह एक वेश्या है, नशे में धुत्त है!'[6] (मैं इनमें से किसी को भी अपमानजनक नहीं मानती।) और

उनकी सबसे पसन्दीदा बात कैसे भूली जा सकती है—'इसका सामूहिक बलात्कार होना चाहिए!' जिन लोगों का थोड़ा नाम है, जैसे कि मैं, उनको बदनाम करने की अजीबोग़रीब तरकीबें हों (या पूरी तरह सच भी हों जैसे कि 'यह औरत हिन्दू नहीं है'), या सभाओं और मंचों पर शारीरिक हमले हों, या फ़र्ज़ी मुक़दमों वाली क़ानूनी परेशानियाँ—ऐसा करके आमतौर पर राजनीतिक कार्यकर्ता तरक़्क़ी पाने के लिए भाजपा के आला कमान का ध्यान खींचने की कोशिश करते हैं। एक क़िस्म की नौकरी की अर्ज़ी। क्योंकि यह बात जानी हुई है कि जिन लोगों ने इस तरह के क़दम उठाए उन्हें अक्सर इनाम दिया गया—पीटने वाली भीड़ से जुड़े लोगों का जश्न मनाया गया है, हत्या के आरोपी कैबिनेट मंत्री बन गए हैं। इसी जज्बे को कायम रखते हुए, द *मिनिस्ट्री* के आने के कुछ दिन पहले एक अच्छे-ख़ासे मशहूर बॉलीवुड अभिनेता और भाजपा सांसद ने मशविरा दिया कि भारतीय सेना को कश्मीर में मुझे किसी जीप पर बाँधकर एक इनसानी ढाल के रूप में इस्तेमाल करना चाहिए, जैसा कि इसने हाल ही में एक आम कश्मीरी के साथ किया था।[17] मुख्यधारा के टीवी चैनलों ने घंटों तक उनकी पेशकश के नफ़े-नुक़सान पर बहस की। आप सोच सकते हैं कि नौकरी खोजने वालों के दिमाग़ में ऐसी बातें कैसे-कैसे रंग ले सकती हैं। लेकिन हमें नरमदिली नहीं खोनी है, क्योंकि भारतीय अर्थव्यवस्था का जो हाल है, आने वाले वक़्त में बस ऐसी ही नौकरियाँ बचेंगी।

यह सब कुछ भी नहीं है, अगर हम भारत में लाखों लोगों की तकलीफ़ों से इसकी तुलना करें। मैंने इसका ज़िक्र सिर्फ़ इसलिए किया कि हम सोच सकें कि लगातार चलने वाला धमकियों का अटूट सिलसिला लेखकों और उनके लेखन को किस क़दर प्रभावित करता है। बेशक, हममें से हरेक की प्रतिक्रिया अलग होती है। अपनी बात कहूँ तो ज्यों-ज्यों दबाव बढ़ता है और

खिड़कियाँ एक के बाद एक बन्द होने लगती हैं, मेरे लिखने वाले दिमाग़ का हर कतरा उन्हें ज़ोर लगाकर फिर से खोलना चाहता है। इससे क्या लेखक ख़ुद में सिमट जाते हैं, या इससे उनका विस्तार होता है? उनकी धार तेज़ होती है या कुंद होती है? मैं सोचती हूँ कि ज़्यादातर लोग मानते हैं कि इससे लेखकों का विस्तार मैं और उनकी कल्पना सीमित हो जाती है। उनकी अन्तरंगता और सोच-विचार के पल उनसे छिन जाते हैं, जिनके बिना एक साहित्यिक रचना का कोई ख़ास महत्त्व नहीं रह जाता। कभी-कभी मैं अनायास सोचने लगती हूँ कि अगर मुझे क़ैद कर दिया जाए या मुझे छुपकर जीना पड़ जाए, तो क्या इससे मेरा लेखन मज़बूत होगा? मैं जो लिखती हूँ, क्या वह अधिक सरल, शायद अधिक शायराना और कम हमलावर हो जाएगा? मुमकिन है। लेकिन अभी, जब हम अपनी खिड़कियों को खुली रखने की जद्दोजहद में लगे हैं, तो मेरा यक़ीन है कि हमारी मुक्ति जिरह करने में ही है। उम्मीद उन रचनाओं में है जो हमारी उलझन, हमारी जटिलता और हमारी सघनता को जगह दें, ज़िन्दा रखें। जबकि फ़ासीवाद का हमला सब कुछ को एक ख़ौफ़नाक रूप से एकरंगा, एकसार बना देने पर तुला हुआ है। तो जब वे अपने सीधे, चिकने राजमार्ग पर लुढ़कते हुए तेज़ी से हमारी तरफ़ बढ़ते हैं, हम मधुमक्खियों के छत्ते जैसी अपनी दुनिया, अपनी भूलभुलैया उनके सामने कर देते हैं। हम अपनी जटिल दुनिया को बरक़रार रखते हैं, जिसमें इसके सारे जोड़ सबकी नज़रों के सामने होते हैं, हमारे लेखन में साँस लेते हुए।

क़रीब बीस बरसों से लेख और क़िस्से (फिक्शन) लिखते हुए, जिसमें हिन्दू राष्ट्रवाद के सफ़रनामे को देखा जा सकता है, यूरोपीय फ़ासीवाद की बुलंदी और तबाही के बारे में बरसों से पढ़ते हुए, मैं सोचने लगी हूँ कि क्यों फ़ासीवाद अलग-अलग इतिहासों और संस्कृतियों में भी इतनी आसानी से पहचान में आ

जाता है। हालाँकि यह किसी भी लिहाज से हर जगह एकसमान नहीं है। ऐसा नहीं है कि सिर्फ़ फ़ासीवादी ही पहचान में आ जाते हैं—वही मज़बूत मर्द, विचारधारात्मक फ़ौज, आर्य श्रेष्ठता का घिनौना सपना, 'अन्दरूनी दुश्मन' को इनसान नहीं मानना और उन्हें अलग-थलग घेराबन्दियों में धकेल देना, भारी-भरकम और बेरहम प्रचार मशीन, फ़र्ज़ी हमले और हत्याएँ, ख़ुशामदी बिजनेसमैन और फ़िल्मी सितारे, विश्वविद्यालयों पर हमले, बुद्धिजीवियों से ख़ौफ़, डिटेंशन कैंपों का भूत, और नफ़रत से भरी हुई वही मुर्दानुमा आबादी जो बस 'हाइल! हाइल! हाइल!' के भारतीय संस्करण का जाप करती रहती है। असल में हम बाक़ी लोग भी पहचान में आ जाते हैं, हम जो थके हुए हैं, आपस में झगड़ते रहने वाले विरोधी हैं, घमंडी, बाल की खाल निकालने वाले वामपंथी, गोल-मोल बातें करने वाले उदारवादी, जो बरसों तक यह सड़क बनाने में मसरूफ़ रहे जिस पर चलकर हम यहाँ पहुँचे हैं, और अब हम उन हैरान-परेशान, भले ख़रगोशों जैसे पेश आ रहे हैं जिन्होंने कभी सोचा भी नहीं था कि खाने की दस्तरख़्वान पर ख़रगोशों का जो शोरबा परोसा जाता है, वह ख़रगोशों को मारकर ही बनता है। और बेशक हम वही भेड़िए हैं, जिन्होंने नेकनीयत लोगों के मशविरों को नहीं माना, और जंगल में उतरकर लगातार, बेकार ही (और अगर वे मादा भेड़िए हुए तो 'कर्कश आवाज़ में', 'हिस्टीरिया में'), डरावने और बदनुमा हो गए चाँद पर चिल्ला रहे हैं। हम सभी को पहचाना जा सकता है।

तो यह सब कहने के बाद, बात यह है कि क्या फ़ासीवाद एक क़िस्म का अहसास है, उस तरह जैसे ग़ुस्सा, डर और प्यार हुआ करते हैं—जो अलग-अलग संस्कृतियों में पहचाने जा सकने वाले तरीक़ों में नमूदार होता है? क्या कोई देश फ़ासीवाद में पड़ जाता है, जिस तरह कोई शख़्स प्यार में पड़ जाता है?

या अधिक सटीक तौर पर कहें जैसे कोई नफ़रत में पड़ जाता है? क्या भारत नफ़रत में पड़ गया है? क्योंकि सचमुच, हवा में जिस अहसास को साफ़ महसूस किया जा सकता है वह बर्बर नफ़रत का अहसास ही है, मौजूदा हुकूमत और इसके हिमायती, आबादी के एक तबके के साथ इसी नफ़रत से पेश आते हैं। और उतना ही साफ़ अहसास अब मुहब्बत का है, जो इसके ख़िलाफ़ उठ खड़ा हुआ है। आप इसे लोगों की निगाहों में देख सकते हैं, आन्दोलनकारियों के गीतों और उनके भाषणों में सुन सकते हैं। यह उन लोगों की लड़ाई है जो इससे वाक़िफ़ हैं कि जो लोग नफ़रत करना जानते हैं उनके ख़िलाफ़ किस तरह सोचा जाए। नफ़रत करने वालों के ख़िलाफ़ मुहब्बत करने वालों की एक लड़ाई। यह लड़ाई बराबरी की नहीं है, क्योंकि मुहब्बत सड़कों पर है और निहत्थी है। नफ़रत भी सड़कों पर है, लेकिन हथियारों से लैस है और एक राज्य की पूरी मशीनरी की हिफ़ाज़त में है।

योगी आदित्यनाथ की हुकूमत वाले उत्तर प्रदेश में हिंसा अभी उस मुकाम के आसपास भी नहीं पहुँची है, जैसी 2002 में मुख्यमंत्री नरेन्द्र मोदी के शासन काल में गुजरात में मुस्लिम विरोधी क़त्लेआम के दौरान हो रही थी। उत्तर प्रदेश अभी तैयार हो रहा है। मोदी के उलट, आदित्यनाथ भी अभी प्रधानमंत्री बनने के लिए तैयार हो रहे हैं। 2017 के जिस चुनाव अभियान ने उन्हें उत्तर प्रदेश में सत्ता तक पहुँचाया, उसे क़ब्रिस्तान बनाम श्मशान अभियान के नाम से जाना जाता है। भाजपा की भड़काऊ बातों में, जिसका नेतृत्व ख़ुद मोदी कर रहे थे, मुसलमानों के क़ब्रिस्तान को हिन्दुओं के श्मशान के ख़िलाफ़ खड़ा किया जा रहा था, और विपक्ष पर इसका इल्ज़ाम लगाया जा रहा था कि उसने मुसलमानों का 'तुष्टीकरण' करने के लिए क़ब्रिस्तान तो ख़ूब बनवाए, श्मशान नहीं बनवाया। 'दफ़नाने और जलाने' को

लेकर इस सनक की जड़ें गहरी हैं। एक पत्रकार ने *तहलका* पत्रिका के लिए, 2002 के गुजरात में क़त्लेआम के सरगनाओं में से एक बाबू बजरंगी का स्टिंग ऑपरेशन किया था, जिसमें उसने अपनी करतूतों और मोदी के साथ अपनी नजदीक़ी के बारे में बताया : 'हमने एक भी मुसलमान दुकान नहीं छोड़ी... हमने हर चीज़ में आग लगा दी, हमने उन लोगों को भी आग लगाई और मार डाला...काटा, जलाया, आग लगाई...क्योंकि ये हरामी कहते हैं कि उन्हें (मरने के बाद) जलाया न जाए, उन्हें डर लगता है।'[18] ये टेप अभी भी ऑनलाइन हैं।

क़त्लेआम के बरसों बाद बाबू बजरंगी को नरोदा पाटिया मुहल्ले में सत्तानवे मुसलमानों की हत्या के मामले में कसूरवार ठहराया गया। उसने जेल में कुछ साल बिताए, लेकिन अब वह बीमारी के आधार पर परोल पर बाहर है। इस क़त्लेआम में उसके कुछ साथी भी बाहर हैं। कुल मिलाकर इस क़त्लेआम में दो हज़ार लोग मारे गए, अपाहिज बनाए गए, उनका बलात्कार हुआ, ज़िन्दा जलाए गए, और एक लाख, पचास हज़ार से अधिक लोगों को उनके घरों से उजाड़ दिया गया। 28 जनवरी, 2020 को सर्वोच्च न्यायालय ने गुजरात क़त्लेआम के दौरान तेईस मुसलमानों को जलाने के आरोप में कसूरवार ठहराए गए चौदह लोगों को अन्तरिम जमानत दे दी।[19] मुख्य न्यायाधीश ने सरकार से कहा कि वह उनके लिए उपयोगी 'सामाजिक और आध्यात्मिक सेवाएँ' खोजे। यहाँ दिक़्क़त यही है कि कई हिन्दू फ़ासीवादियों के लिए, मुसलमानों की जान लेना ही सामाजिक और आध्यात्मिक सेवा है।

2002 क़त्लेआम के बाद, मोदी की लोकप्रियता आसमान छूने लगी। 2014 में जब उन्होंने प्रधानमंत्री पद की शपथ ली तो कई उदारवादी लेखकों, पत्रकारों और जन-बुद्धिजीवियों ने बड़ी ख़ुशी से उनका स्वागत किया कि वे नए भारत के लिए

उम्मीद का साकार रूप हैं। अब कई लोगों का भ्रम टूट गया है, लेकिन यह सब 2014 के बाद से ही शुरू हुआ। क्योंकि उसके पहले के मोदी के कारनामों पर सवाल खड़े करने से ख़ुद अपने ऊपर भी सवाल उठाना पड़ेगा। इसलिए 2002 के गुजरात को तेज़ी से लोगों की यादों से मिटाया जा रहा है। ऐसा नहीं होना चाहिए। इसको इतिहास में और साहित्य में जगह मिलनी चाहिए। अंजुम इस बात को यक़ीनी बनाती है।

द *मिनिस्ट्री* में, अंजुम गुजरात में एक भीड़ से घिर जाती है। वहाँ वह अपने अब्बा के पुराने दोस्त ज़ाकिर मियाँ के साथ गई है, जो पुरानी दिल्ली में सड़क किनारे एक छोटी-सी दुकान चलाकर गुजर-बसर करते हैं। उनका पेशा कम क़ीमत के करेंसी नोटों से बनी नन्ही चिड़ियों से शादी की मालाएँ बनाने का है। दोनों वली दक्कनी नाम के एक शायर के मज़ार पर जियारत करने गए हैं। हफ़्तों बाद हत्याओं का सिलसिला थमने के बाद भी जब दोनों वापस नहीं लौटते तो ज़ाकिर मियाँ का बेटा अपने अब्बा को खोजते हुए गुजरात जाता है। उसे अंजुम एक शरणार्थी शिविर में मिलती है, जिसे मर्दों वाले हिस्से में रहने की दोहरी मुसीबत उठानी पड़ रही है। वह उनके साथ वापस आ तो जाती है लेकिन ज़िन्दगी को पहले की तरह चला पाना उसे मुश्किल लगता है। वह अब पुरानी दिल्ली में ख़्वाबगाह में रहना नहीं चाहती, जहाँ अपने ख़ुद के चुने हुए इस परिवार के साथ वह बरसों तक रही थी। यह उसके जैसे लोगों का परिवार था, जिसे दुनिया ने अलग कर दिया था। उसे ख़्वाबगाह की सख़्त उस्ताद कुलसूम बी के साथ निभाना मुश्किल लगने लगा है। अपनी छोड़ दी गई बेटी ज़ैनब के लिए अच्छी माँ बन पाने में भी उसे मुश्किल हो रही है। इसलिए अंजुम अपना सामान समेटती है और पास के एक क़ब्रिस्तान में चली आती है, जहाँ उसका परिवार दफ़्न है :

क़ब्रिस्तान के उत्तरी सिरे पर नशेड़ियों का झुंड अस्पताल की पुरानी पट्टियों और इस्तेमाल किए गए सिरिंजों के एक अंबार पर सिमटा हुआ था। उनके जरा गहरे साए रात के अँधेरे का ही एक हिस्सा लग रहे थे। उन्होंने अंजुम पर ग़ौर नहीं किया। दक्षिणी हिस्से में बेघर लोग आग के गिर्द झुंड बनाकर बैठे थे और अपना मुट्ठी-भर, धुआँया हुआ खाना बना रहे थे। उनसे ज़्यादा तंदुरुस्त आवारा कुत्ते ज़रा दूरी बनाकर बैठे थे और बड़ी शराफ़त से टुकड़ों का इन्तज़ार कर रहे थे।

ऐसे माहौल में अंजुम आमतौर पर किसी मुसीबत में पड़ सकती थी। लेकिन उसकी तन्हाई ने ही उसकी हिफ़ाज़त की। सामाजिक नियम-क़ायदों से छुटकारा पाकर यह तन्हाई, यह अपने पूरे रुतबे के साथ उठ खड़ी हुई थी—प्राचीरों, बुर्जियों, तहख़ानों और दीवारों वाला एक क़िला, जिससे ऐसी धमक उठती मानो पास आती कोई भीड़ हो। वह उसकी जड़ाऊ कोठरियों में एक फ़रार पनाहगुजीन की तरह घूमती रहती, जो अपने से ही भाग रही हो। उसने भगवा त्रिशूलों पर बच्चों को उठाए हुए, भगवा मुस्कानों वाले भगवा मर्दों के जुलूस को अपने दिमाग़ से उतारने की कोशिश की, लेकिन वह उतर नहीं सका। उसने ज़ाकिर मियाँ की याद को भुलाने की भी कोशिश की, जो बीच सड़क पर मुड़े-कुचले पड़े हुए थे, अपनी कड़क नोटों वाली चिड़ियों की तरह। लेकिन उनकी याद नहीं गई। वे उसी तरह कुचले हुए, बन्द दरवाज़ों से होते हुए, अपनी उड़ने वाली कालीन पर उसके पीछे-पीछे चलते रहे। उसने कोशिश की कि वह उस निगाह को भुला दे, जिससे अपनी आँखों की रोशनी बुझने से पहले उन्होंने उसे देखा था। लेकिन वे

उसे ऐसा करने ही नहीं दे रहे थे।

उसने उन्हें बताने की कोशिश की कि जब उन लोगों ने उनकी बेजान देह पर से उसे हटाया था तो वह बहादुरी के साथ लड़ी थी।

लेकिन वह बख़ूबी जानती थी कि उसने ऐसा नहीं किया था।

बाक़ी सब लोगों के साथ उन लोगों ने जो-जो कुछ किया था, उसने वह सब भी ना-मालूम करने की कोशिश की—कैसे उन्होंने मारकर मर्दों की लाशें बिछाई थीं और औरतों को बेपर्द किया था। और कैसे आख़िरकार उन्होंने उनके जिस्मों को बीच से चीर दिया था और उनमें आग लगा दी थी।

लेकिन उसे मालूम था कि ये बातें उसे मालूम हैं।

वे।

वे, कौन?

न्यूटन की फ़ौज, जिसे बराबर और विपरीत प्रतिक्रिया देने के लिए तैनात किया गया था। इस्पात के पंजों और ख़ूनी चोंचों वाले तीस हज़ार भगवा सुग्गे, सभी एक सुर में चिल्ला रहे थे :

'मुसलमानों का एक ही स्थान! क़ब्रिस्तान या पाकिस्तान!'

मुर्दा होने का नाटक कर रही अंजुम ज़ाकिर मियाँ के ऊपर बिछी हुई थी। एक नक़ली औरत की एक नक़ली लाश। लेकिन सुग्गे, भले ही वे शुद्ध शाकाहारी हों या ऐसा दिखावा कर रहे हों (भर्ती के लिए यह न्यूनतम योग्यता थी), खोजी कुत्तों जैसे सलीक़े और हुनर के

साथ हवा को सूँघ लेते थे। और बेशक उन्होंने उसे खोज निकाला। तीस हज़ार आवाज़ें एक साथ बजीं, उस्ताद कुलसूम बी के बीरबल* की नक़ल करते हुए बोलीं :

'अय हय! साली रंडी हिजड़ा! साली मुसलमान हिजड़ा!'

एक दूसरी आवाज़ आई, ऊँची और घबराई हुई, एक दूसरा सुग्गा बोला :

'नहीं यार, मत मारो, हिजड़ों को मारना अपशगुन होता है।'

अपशगुन!

उन हत्यारों को किसी से डर नहीं लगता था, अपशगुन से लगता था। आख़िरकार इसी अपशगुन को भगाने के लिए तो उन अँगुलियों में शगुनी पत्थरों से जड़ी हुई सोने की मोटी अँगूठियाँ सजी हुई थीं, जिन्होंने बेरहम तलवारें और चमकते हुए छुरे थाम रखे थे। आख़िर अपशगुन को ही भगाने के लिए तो स्नेह से भरी माँओं ने कलाइयों में प्यार से पूजा के लाल धागे बाँधे थे, जो अब लोहे के सरिये लहरा रही थीं और लोगों की जान ले रही थीं। अब इतने सारे उपाय करने के बाद भी, क्या फ़ायदा अगर जानबूझकर अपशगुन को दावत दी जाए?

तो वे उसके चारों तरफ़ खड़े रहे और उसे नारा लगाने पर मजबूर किया।

वह नारे लगाती है। रोती हुई, काँपती हुई, यह अपमान उसके बुरे से बुरे सपनों से भी बदतर था।

भारत माता की जय! वंदे मातरम्!

---

* बीरबल उस्ताद कुलसूम बी का बदज़ुबान पालतू सुग्गा है।

> उन्होंने उसे ज़िन्दा छोड़ दिया। बिना मारे। बिना ज़ख़्म दिए। न तहबन्द, न बेपर्द। सिर्फ़ उसको। ताकि उनकी क़िस्मत बनी रहे।
>
> हत्यारे की क़िस्मत।
>
> इतनी भर थी वह। और जितने दिन वह जीती रही, उतनी क़िस्मत उन लोगों को हासिल होती रही।
>
> अपने निजी क़िले में चक्कर काटते हुए उसने इस जरा सी बात को ना-मालूम करने की कोशिश की। लेकिन नाकाम रही। वह बख़ूबी जानती थी कि वह बख़ूबी जानती थी कि वह बख़ूबी जानती थी।
>
> सर्द आँखों और सिंदूर सने ललाट वाला मुख्यमंत्री अगला चुनाव जीत जाएगा। केन्द्र में कवि-प्रधानमंत्री की सरकार गिरने के बाद भी, वह गुजरात में चुनाव दर चुनाव जीतता रहा। कुछ लोगों का मानना था कि उसे जनसंहार के लिए ज़िम्मेदार ठहराया जाना चाहिए, लेकिन उसके वोटर उसको गुजरात का लल्ला कहते थे।[20]

अंजुम इस क़ब्रिस्तान में बरसों तक रहती है, पहले एक 'लुटे-पिटे, जंगली प्रेत की मानिंद, यहाँ बसने वाले हरेक जिन्न और रूह को दहशत में डालती हुई, लाशें दफ़नाने आए उन ग़मज़दा परिवारों के सामने पड़कर अचानक ही चौंका देने वाली, और उस वक़्त उस पर इस क़दर ग़म हावी होता, इतना बेधड़क, बेलगाम ग़म के साथ कि उसके आगे उन लोगों का ग़म भी फीका पड़ जाता।'[21] धीरे-धीरे वह इससे उबरती है और अपने लिए एक घर की तामीर करने लगती है, जिसमें हर कमरा एक क़ब्र के ऊपर बना है। आख़िरकार यही जन्नत गेस्ट हाउस बन जाता है। नगर निगम के अधिकारी जब कहते हैं कि क़ब्रिस्तान

पर क़ब्ज़ा करके उसमें रहना ग़ैरक़ानूनी है और धमकी देते हैं कि वे इसे गिरा देंगे, तो वह उन्हें कहती है कि वह क़ब्रिस्तान में जी नहीं रही है, वह इसमें मर रही है। जन्नत गेस्ट हाउस फलने-फूलने लगता है जब सद्दाम हुसैन अपनी घोड़ी पायल के साथ वहाँ रहने आता है। वह पहले मुर्दाघर में काम कर चुका था, वाचमैन था और अब उसने एक छोटा-सा धंधा शुरू किया है। और जब अंजुम के पुराने दोस्त, अंधी आँखों वाले इमाम ज़ियाउद्दीन भी रहने आ जाते हैं, तो यह पूरा कारोबार बढ़कर जन्नत गेस्ट हाउस और फ्यूनरल सर्विसेज़ बन जाता है। मेहमानख़ाने और कफ़न-दफ़्न की सेवाएँ पूरी तरह सीईओ की मर्ज़ी पर दी जाती हैं। यह मनमर्ज़ी बड़ी बेशर्मी से उन मुर्दा या ज़िन्दा लोगों और जानवरों की तरफ़दारी करती है, जिनके लिए दुनिया में कोई जगह नहीं है।

कभी-कभी मुझे लगता है कि मेरी दुनिया भी बस दो क़िस्म के लोगों में बँटी हुई है—वे लोग जिन्हें अंजुम अपने मेहमानख़ाने में जगह देने या अपने क़ब्रिस्तान में दफ़्न करने को राजी होगी, और वे लोग जिनको वह ठुकरा देगी।

अंजुम को मालूम है कि उसने जो जगह बनाई है वह महज़ ईंट-पत्थर की पनाहगाह नहीं है। यह आपका मामूली ग़रीबख़ाना नहीं है। क्योंकि उसके आसपास सिर्फ़ ग़रीब और मजलूम लोग ही जमा नहीं होते हैं। यहाँ वह सद्दाम हुसैन को उस जगह के बारे में बता रही है, जिसे वे अपना घर कहते हैं। वह जिस बीरू का नाम लेती है, वह उसका कुत्ता है, जिसे वह सड़कों पर से बचाकर ले आई थी :

> 'एक बार जब बर्बादी के दिन शुरू हो जाएँ जैसे हम सबके होते हैं, जैसे हमारे बीरू को ही ले लो,' अंजुम ने कहा, 'तो फिर वे ख़त्म होने का नाम नहीं लेते।

> और तब हमारी बर्बादी के समय में हमारा सहारा वे लोग होते हैं जो ख़ुद भी बर्बादी से गुज़र रहे हों। जितनी जल्दी यह बात समझ में आ जाए, उतना बेहतर। यह जगह जहाँ हम रहते हैं, जिसे हमने अपना घर बनाया है, यह ऐसे ही बर्बाद होने वाले लोगों का गुलिस्ताँ है। यहाँ कोई हक़ीक़त नहीं है। अरे, यहाँ तक कि हम भी हक़ीक़त नहीं हैं। हमारा कोई वजूद ही नहीं है।'[22]

लोग बर्बाद लोगों के इस गुलिस्ताँ में आते हैं और जाते हैं, जीते हैं और मरते हैं। क़ब्रों के बीच जीवन फलता-फूलता है। अंजुम के क़ब्रिस्तान में सब्ज़ियों की एक फुलवारी है और ग़रीब लोगों के लिए एक स्वीमिंग पूल भी है। भले ही इसमें पानी नहीं हो, लेकिन मुकामी लोगों को इस पर फ़ख़्र है और वे अपने बच्चों को इसे दिखाने लाते हैं। जनाज़ों और शादियों में, सभी क़िस्म की दुआएँ पढ़ी और गाई जाती हैं, सभी क़िस्म की क़समों का लेन-देन होता है। इसमें इस्लामी फ़ातिहा पढ़ा जाता है, शेक्सपियर के हेनरी पंचम का पाठ भी होता है और 'द इंटरनेशनल' का हिन्दी तर्जुमा भी गाया जाता है।

एक दिन डॉ. आज़ाद भारतीय, अंजुम को एक लम्बे ख़त का उर्दू तर्जुमा करते हुए उसे सुनाते हैं। आज़ाद भारतीय पर्चे लिखते नहीं थकते, भूख-हड़तालें करते हैं, बर्बाद लोगों के पक्के दोस्त हैं और उन्हें यह ख़त किसी कॉमरेड मासे रेवती ने लिखा है। रेवती एक बच्ची को जन्म देने वाली माँ है, जिसे अंजुम ने दिल्ली के जंतर-मंतर में लावारिस पाया था, जहाँ आन्दोलनकारी और भूख-हड़ताल करने वाले जमा होते हैं। डॉ. आज़ाद भारतीय का घर भी यही जंतर-मंतर है, जहाँ सत्रह सालों से वे एक फुटपाथ पर रह रहे हैं। अंजुम बच्ची को अपना लेती है और उसे क़ब्रिस्तान में ले आती है। डॉ. भारतीय जिस ख़त को पढ़ते हैं

वह केन्द्रीय भारत के जंगलों में एक छापामार लड़ाके के रूप में उस माँ की एक लम्बी कहानी है, उन हालात का ब्योरा है जो उसकी बच्ची के जन्म की वजह बनीं, और फिर इसकी वजह बताई गई थी कि वह उसे छोड़ने पर क्यों मजबूर हुई थी। पहले तो अंजुम ख़फ़ा हुई थी, क्योंकि वह इस बात को कबूल नहीं कर पा रही थी कि एक औरत अपने बच्चे को छोड़ भी सकती है। वह ख़ुद माँ बनना चाहती थी। लेकिन धीरे-धीरे वह इस दूर की औरत की कहानी सुनना शुरू करती है, जिसकी चिन्ताएँ उसकी अपनी चिन्ताओं से इतनी अलग हैं, लेकिन जिसका ग़म उतना ही बेरहम और उलझा हुआ है। ख़त 'लाल सलाम' के साथ पूरा होता है :

> 'लाल सलाम अलैकुम,' ख़त पूरा हुआ तो अंजुम के मुँह से बेसाख़्ता निकल गया। यह एक पूरी की पूरी सियासी तहरीक की शुरुआत भी हो सकता था, लेकिन उसका मतलब ऐसा ही था जैसे दिल को छू लेने वाले किसी खुतबे को सुनने के बाद मुँह से 'आमीन' निकलता है।[23]

तो इसमें अंजुम है, सद्दाम है और उनके साथी हैं जो अंजुम के क़ब्रिस्तान में एक साथ आ जुटे हैं। यही वे लोग हैं जो आज की बग़ावत के सियासी नुमाइंदे भी हैं। जय भीम। इन्क़लाब ज़िन्दाबाद। लाल सलाम अलैकुम। लेकिन वे इन्क़लाब की रूहें हैं। वे ख़ुद इन्क़लाब नहीं हैं। क्योंकि इन्क़लाब जिन चीज़ों से बनता है, उनमें से कुछ भी अंजुम के क़ब्रिस्तान में नहीं है। वहाँ कोई झंडा नहीं है। न वहाँ झंडा लहराया जाता है और न क़समें खाई जाती हैं। न ही कोई नारा वहाँ लगता है। यहाँ मर्दों और औरतों के बीच, इनसानों और जानवरों के बीच, राष्ट्र और राष्ट्र के बीच, यहाँ तक कि जीवन और मौत के बीच कोई पक्की सरहद नहीं है।

जन्नत गेस्ट हाउस पर पाक साया है हजरत सरमद का, जिनकी दुआओं से अंजुम को नवाजा गया था जब वह पैदा हुई थी। हजरत सरमद एक आर्मेनियाई यहूदी थे जो 300 साल पहले फ़ारस से दिल्ली आए थे। उन्होंने यहूदी मज़हब छोड़कर इस्लाम क़बूल कर लिया था और फिर रूढ़िवादी इस्लाम को छोड़कर मुहब्बत अपनाई थी। वे पुरानी दिल्ली की गलियों में नंगे फिरते थे, मुहब्बत की शायरी पढ़ते थे, कि एक दिन मुग़ल सुल्तान औरंगज़ेब के हुक्म से दिल्ली की जामा मस्जिद की सीढ़ियों पर उनका सिर क़लम कर दिया गया। सरमद की दरगाह आलीशान जामा मस्जिद का दामन थामे हुए खड़ी है। अंजुम और उसकी पनाह में आने वाले लोगों के लिए सरमद ग़मज़दा लोगों के पीर हैं, बेक़रार दिलों का सुकून हैं, ईमान वालों में क़ाफ़िर हैं, क़ाफ़िरों में ईमान वाले हैं। वे एक ज़ख़्मी फ़रिश्ता हैं जो अपनी ज़ख़्मी ज़िम्मेदारियों का ख़याल रखते हैं, जो दुनियाओं के बीच के दरवाज़े को खुला रखते हैं (ग़ैरक़ानूनी तौर पर) और जो घेरे को कभी बन्द नहीं होने देते। तो इसी ग़ैरक़ानूनी दरार से, उस खुले हुए घेरे से, कश्मीर भी अंजुम के क़ब्रिस्तान में आ जाता है। और फिर वे बातें शुरू होती हैं, जिनको बोलने की मनाही है।

कश्मीर, ज़िन्दा लाशों और बोलती हुई क़ब्रों की सरज़मीन, शहर क़ब्रिस्तान, गाँव क़ब्रिस्तान, सामूहिक क़ब्रें, बेनाम क़ब्रें, दोहरी क़ब्रें। कश्मीर एक ऐसी जगह है जिसकी सच्चाई को सिर्फ़ क़िस्सों में ही बयान किया जा सकता है क्योंकि सिर्फ़ क़िस्से ही उस माहौल की बात कर सकते हैं, जो ख़ौफ़ और ग़म से, फ़ख़्र और जुनूनी हौसले से, और बेपनाह बेरहमी के चलते इतनी उदास है। एक ऐसी आबोहवा में जो कुछ चलता है, उसे सिर्फ़ एक क़िस्सा ही बयान कर सकता है। क्योंकि कश्मीर की दास्तान सिर्फ़ जंग और अजाब की, अगवा किए गए चुनावों और इनसानी हुकूक की कहानी नहीं है। यह मुहब्बत और शायरी

की कहानी भी है। इसकी इजाज़त नहीं दी जा सकती कि इसे सिर्फ़ ख़बरें बनाकर छोड़ दिया जाए।

यहाँ मूसा यसवी हैं, जो एक आर्किटेक्ट हैं और उन्हें घोड़ों के स्केच बनाने की धुन है। मूसा जो ज़ख़्मी फ़रिश्ते की ग़ैरक़ानूनी दरारों से होकर अंजुम के क़ब्रिस्तान में आवाजाही करते हैं। मूसा, जो कश्मीर की ख़ूनी जंग के बवंडर में खिंचते जा रहे हैं और अपने हवास को क़ायम रखने की कोशिश कर रहे हैं, लेकिन आख़िरकार इसके गहरे अँधेरे में ग़ुम हो ही जाते हैं। अपनी पीढ़ी के अनेक नौजवानों की मानिंद, हालात उन्हें भूमिगत होने के लिए मजबूर कर देते हैं, जहाँ वे कई-कई शख़्सों में बदल जाते हैं, कई-कई पहचानें अपना लेते हैं, ख़ुद अपने ही जनाज़े में शरीक होते हैं, और उन्हें मालूम भी नहीं कि असली मूसा अब कौन है। अपनी पाँच साल की बेटी मिस जबीन को लिखे एक ख़त में, जिसकी मौत हो गई जब एक निहत्थे जुलूस पर सुरक्षा बलों ने फायरिंग कर दी, मूसा उसे उसके ही जनाज़े के बारे में बताते हैं। वे उसे पहाड़ों से उतरने वाले आलसी भालू के बारे में बताते हैं, हंगुल (कश्मीरी हिरण) जो जंगलों से देखता रहता है, चीलें जो आसमान में चक्कर काटती हैं और हर चीज़ पर निगाह रखती हैं, मातम करने एक लाख लोग जिनसे धरती बर्फ़ की तरह ढक गई थी। 'पक्के तौर पर मैं जो जानता हूँ वो बस यह है,' वे लिखते हैं—कि हमारे कश्मीर में मुर्दा लोग ही हमेशा ज़िन्दा रहेंगे; और जो ज़िंदा लोग हैं वो ऐसी लाशें हैं, जो जीने का दिखावा कर रही हैं।[24] मिस जबीन के जनाज़े का हाल यह था :

> मिस जबीन और उसकी अम्मी को पन्द्रह दूसरे लोगों के साथ दफ़्न किया गया, और इस तरह क़त्लेआम में मरने वालों की तादाद सत्रह हो गई।

जनाज़े के वक़्त मज़ार-ए-शोहदा अभी ख़ासा नया ही था, लेकिन भरने लगा था। हालाँकि इन्तज़ामिया कमिटी ने बग़ावत की शुरुआत से हालात पर नज़र रखी थी और उसे आने वाली हक़ीक़त का अन्दाज़ा हो गया था। उसने क़ब्रों का नक़्शा सलीके से बनाया था, ताकि मौजूद जगह का सही से और पूरा-पूरा इस्तेमाल हो सके। हर कोई समझता था कि शहीद की मय्यत को मजमूई क़ब्रिस्तान में दफ़नाना कितना अहम है, उन्हें कभी यों ही पड़े नहीं रहने देना चाहिए (वो भी हज़ारों की तादाद में), चिड़ियों के दाने की तरह, पहाड़ों में, या फ़ौजी शिविरों और आज़ाबघरों के आसपास जंगलों में, जो कुकुरमुत्तों की तरह घाटी में पनप आए थे। जब लड़ाई शुरू हुई और क़ब्ज़े की गिरफ़्त बढ़ी तो आम लोगों के लिए अपने मुर्दा लोगों को इकट्ठा करना अपने आप में हुक्म उदूली का एक ज़रिया बन गया...

मय्यत को क़ब्रों में उतारा जाता तो मजमे से दुआएँ उठने लगतीं।

रब्बिश रहली सदरी; व यस्सिर ली अमरी
वहलुल उक़दतन मिल्लिसानी; यफ़क़हू क़ौली

(या अल्लाह! मेरे मन को सुकून दे। और मेरे बोझ को हल्का कर दे और मेरी ज़ुबान की उलझनों को सुलझा। ताकि वे मेरी बातें समझ सकें)

नन्हे, कमर तक ऊँचे बच्चे औरतों के अलग झुंड में थे, अपनी अम्मियों के खुरदरे ऊनी कपड़ों में दबे हुए से वे कुछ ख़ास देख नहीं पा रहे थे, मुश्किल से साँसें ले पा रहे थे, और अपनी कमर-भर ऊँची लेन-देन में मसरूफ़ थे : *अपना ख़राब हथगोला मुझे दोगे तो मैं*

तुम्हें गोलियों के छह खोखे दूँगा।

एक औरत की तन्हा आवाज़ आसमान में उठी, ख़ौफ़नाक रूप से बुलंद, दर्द की शिद्दत उसमें किसी बर्छी की तरह पैहम थी।

रो रही है ये ज़मीं! रो रहा है आसमाँ...

एक और आवाज़ इसमें शामिल हुई और फिर एक और आवाज़।

रो रही है ये ज़मीं! रो रहा है आसमाँ...

परिंदे एक पल को बोलना भूल गए और अपनी गोल-मटोल आँखों से इस इनसानी पुकार को सुनते रहे। आवारा कुत्ते बिना काग़ज़ दिखाए, चेकपोस्टों के नीचे से कसमसाकर निकले। उनकी धड़कनें दुरुस्त थीं। चील और बाज़ आसमान में चक्कर काटते रहे, लाइन ऑफ़ कंट्रोल के आर-पार एक अलसाई हुई आवाजाही करते रहे, मानो नीचे जमा हुए इनसानों के उस छोटे से हुजूम का मज़ाक़ उड़ा रहे हों।[25]

अंजुम के क़ब्रिस्तान और मिस जबीन के क़ब्रिस्तान के बीच इस ग़ुफ्तगू की इजाज़त असली दुनिया में नहीं है। लेकिन हमारे ख़्वाबगाह में इसे रोका नहीं जा सकता।

मैंने यह आख़िरी बात लिखी ही थी कि सात साल का एक बच्चा एस्ताप्पेन, एक दूसरे उपन्यास द *गॉड ऑफ़ स्मॉल थिंग्स* से निकला एक दख़लअन्दाज़ बच्चा, मेरे क़रीब आया और मेरे कानों में फुसफुसा उठा : 'अगर तुम सपने में मछली खाओ तो क्या यह कोई मायने रखता है? मतलब क्या तुमने सचमुच मछली खाई?'[26]

लेकिन अगर दुनिया में क़ब्रिस्तानों के बीच गुफ़्तगू नहीं होती, नहीं हो सकती, इजाज़त ही नहीं है, तो फिर आगे जो मैं

बता रही हूँ उसे गम्भीरता से लिया जाना चाहिए।

मूसा और गार्सन होबर्ट, जो एक ख़ुफ़िया अधिकारी हैं और अब रिटायर्ड हैं, दशकों के बाद पहली बार मिलते हैं। कॉलेज में एक ही लड़की से प्यार करने वाले ये दोनों आदमी आगे चलकर कश्मीर की अन्तहीन जंग में एक-दूसरे के दुश्मन बन गए थे। मुलाक़ात के बाद मूसा अब जाने को हैं, होबर्ट सड़क तक उसे छोड़ने आता है। वह उससे एक अन्तिम सवाल पूछना चाहता है, जो उसे परेशान करता रहा था और वह जानता है कि मूसा के चले जाने के बाद उसे कभी जवाब नहीं मिल पाएगा। मेजर अमरीक सिंह के बारे में, जो 1990 के दशक में कश्मीर में हत्याओं के एक सिलसिले से जुड़ा बदनाम फ़ौजी अधिकारी था। ख़याल तो यह भी किया जाता था कि उन हत्याओं में एक मूसा की हत्या भी थी, जिसे हिरासत में मार दिया गया था। जब उसके ख़िलाफ़ बड़े आन्दोलन फूट पड़े तो अमरीक सिंह बिना किसी सुराग के कश्मीर से ग़ायब हो गया। होबर्ट जानता था कि भारत सरकार ने उसे चुपचाप बाहर भेज दिया था, पहले वह कनाडा गया और उसके बाद वहाँ से ग़ायब होकर संयुक्त राज्य चला गया। कुछ बरसों के बाद उसकी ख़बर तब लगी जब कैलिफोर्निया में घरेलू हिंसा के एक मामले में उसकी गिरफ़्तारी ख़बरों में आई। महीनों बाद अमरीक सिंह और उसका परिवार मरा हुआ पाया गया। ऐसा लग रहा था कि उसने अपने छोटे से उपनगरीय घर में अपनी बीवी, अपने बच्चों और ख़ुद को गोली मार ली थी। होबर्ट का अपना अतीत और वह जिस औरत को प्यार करता था उसकी कहानी अमरीक सिंह के साथ इतने क़रीब से जुड़ी हुई थी कि वह इस आधिकारिक कहानी पर यक़ीन नहीं कर पा रहा था। जो थोड़े-बहुत सबूत और काग़ज़ उसकी नज़रों से गुज़रे थे, उनकी बिना पर उसे यक़ीन था कि अमरीक सिंह के हैरतअंगेज़

अन्त का सिरा कश्मीर से और ख़ास कर मूसा से जुड़ता है :

'क्या अमरीक सिंह को तुमने मारा?'

'नहीं।' उसने मुझे अपनी सुनहरी हरे रंग की आँखों से देखा। 'मैंने नहीं मारा।'

एक पल को वह कुछ नहीं बोला, लेकिन उसकी निगाह से मैं समझ सकता था कि वह मुझे आँक रहा है, शायद सोच रहा है कि उसे कुछ और बताना चाहिए या नहीं। मैंने उसको बताया कि मैंने बाहर पनाह माँगने की अर्जियाँ और अमेरिका के लिए फ़्लाइट के बोर्डिंग पास देखे हैं, जिनमें जो नाम थे वो उसके फ़र्ज़ी पासपोर्टों में से एक से मिलते-जुलते थे। मैंने क्लोविस में एक किराए पर कार देने वाली एक कम्पनी की रसीद भी देखी थी। उस पर तारीख़ें भी वही थीं, इसलिए मैं जानता था कि इस पूरे वाक़ए से उसका कुछ तो रिश्ता है, लेकिन मुझे नहीं मालूम कि क्या रिश्ता है।

'मैं सिर्फ़ जानना चाहता हूँ,' मैंने कहा। 'अगर तुमने मारा भी हो तो कोई फ़र्क़ नहीं पड़ता। वह इसी के लायक़ था।'

'मैंने उसे नहीं मारा था। उसने ख़ुदकुशी ही की थी। लेकिन ख़ुदकुशी उसने हमारे चलते की थी।'

मुझे अन्दाज़ा नहीं था कि इस बात का क्या मतलब था।

'अमेरिका मैं उसकी तलाश में नहीं गया था। मैं वहाँ किसी और काम से पहले से ही था। जब मैंने अख़बारों में ख़बर देखी कि वह अपनी बीवी पर हमला करने के लिए गिरफ़्तार हुआ है। उसके घर का पता सार्वजनिक

हो गया था। बरसों से मैं उसकी तलाश कर रहा था। उसके साथ मेरा एक काम था जो अधूरा रह गया था। हम सबका ही था। तो मैं क्लोविस गया और कुछ पूछ-गछ की और आख़िरकार एक ट्रक धोने वाले गराज और वर्कशॉप में उसे खोज निकाला जहाँ वह अपने ट्रक की सर्विसिंग करवाने जाता था। लेकिन यह वो आदमी था ही नहीं जिसे हम एक क़ातिल के रूप में जानते थे। जिसने जलीब क़ादरी और कई दूसरे लोगों के क़त्ल किए थे। अब वह उससे एकदम अलग एक आदमी था। अब उसको बचाने वाला वह सरकारी इन्तज़ाम उसके पास नहीं था, जिसके दम पर कश्मीर में वह काम किया करता था। अब वह डरा हुआ और टूटा हुआ इनसान था। मुझे तो उस पर अफ़सोस तक होने लगा। मैंने उसे यक़ीन दिलाया कि मैं उसको नुक़सान नहीं पहुँचाऊँगा और मैं सिर्फ़ यही बताने के लिए आया था कि उसने जो कुछ किया था हम उसे भूलने की इजाज़त नहीं देंगे।'

मूसा और मैं यह बातें बाहर सड़क पर कर रहे थे। मैं उसे छोड़ने आया था।

'दूसरे कश्मीरियों ने भी ख़बर देखी थी। तो वे भी यह देखने क्लोविस आने लगे थे कि कश्मीर का हत्यारा अब कैसे रहता था। कुछ पत्रकार थे, कुछ लेखक थे, फ़ोटोग्राफ़र, वकील...कुछ आम इनसान थे। वे उसके काम की जगह, उसके घर पर, सुपरमार्केट में, सड़क पर, उसके बच्चों के स्कूल में चले आते। हर रोज़। उसे मजबूर होना पड़ता कि वह हमें देखे। वह पुरानी बातें याद करने पर मजबूर हो जाता। इससे उसका दिमाग़

फिर गया होगा। आख़िरकार इसके चलते उसने ख़ुद को तबाह कर लिया। तो...तुम्हारे सवाल का जवाब है... नहीं, मैंने उसको नहीं मारा।'

सामने एक स्कूल का गेट था, जिस पर एक विशालकाय नर्स बनी थी जो एक बच्चे को पोलियो का टीका पिला रही थी। मूसा उस गेट के आगे खड़ा था और अब उसने जो कहा, उसने मानो...मानो रगों में बर्फ़ भर दी हो। इसलिए और भी कि यह बात एक ऐसे बेतक़ल्लुफ़, हँसमुख अन्दाज़ में कही गई थी, एक दोस्ताना और क़रीब-क़रीब हँसती हुई मुस्कान के साथ, मानो वह कोई मज़ाक़ कर रहा हो।

'एक दिन कश्मीर यही करेगा, इसी तरह एक दिन भारत ख़ुद को तबाह करने पर मजबूर हो जाएगा। तब तक शायद तुम अपनी पैलट गनों से हमें, हममें से एक-एक को अंधा कर चुके होंगे। लेकिन तुम्हारी आँखें सलामत होंगी जिनसे तुम देख पाओगे कि तुमने हमारे साथ क्या किया है। तुम हमें तबाह नहीं कर रहे। तुम हमारी तामीर कर रहे हो। तबाह तो तुम ख़ुद को कर रहे हो। ख़ुदा हाफ़िज़, गार्सन भाई।'[27]

तबाही—शुरू हो चुकी है।

और हाँ, अगर आपने किसी ख़्वाब में मछली खाई है, तो इसका मतलब है कि आपने मछली खाई है।

08

हमें एक दुनिया फ़तह करनी है*

अज़ीज़ दोस्तो, कॉमरेडो और हमसफ़र लेखको—आज हम जहाँ जमा हुए हैं वह उस जगह से महज़ कुछ ही दूर है जहाँ चार दिनों पहले एक फ़ासीवादी भीड़ ने पूर्वोत्तर दिल्ली की मज़दूर बस्तियों में मुसलमानों पर हथियारबन्द, जानलेवा हमला किया। इस भीड़ को हुक्मरान दल के नेताओं के भाषणों ने भड़काया था, उसे पुलिस की हिमायत और सीधी मदद हासिल थी, उसे चौबीस घंटे मुख्यधारा के इलेक्ट्रॉनिक मीडिया के बड़े हिस्से का पूरा समर्थन था, और उसे इस बात का भरोसा था कि अदालतें उसकी राह में रुकावट नहीं बनेंगी।

हमले की बू कुछ समय से हवा में थी, इसलिए लोग कुछ-कुछ तैयार थे और उन्होंने अपना बचाव भी किया। उनके बाज़ार, दुकानें, घर, मस्जिदें और गाड़ियाँ जला दी गईं। सड़कें पत्थरों और मलबों से भरी हुई हैं। अस्पतालों में ज़ख़्मी और दम तोड़ते लोग भरे हुए हैं। मुर्दाघर में लाशें भरी हुई हैं—मुसलमानों और हिन्दुओं की लाशें, जिनमें एक पुलिसकर्मी और ख़ुफ़िया ब्यूरो का एक नौजवान कर्मी भी शामिल है। हाँ, दोनों तरफ़ के लोगों ने यह दिखा दिया है कि वे ख़ौफ़नाक बेरहमी के

* हम देखेंगे : सीएए-एनपीआर-एनसीआर के ख़िलाफ़ लेखकों और कलाकारों के अखिल भारतीय सम्मेलन में 1 मार्च, 2020 को नई दिल्ली में दिया गया बयान।

क़ाबिल हैं, और साथ ही उनमें नाक़ाबिले-यक़ीन हिम्मत और रहमदिली भी है।

लेकिन इन दोनों के बीच कोई बराबरी नहीं है। मैंने अभी जो कहा, उससे यह तथ्य बदल नहीं जाता है कि हमले एक लंपट भीड़ के 'जय श्रीराम!' के नारे से शुरू हुए थे और उसे एक ऐसी हुकूमत की हिमायत हासिल थी जिसको अब फ़ासीवादी राज्य होने में कोई शर्म नहीं है। इन नारों के बावजूद, यह कोई हिन्दू-मुस्लिम 'दंगा' नहीं था, जैसा कि लोग कहना पसन्द करते हैं। यह फ़ासीवादियों और फ़ासीवाद विरोधियों के बीच जारी लड़ाई का एक ज़ाहिर रूप था, जिसमें मुसलमान अवाम, फ़ासीवादियों के 'दुश्मनों' में सबसे अव्वल है। इसे दंगा बताना, या 'वामपंथ' बनाम 'दक्षिणपंथ' या 'सही' बनाम 'ग़लत' की लड़ाई बताना, जैसा कुछ लोग बता रहे हैं, ख़तरनाक है और इससे असलियत पर पर्दा पड़ जाता है। हम सबने ऐसे वीडियो देखे हैं जिनमें पुलिस चुपचाप खड़ी रही या कभी-कभी उसने आगजनी में हिस्सा लिया। हमने उन्हें सीसीटीवी कैमरे तोड़ते हुए देखा, जैसा उन्होंने 15 दिसम्बर को जामिया मिलिया इस्लामिया की लाइब्रेरी पर हमले के दौरान किया था। हमने देखा है कि उन्होंने ज़ख़्मी मुसलमानों को एक ढेर में जमा करके, पीट-पीट कर उन्हें राष्ट्रगान गाने पर मजबूर किया। हम जानते हैं कि उनमें से एक नौजवान की मौत हो चुकी है।[1]

ये सभी मारे गए, ज़ख़्मी और तबाह मुसलमान और उन्हीं के साथ हिन्दू, इस हुकूमत के शिकार हैं जिसकी बागडोर नरेन्द्र मोदी के हाथों में है। हमारे खुलेआम फ़ासीवादी प्रधानमंत्री के हाथों में, जो इससे अनजान नहीं हैं कि किसी राज्य का शासन कैसे चलाया जाता है, जब उस राज्य में अठारह साल पहले इससे कहीं बड़े पैमाने का एक क़त्लेआम हफ़्तों तक चला था।

आने वाले बरसों में इस बलवे से जुड़े तथ्यों का गहन

अध्ययन किया जाएगा। स्थानीय ब्योरे महज़ ऐतिहासिक दस्तावेज़ों का मामला होंगे। क्योंकि इस घटना का असर तो सोशल मीडिया में नफ़रत में सनी अफ़वाहों की आग पर सवार होकर दूर-दूर तक फैल रहा है। हमें हवा में अधिक ख़ून-ख़राबे की बू मिलने लगी है। हालाँकि उत्तरी दिल्ली में अब और हत्याएँ नहीं हुई हैं, कल (29 फरवरी) केन्द्रीय दिल्ली में लोगों की भीड़ वही नारे लगाते हुए घूम रही थी जो इन हमलों के पहले लगाए जा रहे थे : 'देश के गद्दारों को, गोली मारो सालों को!' अभी कुछेक दिन पहले दिल्ली उच्च न्यायालय के जज जस्टिस मुरलीधर ने दिल्ली पुलिस पर नाराज़गी जताई कि उसने कपिल मिश्रा के ख़िलाफ़ कोई कार्रवाई नहीं की है। मिश्रा भाजपा के पूर्व विधायक उम्मीदवार हैं जिन्होंने जाफराबाद में सड़क पर शान्ति से धरना दे रहे आन्दोलनकारियों को पुलिस की मौजूदगी में खुलेआम धमकियाँ दी थीं। 26 फ़रवरी की आधी रात को जज को पंजाब उच्च न्यायालय में तबादले का परवाना पहुँचा दिया गया। कपिल मिश्रा अपने समर्थकों के साथ एक बार फिर सड़कों पर चिल्लाते हुए घूम रहे हैं : 'देश के गद्दारों को, गोली मारो सालों को!' अब अगली सूचना तक इस नारे का इस्तेमाल किया जा सकता है।

जजों के साथ चलने वाला खेल नया नहीं है। हम सभी जस्टिस लोया की कहानी जानते हैं।[2] मुमकिन है कि हम बाबू बजरंगी की कहानी भूल गए हों, जिसे गुजरात में 2002 में नरोदा पाटिया में सत्तानवे मुसलमानों की हत्या में भागीदार होने का कसूरवार ठहराया गया था। आप यूट्यूब वीडियो में ख़ुद उसकी ज़ुबानी सुन सकते हैं।[3] उससे सुनिए कि कैसे 'नरेन्द्र भाई' ने जजों के साथ 'सेटिंग' करके उसे जेल से छुड़ाया।

अभी जैसा क़त्लेआम हुआ, हमें ऐसे क़त्लेआमों के अन्देशे चुनावों से पहले हुआ करते थे। वे वोट बाँटने और जनाधार बनाने के बर्बर चुनावी अभियान बन गए हैं। लेकिन दिल्ली क़त्लेआम

तो एक चुनाव के महज़ कुछ दिनों के बाद हुए, जब भाजपा-आरएसएस को बुरी तरह से मुँह की खानी पड़ी थी। यह दिल्ली को मिलने वाली एक सज़ा है और बिहार में आने वाले चुनावों के लिए एक ऐलान है।

हर चीज़ दर्ज़ है। हर चीज़ सबके सामने है, जो चाहे देख-सुन सकता है—भड़काऊ भाषण देते कपिल मिश्रा, परवेश वर्मा, केन्द्रीय मंत्री अनुराग ठाकुर, उप्र के मुख्यमंत्री योगी आदित्यनाथ, गृहमंत्री अमित शाह, और ख़ुद प्रधानमंत्री की बातें भी। और इसके बावजूद हर बात को उलट दिया गया है—ऐसा दिखाया जा रहा है मानो सारा भारत पूरी तरह शान्तिपूर्ण, ज़्यादातर औरतों के, ज़्यादातर मुसलमान (लेकिन सिर्फ़ मुसलमानों के ही नहीं) आन्दोलनकारियों का शिकार हैं, जो नागरिकता संशोधन अधिनियम के विरोध में दसियों हज़ार की तादाद में क़रीब पचहत्तर दिनों तक सड़कों पर डटे रहे।

सीएए ग़ैरमुस्लिम अल्पसंख्यकों को एक फौरी नागरिकता दिलाने का रास्ता खोलता है और खुलेआम असंवैधानिक और खुलेआम मुसलमानविरोधी है। नेशनल पॉपुलेशन रजिस्टर और नेशनल रजिस्टर ऑफ़ सिटिजन्स के साथ मिलकर यह अधिनियम मुसलमानों की क़ानूनी हैसियत छीन लेने, उन्हें अस्थिर करने और अपराधी ठहराने के लिए बनाया गया है। और सिर्फ़ मुसलमान नहीं, बल्कि करोड़ों ऐसे भारतीय भी इसकी ज़द में होंगे, जिनके पास ज़रूरी दस्तावेज़ नहीं होंगे। इनमें वे भी शामिल होंगे जो आज 'गोली मारो सालों को' के नारे लगा रहे हैं। जब नागरिकता पर सवाल उठता है तो हर चीज़ सवालों के घेरे में आ जाती है—आपके बच्चों के अधिकार, आपका वोट का अधिकार, आपका ज़मीन का अधिकार। जैसा कि हाना आरेंट ने कहा था, 'नागरिकता आपको अधिकार रखने के अधिकार देती है।' जो कोई भी यह सोचता है कि ऐसा नहीं होने वाला, तो मेहरबानी

करके असम की मिसाल देख लें, देख लें कि वहाँ के बीस लाख लोगों, हिन्दुओं और मुसलमानों, दलितों और आदिवासियों के साथ क्या हुआ है। अब मेघालय में स्थानीय जनजातियों और ग़ैरजनजातीय आबादी के बीच समस्या खड़ी हुई है। शिलॉन्ग में कर्फ़्यू है। ग़ैरमकामी लोगों के लिए राज्य की सरहदें बन्द कर दी गई हैं।

एनपीआर-एनसीआर-सीएए का अकेला मक़सद है अवाम को अस्थिर करना और उनमें फूट डालना। सिर्फ़ भारत ही नहीं, बल्कि पूरे उपमहाद्वीप की अवाम के बीच। भारत के मौजूदा गृहमंत्री जिन्हें बांग्लादेशी 'दीमकें' कहते हैं, अगर वे लाखों काल्पनिक इनसान सचमुच में हैं तो उन्हें डिटेंशन सेंटरों में नहीं रखा जा सकता और न ही उन्हें वापस भेजा जा सकता है। ऐसी भाषा का इस्तेमाल करके और ऐसी बेहूदा, बदमाशी-भरी योजनाएँ बनाकर यह सरकार असल में बांग्लादेश, पाकिस्तान और अफ़ग़ानिस्तान में रहने वाले करोड़ों हिन्दुओं को ख़तरे में डाल रही है। यह उनकी ख़ैरख़्वाह होने का दिखावा कर रही है, लेकिन उन्हें नई दिल्ली से उठने वाली इस धर्मांधता का उलटे नुक़सान ही उठाना पड़ सकता है।

देखिए कि हम किस अंजाम को आ पहुँचे हैं।

1947 में हमने औपनिवेशिक हुकूमत से आज़ादी हासिल की थी, जिसके लिए क़रीब-क़रीब सबने लड़ाई लड़ी, सिवाय उनके जो आज हम पर हुकूमत कर रहे हैं। तब से लेकर अब तक के हमारे सफ़र में हर तरह के सामाजिक आन्दोलनों, जाति-विरोधी संघर्षों, पूँजीवाद-विरोधी संघर्षों, स्त्रीवादी संघर्षों ने हमारी राह रोशन की।

1960 के दशक में इन्क़लाब की माँग थी कि अवाम को इंसाफ़ मिले, दौलत का फिर से बँटवारा हो, और शासक वर्ग को उखाड़ फेंका जाए।

1990 का दशक आते-आते हमें अपनी ज़मीनों और गाँवों से उजाड़े गए दसियों लाख लोगों की बेदख़ली के ख़िलाफ़ लड़ाइयों में समेट दिया गया। उजाड़े गए ये वे लोग थे, जो एक नए बनते भारत की चक्की में पिस गए, जहाँ सबसे अमीर तिरसठ लोगों के पास कुल मिलाकर जितनी दौलत है, वह 1.3 अरब लोगों के इस मुल्क के पूरे साल के बजट खर्च से भी अधिक है।

अब हमें और भी पीछे धकेलकर ऐसे फ़रियादी बना दिया गया है, जो एक नागरिक के बतौर अपने अधिकार माँग रहे हैं, और उनसे माँग रहे हैं जिनका इस मुल्क को बनाने में कोई योगदान नहीं रहा है। और जब हम फ़रियादों में मसरूफ़ हैं, हम देखते हैं कि राज्य अब हमारी ख़ुशहाली के प्रति अपनी ज़िम्मेदारियों से पीछे हट रहा है, हम देखते हैं कि पुलिस फ़िरकापरस्त हो गई है, हम देखते हैं कि न्यायपालिका धीरे-धीरे अपने फ़र्ज़ से मुँह मोड़ती जा रही है, हम देखते हैं कि मीडिया जिसका काम सुकून की नींद सोने वालों को तकलीफ़ में डालना और तकलीफ़ में घिरे लोगों को सुकून पहुँचाना था, इसका ठीक उलटा कर रहा है।

आज 1 मार्च, 2020 को 210वाँ दिन है जब जम्मू और कश्मीर से विशेष राज्य का दर्जा असंवैधानिक रूप से छीन लिया गया। तीन पूर्व मुख्यमंत्रियों समेत हज़ारों कश्मीरी जेलों में बन्द हैं। सत्तर लाख लोग सूचना की एक घेराबन्दी में जी रहे हैं, यह मानवाधिकारों के व्यापक उल्लंघन की एक नई क़वायद है। 26 फ़रवरी को दिल्ली की सूरत, श्रीनगर की सड़कों की मानिंद थी। कश्मीर में यह ऐसा दिन था जब सात महीनों में पहली बार बच्चे स्कूल गए। लेकिन जब आपके चारों तरफ़ हर चीज़ का धीरे-धीरे दम घोंटा जा रहा हो तो ऐसे में स्कूल जाना क्या मायने रखता है?

जिस जम्हूरियत पर उसके संविधान की हुकूमत न हो, और जिसके सभी संस्थानों को खोखला बना दिया गया हो, वह एक

बहुसंख्यकपरस्त राज्य बनकर रह जाएगी। आप पूरे संविधान से, या इसके कुछ हिस्सों से सहमत या असहमत हो सकते हैं, लेकिन इस तरह पेश आना कि संविधान का वजूद ही नहीं है, जैसा कि यह सरकार पेश आ रही है, जम्हूरियत को ज़मींदोज़ करना है। शायद मक़सद ही यही है। यह हमारा अपना कोविड-19 है। हम बीमार हैं।

कहीं से कोई मदद नहीं मिलने वाली। कोई नेकनीयत देश, कोई संयुक्त राष्ट्र नहीं आने वाला।

और ऐसा कोई भी सियासी दल, जिसकी मंशा चुनाव जीतने की है, एक नैतिक बल के साथ खड़े होने का साहस नहीं करेगा, और न कर सकता है। क्योंकि बचाव के सारे रास्ते संकट में हैं। और पूरी व्यवस्था नाकाम हो गई है।

हमें ज़रूरत है ऐसे लोगों की जो बदनाम होने के लिए तैयार हों। जो ख़ुद को ख़तरे में डालने के लिए तैयार हों। जो सच्चाई बयान करने के लिए तैयार हों। बहादुर पत्रकार ऐसा कर सकते हैं, और उन्होंने किया है। बहादुर वकील ऐसा कर सकते हैं और उन्होंने ऐसा किया भी है। और कलाकार—ख़ूबसूरत, होनहार, बहादुर लेखक, शायर, संगीतकार, चित्रकार और फ़िल्मकार यह कर सकते हैं। ख़ूबसूरती हमारी तरफ़ खड़ी है। सारी की सारी ख़ूबसूरती।

कितने सारे काम करने हैं हमें। और एक दुनिया फ़तह करनी है।

9

महामारी एक दहलीज़ है*

अब 'वायरल होने' की बात करते हुए कौन ज़रा सिहर नहीं उठेगा? अब किसी दरवाज़े की कुंडी, गत्ते के डिब्बे, सब्ज़ियों के थैले को देखकर किसके मन में उन नज़रों से ओझल, न ज़िन्दा-न मुर्दा, नन्हे गोलों का ख़याल नहीं आ जाएगा, जिन पर बने चूसने वाले दस्ते हमारे फेफड़ों से जा मिलने के इन्तज़ार में हैं? अब किसी अजनबी को चूमने, किसी बस पर चढ़ जाने, या अपने बच्चों को स्कूल भेजने में किसे डर का अहसास नहीं होगा? मामूली से मामूली ख़ुशियों के बारे में सोचते हुए कौन उनसे होने वाले जोख़िम का हिसाब नहीं लगाने लगेगा? हममें से कौन है जिसको अब महामारियों का माहिर, वायरसों का जानकार, सांख्यिकीविद और पैग़म्बर होने का गुमान नहीं है? कौन ऐसा वैज्ञानिक या डॉक्टर है जो किसी चमत्कार की दुआएँ न कर रहा हो? विज्ञान का मुख़ालिफ़ कौन पुजारी है जो मन ही मन कम से कम विज्ञान से उम्मीदें न लगाए हुए हो? और अब जबकि वायरस फैल रहा है, तो शहरों में अब सुनाई दे रही चिड़ियों की आवाज़ों, चौराहों पर नाचते मोरों और आसमान में पसरी ख़ामोशी पर कौन नहीं झूम उठेगा?

अभी जब मैं लिख रही हूँ, दुनिया-भर में कुल मामलों की

---

* *फाइनेंशियल टाइम्स* में पहली बार प्रकाशित, 4 अप्रैल, 2020

तादाद ख़तरनाक रूप से दस लाख के क़रीब पहुँच रही है। क़रीब पचास हज़ार लोग मर चुके हैं। अन्दाज़े के मुताबिक़ मौतें लाखों में होने वाली हैं, शायद उससे भी ज़्यादा। वायरस ने कारोबार और अन्तरराष्ट्रीय पूँजी के रास्तों पर आज़ादी से आवाजाही की और इस दौरान जो डरावनी बीमारी इसने हर जगह पहुँचाई, उससे इनसान अपने मुल्कों में, अपने शहरों में, अपने घरों में क़ैद होकर रह गए हैं।

लेकिन पूँजी की आवाजाही के उलट, इस वायरस को मुनाफ़े की नहीं, लोगों तक पहुँचने की चाहत है। और इसलिए अनचाहे ही कुछ हद तक इसने पूँजी की आवाजाही को पलट दिया है। इसलिए इसने इमीग्रेशन चौकियों, बायोमेट्रिक्स, डिजिटल निगरानी और हर क़िस्म के डाटा एनालिटिक्स का मज़ाक़ बना दिया है, और दुनिया के सबसे धनी, सबसे ताक़तवर देशों पर सबसे कड़ी चोट की है, इसने पूँजीवाद के इंजन को एकबारगी बन्द कर दिया है। कम से कम अभी तो यही हाल है। शायद कुछ वक़्त के लिए ही, लेकिन इतना वक़्त भी कम से कम इसके लिए काफ़ी है कि हम इसके पुर्ज़ों की छानबीन कर सकें, जायजा ले सकें और फ़ैसला कर सकें कि हम इसकी मरम्मत करना चाहते हैं, या हमें एक बेहतर इंजन की तलाश करनी चाहिए।

इस महामारी में बन्दोबस्त देखने वाले हाकिमों को जंग की ज़ुबान बोलना पसन्द है। जंग का इस्तेमाल वे सिर्फ़ मेटाफर में ही नहीं करते, यह उनके लिए एक असली जंग है। लेकिन अगर यह एक जंग होती, तब संयुक्त राज्य से अधिक मुस्तैद मुल्क और कौन होता? अगर इसके अगले मोर्चे पर तैनात फ़ौजियों को मास्कों, स्वाबों और दस्तानों की ज़रूरत नहीं होती, बल्कि उन्हें बन्दूक़ों, स्मार्ट बम, बंकर-बस्टर, पनडुब्बियों, लड़ाकू जेट और परमाणु बमों की ज़रूरत होती तो फिर भला कोई कमी रही होती?

रात-दर-रात, दुनिया के एक दूसरे हिस्से में बैठे हुए हम

न्यूयॉर्क के गवर्नर की प्रेस ब्रीफ़िंग देखते और ऐसे मुग्ध होते हैं, जिसको समझा पाना मुश्किल है। हम आँकड़ों पर नज़र रखते हैं। संयुक्त राज्य के मरीज़ों से भर चुके अस्पतालों की कहानियाँ सुनते हैं, कम तनख़्वाह पर अधिक काम करने वाली नर्सों की बातें सुनते हैं, जिन्होंने कूड़े के थैलों और पुरानी बरसातियों से मास्क बनाए हैं, और मरीज़ों की मदद करने के लिए हर चीज़ जोख़िम में डाल रही हैं। वेंटीलेटरों के लिए एक दूसरे के ख़िलाफ़ बोलियाँ लगाने को मजबूर राज्यों के बारे में, डॉक्टरों के असमंजस के बारे में कि किस मरीज़ को वेंटीलेटर दिया जाए और किसे मरने को छोड़ दिया जाए। और हम सोचते हैं, 'मेरे ख़ुदा! यह है *अमेरिका*!'

त्रासदी फ़ौरी है, सचमुच की है, व्यापक है और हमारे देखते-देखते दुनिया पर छा रही है। लेकिन यह नई नहीं है। यह एक ऐसी ट्रेन का मलबा है, जो बरसों से डगमगाती हुई चल रही है। 'पेशेंट डंपिंग' के वीडियो किसे याद नहीं हैं, जिसमें सिर्फ़ अस्पताल का गाउन पहने, उघड़े बदन मरीज़ को चुपके से नुक्कड़ पर फेंका गया था? संयुक्त राज्य में अस्पतालों के दरवाज़े बदनसीब लोगों के लिए अक्सर बन्द ही रहे हैं। इससे कोई फ़र्क़ नहीं पड़ता कि वे कितने बीमार थे, या उन्होंने कितना सहा है। कम-से-कम अब तक यही रिवाज था। अब ऐसा नहीं हो रहा है तो इसलिए कि 'द वायरस' के दौर में किसी ग़रीब की बीमारी दौलतमंद सोसायटी की सेहत के लिए नुक़सानदेह हो सकती है। और हालात ऐसे हैं तब भी, सबके लिए सेहत की देखभाल (हेल्थकेयर फॉर ऑल) के लिए लगातार अभियान चला रहे सीनेटर बर्नी सैंडर्स जब व्हाइट हाउस के लिए उम्मीदवारी की कोशिशें कर रहे हैं, तो उनकी अपनी ही पार्टी एक ग़ैर की तरह बरताव कर रही है।

और मेरे मुल्क, मेरे ग़रीबों के अमीर मुल्क भारत का क्या

हाल है, जो सामंतवाद और धार्मिक कट्टरपंथ, जाति और पूँजीवाद के बीच कहीं फँसा हुआ, आक्रामक दक्षिणपंथी राष्ट्रवादियों की हुकूमत में जी रहा है? दिसम्बर में जब चीन, वुहान में वायरस के फ़साद से लड़ रहा था, भारत सरकार लाखों नागरिकों की बग़ावत का सामना कर रही थी, जो संसद में अभी-अभी मंज़ूर हुए मुसलमानविरोधी नागरिकता क़ानून की मुख़ालिफ़त कर रहे थे।

भारत में कोविड-19 का पहला मामला 30 जनवरी को दर्ज हुआ था, जब अभी गणतंत्र दिवस परेड के ख़ास मेहमान, अमेजन के जंगलों के दुश्मन, कोविड को नकारने वाले जाइर बोल्सोनारो दिल्ली से रवाना हुए थे। लेकिन हुक्मरान पार्टी की मसरूफ़ियत में अपनी जगह बनाने के लिए वायरस को फरवरी में काफ़ी कुछ करना था। उस महीने के आख़िरी हफ़्ते में राष्ट्रपति डोनॉल्ड ट्रंप का सरकारी दौरा होना तय था। उन्हें गुजरात में एक खेल के स्टेडियम में दस लाख लोगों की भीड़ के वादे से लुभाया गया था। इस सबमें पैसा लगता है, और काफ़ी वक़्त भी।

फिर दिल्ली विधानसभा के चुनाव भी थे, जिसमें भारतीय जनता पार्टी की हार तय थी बशर्ते यह अपने खेल तेज़ न कर देती। जो इसने किया भी, इसने एक ज़हरीला, बेलगाम हिन्दू राष्ट्रवादी अभियान छेड़ा, जिसमें 'गद्दारों' को गोली मारने और शारीरिक हिंसा की धमकियों वाले नारे भरे हुए थे।[1]

फिर भी यह हार गई। तो फिर दिल्ली के मुसलमानों को इसकी सज़ा मिलनी थी, जिनको इस अपमान का ज़िम्मेदार ठहराया गया। हिन्दू हत्यारे गिरोहों की हथियारबन्द भीड़ ने पूर्वोत्तर दिल्ली के मज़दूर मुहल्लों में मुसलमानों पर हमले किए। घर, दुकानें, मस्जिदें, और स्कूल जलाए गए। मुसलमानों को इस हमले का अन्देशा था और उन्होंने इसका जवाब दिया। पचास से अधिक लोग मारे गए, जिनमें मुसलमान और कुछ हिन्दू थे। उजाड़ दिए गए लोग इलाक़े के क़ब्रिस्तानों में लगे शिविरों में रहने आ

गए। कटी-फटी लाशें गंदे, बदबूदार नालों के जाल से अभी भी निकाली जा रही थीं, जब सरकारी अधिकारियों ने कोविड-19 को लेकर अपनी पहली मीटिंग की। और ज़्यादातर भारतीयों ने पहली बार सुना कि हैंड सैनिटाइज़र जैसी कोई चीज़ भी होती है।

मार्च में भी काफ़ी सारा काम था। पहले दो हफ़्ते तो मध्य प्रदेश में कांग्रेस सरकार को गिराने और उसकी जगह भाजपा सरकार बिठाने में लग गए। 11 मार्च को विश्व स्वास्थ्य संगठन ने कोविड-19 को एक वैश्विक महामारी (पैंडेमिक) घोषित कर दिया। दो दिनों के बाद 13 मार्च को स्वास्थ्य मंत्रालय ने कहा कि कोविड-19 'कोई स्वास्थ्य आपातकाल नहीं है'। आख़िरकार 19 मार्च को प्रधानमंत्री ने देश को सम्बोधित किया। लेकिन वह तैयारी करके नहीं आए थे। उन्होंने फ्रांस और इटली के जवाब नक़ल किए थे। उन्होंने हमें 'सोशल डिस्टेन्सिंग' की ज़रूरत समझाई (जिसे जातियों पर अमल करने वाले समाज के लिए समझना ज़रा भी मुश्किल नहीं था) और 22 मार्च को एक दिन के 'जनता कर्फ़्यू' का आह्वान किया। इस संकट के समय में उनकी सरकार क्या करने वाली है, इसके बारे में उन्होंने कुछ भी नहीं कहा, लेकिन उन्होंने लोगों से कहा कि वे अपनी बालकनियों में निकलें और स्वास्थ्यकर्मियों को सलाम करने के लिए घंटा बजाएँ, थाली-बरतन बजाएँ। उन्होंने इसका ज़िक्र नहीं किया कि उस पल तक, भारत इलाज के लिए ज़रूरी बचाव के सामान और रेस्पिरेटरी उपकरणों को भारत के स्वास्थ्यकर्मियों और अस्पतालों के लिए बचाने की जगह उनका निर्यात कर रहा था।

हैरानी की बात नहीं है कि नरेन्द्र मोदी के आग्रह पर लोगों में बहुत जोश दिखा। लोग धूमधाम से बरतन बजाने निकले, मुहल्लों में नाचने के कार्यक्रम हुए, जुलूस निकाले गए। सोशल डिस्टेन्सिंग कहीं नहीं थी। फिर जो दिन गुज़रे, उनमें लोगों ने गाय के गोबर में डुबकी लगाई, भाजपा समर्थकों ने गाय

का पेशाब पीने की पार्टियाँ रखीं। उनसे पीछे न रह जाने की कोशिश में कई मुसलमान संगठनों ने ऐलान किया कि वायरस का जवाब अल्लाह ही था और ईमान वालों से बड़ी तादाद में मस्जिदों में आने को कहा गया। 24 मार्च को रात के 8 बजे मोदी फिर से टीवी पर हाज़िर हुए और ऐलान किया कि आधी रात से पूरे भारत में लॉकडाउन लगा दिया जाएगा। बाज़ार बन्द रहेंगे। सार्वजनिक हों या निजी, सवारियों को बाहर निकलने की इजाज़त नहीं होगी। उन्होंने कहा कि वे यह फ़ैसला प्रधानमंत्री के रूप में नहीं, घर के मुखिया के रूप में ले रहे हैं। 1 अरब 38 करोड़ लोगों वाले इस मुल्क को बिना किसी तैयारी के और चार घंटों के नोटिस पर लॉकडाउन में रखने का फ़ैसला ले लिया गया और उन राज्य सरकारों से सलाह तक नहीं की गई, जिन पर इस फ़ैसले की मार पड़नी थी। ऐसा काम और कौन कर सकता था? वे जिस तरह काम करते हैं, उससे यह साफ़ तौर पर लगता है कि भारत के प्रधानमंत्री नागरिकों को एक मुख़ालिफ़ ताक़त के रूप में देखते हैं, जिसको घात लगाकर गिरफ़्त में लेना, चौंका देना ज़रूरी है, लेकिन जिस पर कभी भी भरोसा नहीं किया जा सकता।

हम घरों में बन्द हो गए। अनेक स्वास्थ्यकर्मियों और महामारी के जानकार लोगों ने इस क़दम की तारीफ़ की। उसूलन शायद वे सही हैं। लेकिन तय है कि योजना और तैयारी की जो तबाही लाने वाली कमी है, उसका उनमें से कोई भी समर्थन नहीं करेगा। इसने दुनिया के सबसे बड़े, सबसे कठोर लॉकडाउन को एक ऐसी चीज़ में बदल दिया, जिसको रोकना ही इसका मकसद था।

तमाशों को पसन्द करने वाले इस आदमी ने जो किया उसके नतीजे में सभी तमाशे बहुत पीछे छूट गए।

सहमी हुई दुनिया देखती रही और भारत की सारी शर्मिंदगियाँ उजागर हो गईं—इसकी बेरहम, ढाँचागत, सामाजिक और आर्थिक

ग़ैरबराबरी, लोगों की तकलीफ़ों को लेकर इसकी बेदर्दी। लॉकडाउन एक ऐसा रासायनिक प्रयोग बन गया, जिसने एकबारगी छुपी हुई चीज़ों को रोशन कर दिया। जब दुकानें, रेस्तराँ, कारख़ाने और इमारती कामों के धंधे बन्द हो गए, जब दौलतमंद और मध्यवर्गों ने अपनी बन्द कॉलोनियों में ख़ुद को समेट लिया, तब हमारे शहरों और महानगरों ने अपने भीतर से मेहनतकश नागरिकों, प्रवासी मज़दूरों को एक अनचाहे अंग के रूप में ख़ुद से जुदा करना शुरू किया। बेशुमार लोगों को उनके रोज़गारदाताओं और मकानमालिकों ने निकाल दिया, लाखों फटेहाल, भूखे, प्यासे लोग, नौजवान और बूढ़े, मर्द, औरतें, बच्चे, बीमार, अंधी आँखों वाले, चलने-फिरने में बेबस लोग, जो बेसहारा थे, जिनके पास कोई सवारी नहीं थी, अपने-अपने गाँवों को पैदल लौटने लगे। कई-कई दिनों तक वे चलते रहे, सैकड़ों मील दूर, बदायूँ, आगरा, आज़मगढ़, अलीगढ़, लखनऊ, गोरखपुर की ओर। कुछ ने रास्ते में ही दम तोड़ दिया।

वे जानते थे कि जिस घर को वे लौट रहे हैं, वहाँ शायद एक रोज़-रोज़ की धीमी भुखमरी उनका इन्तज़ार कर रही है। शायद वे यह भी जानते थे कि उनके साथ वायरस भी सफ़र कर रहा है, जो घर पहुँचकर उनके घरवालों, अपने माँ-बाप, दादा-दादियों को बीमार कर सकता है, लेकिन उन्हें जरा-सा अपनापन चाहिए था, सिर छुपाने को जगह चाहिए थी और इज़्ज़त और खाना, चाहे प्यार न भी मिले। रास्ते में उन्हें पुलिस ने बेरहमी से पीटा और बेइज़्ज़त किया, जिनके ऊपर कर्फ़्यू को सख़्ती से लागू करने का जिम्मा था। राजमार्गों पर नौजवानों को नाक रगड़ने और चारों खाने कूदने पर मजबूर किया गया। एक समूह को बरेली के बाहर जमा करके उस पर रसायन का छिड़काव किया गया। कुछ दिनों के बाद इस चिन्ता से कि वापस लौटने वाली आबादी गाँव-गाँव में वायरस पहुँचा देगी,

सरकार ने पैदल चलने वालों तक के लिए राज्य की सीमाएँ बन्द कर दीं। कई-कई दिनों से पैदल चलकर आ रहे लोग रोक दिए गए और शहरों में उन शिविरों में लौटने को मजबूर किए गए, जिनको छोड़ने पर उन्हें मजबूर किया गया था।

जो बुज़ुर्ग लोग हैं, उन्हें 1947 में आबादी के पलायन की यादें ताज़ा हो आईं, जब भारत बँटा था और पाकिस्तान बना था। फ़र्क़ बस यह था कि इस बार धर्म नहीं, वर्ग का बँटवारा इसके पीछे काम कर रहा था। मगर तब भी, ये भारत के सबसे ग़रीब लोग नहीं थे। ये वे लोग थे जिनके पास शहरों में काम था (कम से कम अभी तक) और एक घर था जहाँ वे लौट सकते थे। बेरोज़गार, बेघर और हताश लोग जहाँ थे वहीं बने रहे, शहर हो या देहात, जहाँ इस त्रासदी के आने से अरसा पहले से गहरी आफ़त शुरू हो चुकी थी। इन सारे ख़ौफ़नाक दिनों में गृहमंत्री अमित शाह कभी सामने नहीं आए।

दिल्ली से जब लोग पैदल लौटने लगे, तो मैं जिस पत्रिका के लिए अक्सर लिखती हूँ उसके प्रेस पास का इस्तेमाल करके अपनी गाड़ी से गाजीपुर गई, जो दिल्ली-उत्तर प्रदेश की सीमा पर है।

वहाँ का हाल बयान करना मुश्किल है। उसे महाकाव्यात्मक* भी नहीं कहा जा सकता। महाकाव्य इतने बड़े जनसैलाब के बारे में सोच भी नहीं सकते। लोगों के बीच शारीरिक दूरी क़ायम करने के मक़सद से लगाए गए लॉकडाउन का अंजाम ठीक उलटा निकला था—लोगों का ऐसा हुजूम था कि सोचना मुश्किल। भारत के क़स्बों और शहरों का भी यही हाल था। मुख्य सड़कें मुमकिन है ख़ाली हों, लेकिन ग़रीब लोगों को झुग्गियों और झोंपड़पट्टियों में भरकर बन्द कर दिया गया था।

पैदल लौटने वाले जिस भी शख़्स से मैंने बात की, सभी

---

* अंग्रेज़ी में बाइबल का हवाला दिया गया है।

को वायरस की चिन्ता थी। लेकिन उनकी ज़िन्दगियों पर जो बेरोज़गारी, भुखमरी और पुलिस की हिंसा हावी थी, उसके आगे वायरस एक कम हक़ीक़त वाला, कम मौजूद ख़तरा था। उस दिन मैंने जितने लोगों से बात की, जिनमें मुसलमान दर्जियों का एक समूह भी था जो कुछ हफ़्ते पहले हुए मुसलमानविरोधी क़त्लेआम में बच गए थे, उनमें से एक आदमी की बात मुझे ख़ास तौर से परेशान करती रही। वह रामजीत नाम के एक बढ़ई थे, जिनकी योजना नेपाल की सीमा से लगे गोरखपुर तक पैदल जाने की थी।

'शायद मोदी जी ने ऐसा करने का जब फ़ैसला लिया था, तो किसी ने उन्हें हमारे बारे में नहीं बताया होगा। शायद वे हमारे बारे में नहीं जानते,' उन्होंने कहा। 'हम' का मतलब है क़रीब 46 करोड़ लोग।

संकट के समय भारत की राज्य सरकारों ने (संयुक्त राज्य की ही तरह) कहीं अधिक संवेदना और समझदारी दिखाई है। मज़दूर संघ, आम लोग, दूसरे संगठन खाना और आपातकालीन राशन बाँट रहे हैं। उनकी तरफ़ से पैसे की माँग पर केन्द्र सरकार ने सुस्ती दिखाई है। पता लगा कि प्रधानमंत्री के राष्ट्रीय राहत कोष में नकदी पैसा ही मौजूद नहीं है। इसके बजाय, ख़ैरख़्वाह लोग रहस्यमय तरीक़े से बने नए पीएम-केयर्स फंड में पैसा दे रहे हैं।[2] मोदी के छपे हुए चेहरे वाले पहले से तैयार खाने के पैकेट नमूदार होने लगे हैं। इसके साथ ही मोदी ने अपनी योग निद्रा के वीडियो शेयर किए हैं, जिसमें एक अलग ही आकार वाले, एक काल्पनिक कसरती देह वाले एनिमेटेड मोदी योगासन करके दिखा रहे हैं, ताकि अलग-थलग पड़े लोग अपने तनाव को दूर कर सकें।

यह आत्ममुग्धता बेहद चिन्ताजनक है। शायद एक आसन रिक्वेस्ट-आसन भी होता, जिसमें मोदी फ्रांसीसी प्रधानमंत्री से यह

आग्रह करते कि उनके लिए मुसीबत बन गए राफेल लड़ाकू जेट विमानों के सौदे की 8.5 अरब डॉलर की रकम को वे माफ़ कर दें, ताकि उसका इस्तेमाल करके आपात स्थितियों में कुछ लाख भूखे लोगों की मदद के लिए ज़रूरी क़दम उठाए जा सकें। तय बात है कि फ्रांसीसी लोग समझ जाएँगे।

अब जब लॉकडाउन का दूसरा हफ़्ता शुरू हुआ है, सामान की सप्लाई रुक गई है, दवाएँ और ज़रूरी सामान ख़त्म हो रहे हैं। हज़ारों ट्रक ड्राइवर राजमार्गों पर फँसे हुए हैं, जिनके पास खाने-पानी की कमी है। कटाई के लिए तैयार खड़ी फसलें धीरे-धीरे सड़ने लगी हैं। आर्थिक संकट पहले से ही था। राजनीतिक संकट जारी है। मुख्यधारा के मीडिया ने कोविड की कहानी को अपने सातों दिन चौबीस घंटे चलने वाले मुसलमानविरोधी अभियान में ही जोड़ दिया है। तबलीगी जमात नाम के एक संगठन ने लॉकडाउन की घोषणा से पहले दिल्ली में एक बैठक की थी। अब यह 'सुपर स्प्रेडर' हो गया। यही बात मुसलमानों को बदनाम करने और उन्हें बुरा बताने के लिए इस्तेमाल में लाई जा रही है। कुल मिलाकर जो लहजा है उसमें इशारा किया जा रहा है कि मुसलमानों ने वायरस बनाया और जानबूझकर उसे फैलाकर जिहाद कर रहे हैं।

कोविड संकट का आना अभी बाक़ी है। शायद न भी आए। पता नहीं। अगर यह आएगा, और जब भी आएगा, तो हम भरोसा रख सकते हैं कि इससे यहाँ मौजूद सभी धार्मिक, जातीय और वर्गीय पूर्वग्रहों के साथ निबटा जाएगा। आज (2 अप्रैल) तक भारत में क़रीब दो हज़ार पुष्ट मामले और 58 मौतें हो चुकी हैं। तय है कि इन आँकड़ों पर भरोसा नहीं किया जा सकता। माहिर लोगों की राय में ज़मीन-आसमान का फ़र्क़ है। कुछ का कहना है कि मामलों की संख्या लाखों में होगी। दूसरों का कहना है कि गिनती कहीं कम रहेगी। मुमकिन है कि

यह संकट हमें घेर ले, तब भी हम इस संकट का पूरा ओर-छोर कभी न जान पाएँ। हम सिर्फ़ इतना ही जानते हैं कि अस्पतालों की ओर भगदड़ अभी शुरू नहीं हुई है।

भारत के सार्वजनिक अस्पताल और क्लीनिक उन दस लाख बच्चों को सँभाल नहीं पाते जो हर साल डायरिया और कुपोषण से मर जाते हैं, जहाँ बीस लाख से अधिक लोग टीबी के मरीज़ हैं (दुनिया में कुल टीबी मरीज़ों का एक-चौथाई), जहाँ की एक भारी आबादी ख़ून की कमी और खाने की कमी की शिकार है जिनके लिए छोटी-मोटी बीमारियाँ भी जानलेवा साबित होती हैं।[3] उनके लिए ऐसे पैमाने पर एक संकट से निबटना नामुमकिन होगा, जिस पैमाने का संकट यूरोप और संयुक्त राज्य में छाया हुआ है। सभी स्वास्थ्य सेवाएँ क़रीब-क़रीब ठप हैं, क्योंकि अस्पताल वायरस की सेवा में लगा दिए गए हैं। दिल्ली में मशहूर अखिल भारतीय आयुर्विज्ञान संस्थान (एम्स) का ट्रॉमा सेंटर बन्द है, कैंसर रिफ़्यूज़ के नाम से जाने जाने वाले कैंसर के सैकड़ों मरीज़ जो इस विशालकाय अस्पताल के बाहर सड़कों पर रहते हैं, मवेशियों की तरह खदेड़ दिए गए।

लोग घरों में बीमार पड़ेंगे और मर जाएँगे। शायद हम उनकी कहानियाँ कभी नहीं जान पाएँ। शायद वे कभी आँकड़ों में भी शुमार न हों। हम सिर्फ़ यही उम्मीद कर सकते हैं कि वे सारे अध्ययन सही निकलें जो बताते हैं कि वायरस को सर्द मौसम पसन्द है (हालाँकि दूसरे अध्ययनों में इस पर शक जताया गया है)। लोगों ने जलाने वाली, किसी सज़ा की तरह आने वाली भारतीय गर्मियों का इतनी बेताबी से कभी इन्तज़ार नहीं किया है।

यह क्या चीज़ है, जो हमें हो गई है? हाँ, यह एक वायरस है। अपने आप में इसको कोई नैतिक चिन्ता नहीं होती। लेकिन तय है कि हम सिर्फ़ वायरस के शिकार नहीं हैं। कुछ का मानना है कि ईश्वर हमें होश में लाने के लिए ऐसा कर रहा है। दूसरों

के लिए यह दुनिया पर क़ब्ज़ा करने की चीन की साज़िश है।

यह जो भी है, कोविड-19 ने ताक़तवरों को घुटनों पर ला दिया है और दुनिया ठहर गई है। ऐसा पहले कभी नहीं हुआ था। हमारे दिमाग़ दौड़ रहे हैं, 'सामान्य हालात' के लिए तड़प रहे हैं, अपने भविष्य को अपने अतीत के साथ जोड़ने की कोशिश कर रहे हैं। हम कबूल करने को तैयार नहीं हैं कि एक दरार पड़ चुकी है। लेकिन यह दरार मौजूद है। और इस ख़ौफ़नाक निराशा के बीच, यह हमें एक मौक़ा दे रही है कि हमने अपने लिए क़यामत की जो मशीन बनाई थी, उसके बारे में फिर से सोचें। सामान्य हालात की तरफ़ लौट जाने से बुरा और कुछ नहीं हो सकता। इतिहास में यह होता रहा है कि वैश्विक महामारियों ने इनसानों को उनके अतीत से जुदा होने और एक नई दुनिया की कल्पना करने पर मजबूर किया है। यह वैश्विक महामारी भी अलग नहीं है। यह इस दुनिया और अगली दुनिया के बीच एक दहलीज़ है, एक दरवाज़ा है।

यह हमें तय करना है, कि हम अपने पूर्वग्रहों और नफ़रत के बेजान जिस्मों को, दौलत की हवस को, अपने डाटा बैंकों और बेकार विचारों को, अपनी मरी हुई नदियों और धुएँ से भरे आसमानों को अपने साथ घसीटते हुए इस दरवाज़े से गुज़रें। या फिर हम यह कर सकते हैं कि अपने कंधों का बोझ हल्का कर लें, कम सामान के साथ एक नई दुनिया की कल्पना करने को तैयार होकर इस दहलीज़ को पार कर जाएँ। ऐसे में हमें उसके लिए लड़ने के लिए तैयार होना पड़ेगा।

आभार

उनकी दूरदृष्टि, उनकी समझ-बूझ, उनके काम और उनकी लम्बी गुफ़्तगू के लिए, जिससे मुझे इन लेखों को लिखने में मदद मिली, मैं शुक्रिया अदा करती हूँ :

एजाज़ हसन, तरुण भारतीय, परवेज़ बुखारी, मयंक ऑस्टेन सूफ़ी, अब्दुल कलाम आज़ाद, अहराफुल हुसैन, बोनोजीत हुसैन, संघमित्रा एम. मिश्रा, हर्ष मंदर, तीस्ता सीतलवाड़, प्रशान्त भूषण, कांचा इलैया शेफर्ड, आलोक राय, शाज मोहन, दिव्या द्विवेदी, और रोमान गौतम।

डेविड गॉडविन, जिन्होंने शुरू से ही साथ दिया है।

सिमोन प्रोस्सर, मेरे प्रकाशक, जो हर बात को मुमकिन कर दिखाते हैं।

लिसेट वरहागेन, जिनके बिना मेरा दिमाग़ किसी काम का नहीं।

मेरे कॉमरेड और मेरा बौद्धिक परिवार होने के लिए, एंथनी आर्नोव।

संजय काक, मेरे हमसफ़र।

अनुवादक की ओर से

इस किताब में अरुंधति रॉय के पहले के लेखों और उपन्यासों से जो हिस्से दिए गए हैं, उनका हिन्दी अनुवाद नए सिरे से किया गया है। कुछ बिन्दुओं को साफ़ करने के लिए अनुवादक की तरफ़ से फुटनोट जोड़े गए हैं।

सन्दर्भ और नोट्स

शुरुआत

1. Anumeha Yadav, 'Ground Report: Delhi Police Actions Caused Death of Man in Infamous National Anthem Video', *HuffPost India,* 1 मार्च, 2020, 2 मार्च, 2020 को अपडेटेड।
   www.huffingtonpost.in/entry/delhi-riots-police-national-anthem-video-faizan_in_5e5bb8e1c5b6010221126276।

1. मज़लूम शहरों पर किस ज़ुबान में गिरती है बारिश?

1. देवनागरी को पहले नागरी नाम से जाना जाता था, जिसका मतलब है, 'शहर से सम्बन्ध रखने वाला', या ज़ुबान के मामले में, 'शहर में बोली जाने वाली'। यह मुख्यत: भारतीय उपमहाद्वीप के उत्तरी और पश्चिमी इलाक़ों में ब्राह्मणों द्वारा इस्तेमाल में लाई जाने वाली लिपि थी। इसी लिपि में संस्कृत लिखी जाती है, जो ब्राह्मण पुरोहितों के परम्परागत ग्रंथों की भाषा है। इसीलिए इसे देवनागरी कहा जाता है।
2. Geeta Pandey, 'An "English Goddess" for India's Down-Trodden', BBC News, 15 फरवरी, 2011, www.bbc.com/news/world-south-asia-12355740।
3. मेरी माँ के स्कूल में अंग्रेज़ी की नीति अब पूरी तरह बदल गई है। अब निचली कक्षाओं से सिर्फ़ मलयालम पढ़ाई जाती है।
4. देखें Arundhati Roy, 'Why I am Returning My Award', *Indian Express,* 5 नवम्बर, 2015, https://indianexpress.com/article/opinion/columns/why-i-am-returning-my-award/

5. Arundhati Roy, *The God of Small Things* (New York: Random House, 1997), 78।
6. Arundhati Roy, 'The End of Imagination', in *My Seditious Heart: Collected Nonfiction* (Chicago: Haymarket Books, 2019), 10, 11
7. ग़ैरसरकारी संगठन और ख़बरों में दो हज़ार लोगों की संख्या बताई जाती है (देखें 'A Decade of Shame' by Anupama Katakam, *Frontline*, 9 March, 2012), तब के गृह राज्य मंत्री श्रीप्रकाश जायसवाल (कांग्रेस पार्टी), ने 11 मई, 2005 को संसद में बताया था कि दंगों में 790 मुसलमान और 254 हिन्दू मारे गए थे; 2,548 लोग ज़ख़्मी हुए थे और 223 लोग ग़ुमशुदा थे। देखें 'Gujarat Riot Death Toll Revealed', BBC News, 11 मई, 2005, http://news.bbc.co.uk/1/hi/world/south_asia/4536199.stm।
8. Arundhati Roy, *The Ministry of Utmost Happiness* (New York: Knopf, 2019), 7।
9. वही, 8
10. वही, 11, 12
11 वही, 18–19
12. बद्री नारायण उपाध्याय 'प्रेमघन' ने हिन्दी साहित्य सम्मेलन में 1912 में यह दावा किया था। Alok Rai, *Hindi Nationalism* (Hyderabad: Orient Longman, 2001), 53।
13. वही, 52
14. वही, 57
15. Atul Chandra, 'Language Row in UP Assembly : Sanskrit Allowed, Urdu Not', Catch News, 30 मार्च 2017, www.catchnews.com/politics-news/language-row-in-up-assembly-sanskrit-allowed-urdu-not-56230.html
16. "BSP Corporator Takes Oath in Urdu, is Charged with 'Intent to Hurt Religious Sentiments'", *The Hindu*, 14 दिसम्बर, 2017, www.thehindu.com/news/national/other-states/bsp-corporator-takes-oath-in-urdu-is-charged-with-intent-to-hurt-religious-sentiments/article21665609.ece

17. Roy, *Ministry of Utmost Happiness*, 47-8
18. वही, 49-50
19. Jawed Naqvi, 'The Lost Precious Pearls of Gujarat', *National Herald*, 2 सितम्बर, 2017, www.nationalherald-india.com/opinion/the-lost-precious-pearls-of-gujarat.
20. देखें Roy, Ministry of Utmost Happiness, 175
21. वही, 67
22. वही, 101
23. Pablo Neruda, 'LXVI', *The Book of Questions*, trans. William O'Daly (Port Townsend, WA: Copper Canyon Press, 1991), 66, हिन्दी अनुवाद : *सवालों की किताब*, अनु. रेयाज़ुल हक़, गार्गी प्रकाशन, दिल्ली, 2018।

2. एक ख़तरनाक लोकतंत्र में चुनाव का मौसम

1. Chandan Haygunde, 'Elgaar Parishad Probe: Those Held Part of Anti-Fascist Plot to Overthrow Govt, Pune Police Tells Court', *Indian Express*, 30 अगस्त 2018, https://indianexpress.com/article/india/elgaar-parishad-probe-those-held-part-of-anti-fascist-plot-to-overthrow-govt-pune-police-tells-court-5331832/
2. लोकनीति-सीएसडीएस-एबीपी न्यूज़ मूड ऑफ़ द नेशन सर्वे, चक्र 3, www.lokniti.org/otherstudies/lokniti-csds-abp-news-mood-of-the-nation-survey-round-3-18
3. Michael Safi, "Demonetisation Drive That Cost India 1.5m Jobs Fails to Uncover 'Black Money'", *Guardian*, 30 अगस्त 2018, www.theguardian.com/world/2018/aug/30/india-demonetisation-drive-fails-uncover-black-money.
4. https://www.forbes.com/sites/naazneenkarmali/2020/06/22/mukesh-ambanis-22-billion-coup-propels-him-back-into-the-ranks-of-the-worlds-top-10-richest/#43fbbda83b9a; https://www.businessinsider.in/gautam-adanis-wealth-multiplied-nearly-3-times-in-the-last-four-years/articleshow/71304596.cms

5. Amit Agnihotri, 'Reliance Defence Granted Offset Contract in Rafale Deal without Licence: Congress', *New Indian Express,* 27 जुलाई, 2018, www.newindianexpress.com/nation/2018/jul/27/reliance-defence-granted-offset-contract-in-rafale-deal-without-licence-congress-1849429.html.
6. '1992 : Mob Rips Apart Mosque in Ayodhya', BBC 'On This Day', http://news.bbc.co.uk/onthisday/hi/dates/stories/december/6/newsid_3712000/3712777.stm.
7. Zeba Siddiqui, 'India Leaves Four Million Off Assam Citizens' List, Triggers Fear', Reuters, 31 जुलाई, 2018, https://in.reuters.com/article/nrc-assam-national-register-citizens/india-leaves-four-million-off-assam-citizens-list-triggers-fear-IDINKBNIKLOCE.

3. हमारे शिकस्ता, ज़ख़्मी दिल

1. Hilal Mir, 'In Pulwama Bomber Adil Ahmad Dar's Village, It's Another Day, Another Death', *HuffPost India,* 18 फरवरी, 2019, www.huffingtonpost.in/entry/pulwama-attack-just-another-detail-for-suicide-bomber-adil-dars-village_in_5c699d01e4b033a79943a0da.
2. 'Pulwama Blast: At Least 40 CRPF Personnel Killed, Deadliest Attack in 20 Years', *HuffPost India,* 14 फरवरी, 2019, www.huffingtonpost.in/entry/pulwama-attack-at-least-30-crpf-personnel-dead-pm-modi-calls-attack-despicable_in_5c656f42e4b0bcddd40f3026.
3. '400 People Killed in Kashmir so Far in 2018, Highest in Almost 10 Years', *Reuters,* 23 दिसंबर 2018, www.huffingtonpost.in/2018/11/23/400-people-killed-in-kashmir-so-far-in-2018-highest-in-almost-10-years_a_23597844/
4. Aijaz Hussain, 'In Life and Death, Fight Against India Joins Kashmir Teens', *Associated Press,* 16 जनवरी, 2019,

https://apnews.com/06975c4b8a25470898cd9cIb6b7050dI.

5. Ankur Pathak, "'Abhinandan', 'Balakot', 'Pulwama': Bollywood Producers Fight to Register 'Patriotic' Movie Titles", *HuffPost India,* 28 फरवरी 2019, www.huffingtonpost.in/entry/abhinandan-balakot-pulwama-bollywood-producers-fight-to-register-patriotic-movie-titles_in_5c778498e4b0952f89de441b.
6. "PM Narendra Modi Can Trace 3 Kg Beef but Not '350 kg' RDX, Says Congress's Haroon Yusuf", *Indian Express,* 22 फरवरी, 2019, https://indianexpress.com/article/india/three-kg-beef-can-be-traced-but-not-350-kg-rdx-haroon-yusuf-asks-5595856/.
7. Ritu Sarin, 'Pulwama Attack: Intelligence Failure...We are at Fault Also, Admits Governor', *Indian Express,* 15 फरवरी, 2019, https://indianexpress.com/article/india/kashmir-pulwama-crpf-attacks-intelligence-failure-governor-satya-pal-malik-5584865/.
8. 'Days Ahead of Pulwama Blast, Intelligence Warned of Possible IED Attacks: Report', *Outlook,* 15 फरवरी, 2019, www.outlookindia.com/website/story/india-news-days-ahead-of-pulwama-blast-intelligence-warned-of-possible-suicide-attacks-report/325491.
9. देखें Arundhati Roy, '#MeTooUrbanNaxal', *HuffPost India,* 30 अगस्त, 2018, www.huffingtonpost.in/2018/08/30/arundhati-roy-says-me-too-urban-naxal_a_23512718/.
10. Shubhajit Roy, 'India Strikes Terror, Deep in Pakistan: Next Step, Diplomatic Outreach', *Indian Express,* 27 फरवरी, 2019, https://indianexpress.com/article/india/iaf-air-strike-pakistan-india-balakot-jaish-e-mohammad-mirage-5602259/.
11. 'Villagers Near Balakot Say Indian Warplanes Missed Jaish-Run Madrasa by a Kilometre', Reuters, 26 फरवरी, 2019, www.huffingtonpost.in/entry/villagers-balakot-in-

dia-warplanes-missed-jaish-run-madrasa-by-a-kilometre_in_5c752946e4b0bf1662033467.

12. Muneeza Naqvi, 'India Says It Has Struck Militants across Kashmir Frontier', *Associated Press,* 29 सितम्बर, 2016, https://apnews.com/6355e09fIf364ca7b94d535df-29c99a7.
13. Maria Abi-Habib and Austin Ramzy, 'Indian Jets Strike in Pakistan in Revenge for Kashmir Attack', *The New York Times,* 25 फरवरी, 2019, www.nytimes.com/2019/02/25/world/asia/india-pakistan-kashmir-jets.html.
14. 'Pakistani Jets Violate Indian Air Space, Drop Bombs on Way Out', *HuffPost India,* 27 फरवरी, 2019, www.huffingtonpost.in/entry/pakistani-jets-violate-indian-air-space-drop-bombs-on-way-out_in_5c7625ebe4b-0031d956348eb; 'India Shot Down One Pakistani Aircraft, One Indian Pilot Missing: MEA', *HuffPost India,* 27 फरवरी, 2019, www.huffingtonpost.in/entry/india-shot-down-one-pakistani-aircraft-one-indian-pilot-missing-mea_in_5c765df4e4b08c4f55559ce4; Maria Abi-Habib and Hari Kumar, 'Pakistani Military Says It Downed Two Indian Warplanes, Capturing Pilot', The New York Times, 27 फरवरी, 2019, www.nytimes.com/2019/02/27/world/asia/kashmir-india-pakistan-aircraft.html.

4. साहित्य की ज़ुबान

1. Arundhati Roy, 'The Doctor and the Saint', in *My Seditious Heart : Collected Nonfiction* (Chicago : Haymarket Books, 2019), 676, note 20.

5. ख़ामोशी सबसे बुलंद आवाज़ है

1. Haseeb A. Drabu, 'Modi's Majoritarian March to Kashmir', *The New York Times,* 8 अगस्त, 2019, www.

nytimes.com/2019/08/08/opinion/modis-majoritarian-march-to-kashmir.html.

2. Sameer Yasir, Suhasini Raj, and Jeffrey Gettleman, "Inside Kashmir, Cut Off from the World: 'A Living Hell' of Anger and Fear", *The New York Times,* 10 अगस्त, 2019, www.nytimes.com/2019/08/10/world/asia/kashmir-india-pakistan.html.
3. See Vindu Goel, 'What is Article 370, and Why Does It Matter in Kashmir?', *The New York Times,* 5 अगस्त 2019, www.nytimes.com/interactive/2019/world/asia/india-pakistan-crisis.html. See also A. G. Noorani, 'Murder of Insaniyat, and of India's Solemn Commitment to Kashmir', *The Wire,* 13 अगस्त, 2019, https://thewire.in/law/murder-of-insaniyat-and-of-indias-solemn-commitment-to-kashmir.
4. Drabu, 'Modi's Majoritarian March to Kashmir'.
5. देखें Sunil S. Amrith, 'The Race to Dam the Himalayas', *The New York Times,* 1 दिसम्बर, 2018, www.nytimes.com/2018/12/01/opinion/himalayas-mountains-dams.html.
6. देखें 'Kashmir Special Status Explained: What are Articles 370 and 35A?', Al Jazeera, 5 अगस्त, 2019, www.aljazeera.com/news/2019/08/kashmir-special-status-explained-articles-370-35a-190805054643431.html. यह भी देखें Venkatesh Nayak, 'The Backstory of Article 370 : A True Copy of J&K's Instrument of Accession', *The Wire,* 26 अक्तूबर, 2016, https://thewire.in/history/public-first-time-jammu-kashmirs-instrument-accession-india.
7. "Haryana Chief Minister's Bizarre 'Joke' on Kashmiri Daughters-in-Law", NDTV, 10 अगस्त, 2019, www.ndtv.com/india-news/haryana-chief-minister-manohar-lal-khattars-bizarre-joke-on-kashmiri-daughters-in-law-2083255.

8. देखें Mike Thomson, 'Hyderabad 1948 : India's Hidden Massacre', *BBC News,* 24 सितम्बर, 2013, www.bbc.com/news/magazine-24159594.
9. देखें Khalid Bashir Ahmad, 'Circa 1947 : A Long Story', *Kashmir Life,* 5 नवम्बर, 2014, https://kashmirlife.net/circa-1947-a-long-story-67652/.
10. देखें United Nations Security Council, Resolution 47 [S/726], 21 अप्रैल, 1948, pp. 3–8, https://undocs.org/S/RES/47(1948).
11. देखें Pankaj Mishra, 'Death in Kashmir', *New York Review of Books,* 21 सितम्बर, 2000, www.nybooks.com/articles/2000/09/21/death-in-kashmir/.
12. Muzamil Jaleel, 'Why Kashmiris Want a Fair Probe into the Killings of Pandits, Prosecution of Guilty', 8 अगस्त, 2017, https://indianexpress.com/article/explained/why-kashmiris-want-a-fair-probe-into-the-killings-of-pandits-prosecution-of-guilty-4786855/.
13. देखें Azad Essa's interview with Mridu Rai, 'Kashmir: The Pandit Question', Al Jazeera, 1 अगस्त, 2011, www.aljazeera.com/indepth/spotlight/kashmirtheforgotten-conflict/2011/07/2011724204546645823.html.
14. देखें Azad Essa, 'Kashmiri Pandits: Why We Never Fled Kashmir', *Al Jazeera,* 2 अगस्त 2011, www.aljazeera.com/indepth/spotlight/kashmirtheforgottenconflict/2011/07/201176134818984961.html.
15. Association of Parents of Disappeared Persons and Jammu Kashmir Coalition of Civil Society, *Torture: Indian State's Instrument of Control in Indian Administered Jammu and Kashmir,* फरवरी 2019, http://jkccs.net/wp-content/uploads/2019/05/TORTURE-Indian-State%E2%80%99s-Instrument-of-Control-in-Indian-administered-Jammu-and-Kashmir.pdf. यह भी देखें Judith Matloff, 'Kashmiri Mothers Hunt for Lost

Sons', *Christian Science Monitor,* 1 फरवरी, 2008, www.csmonitor.com/World/Asia-South-Central/2008/0201/p07s03-wosc.html.

16. Ellen Barry, "An Epidemic of 'Dead Eyes' in Kashmir as India Uses Pellet Guns on Protesters", *The New York Times,* 28 अगस्त, 2016, www.nytimes.com/2016/08/29/world/asia/pellet-guns-used-in-kashmir-protests-cause-dead-eyes-epidemic.html.
17. देखें अध्याय 3. यह भी देखें Basharat Peer, 'The Young Suicide Bomber Who Brought India and Pakistan to the Brink of War', *The New York Times,* 2 मार्च, 2019, www.nytimes.com/2019/03/02/opinion/sunday/kashmir-india-pakistan.html.
18. ANI, 'Before Abolishing Article 370, Indian Army Identified Possible Trouble Spots in Kashmir', *Economic Times,* 8 अगस्त, 2019, https://economictimes.indiatimes.com/news/defence/before-abolishing-article-370-indian-army-identified-possible-trouble-spots-in-kashmir/articleshow/70583869.cms.
19. देखें Alasdair Pal, 'India Boosts Hindu Pilgrimage to Holy Cave in Conflict-Torn Kashmir', Reuters, 28 जुलाई, 2019, https://uk.reuters.com/article/uk-india-kashmir-pilgrimage/india-boosts-hindu-pilgrimage-to-holy-cave-in-conflict-torn-kashmir-idUKKCNIUN04Q.
20. Vishnu Som, 'Pak[istan] Army Landmine, Sniper Rifle Found in Amarnath Yatra Route: Army', NDTV, 2 अगस्त, 2019, www.ndtv.com/india-news/army-says-confirmed-intel-of-terrorists-backed-by-pakistan-army-trying-to-disrupt-amarnath-yatra-2079339.
21. 'Leave Kashmir ASAP: J&K Govt Issues Advisory for Amarnath Yatra Pilgrims and Tourists', *India Today,* 2 अगस्त, 2019, www.indiatoday.in/india/story/

leave-kashmir-j-k-administration-issues-security-advisory-for-amarnath-pilgrims-1576494-2019-08-02.

22. Shaswati Das, 'Mehbooba Mufti, Omar Abdullah Arrested After Scrapping of Article 370', *Mint,* 5 अगस्त 2019, www.livemint.com/politics/news/mehbooba-mufti-omar-abdullah-arrested-after-scrapping-of-article-370-1565015217174.html.
23. Muzaffar Raina, 'Disarmed Fall Guys of Article 370', *Telegraph* (India), 10 अगस्त, 2019, www.telegraphindia.com/india/disarmed-fall-guys-of-article-370/cid/1696748.
24. Promit Mukherjee, 'India's Modi Trumpets Kashmir, Muslim Marriage Moves in Independence Day Speech', Reuters, 15 अगस्त, 2019, https://uk.reuters.com/article/uk-india-independenceday-modi/indias-modi-trumpets-kashmir-muslim-marriage-moves-in-independence-day-speech-IDUKKCNIV50K4.
25. Indrajit Kundu, 'Kashmir Effect: Rebel Groups Ban Independence Day Celebrations in Northeast', *India Today,* 14 अगस्त, 2019, www.indiatoday.in/india/story/kashmir-effect-rebel-groups-ban-independence-day-celebrations-in-northeast-1580947-2019-08-14.
26. देखें Charlie Phillips, 'The Hour of Lynching : The Killing of Muslim Cow Farmers in India', *Guardian,* 24 मई, 2019, www.theguardian.com/news/2019/may/24/the-hour-of-lynching-the-killing-of-muslim-cow-farmers-in-india.
27. देखें Pankaj Mishra, 'The Other Face of Fanaticism', *New York Times Magazine,* 2 फरवरी, 2003, www.nytimes.com/2003/02/02/magazine/the-other-face-of-fanaticism.html. See also Dhirendra K. Jha, 'How the RSS Became Involved in Running the Bhonsala Military School', *Caravan,* 26 अप्रैल, 2017, https://caravanmagazine.in/vantage/the-rss-bhonsala-military-school-dhirendra-k-jha.

28. देखें Rollo Romig, 'Railing Against India's Right-Wing Nationalism Was a Calling. It Was Also a Death Sentence', *New York Times Magazine*, 14 मार्च, 2019, www.nytimes.com/2019/03/14/magazine/gauri-lankesh-murder-journalist.html.
29. Ram Madhav, 'This Election Result is a Positive Mandate in Favour of Narendra Modi', *Indian Express*, 24 मई, 2019, https://indianexpress.com/article/opinion/columns/lok-sabha-elections-result-narendra-modi-bjp-government-congress-5745313/.
30. 'Rajya Sabha: UAPA Bill Passed Despite Opposition Fears', *The Hindu*, 2 अगस्त, 2019, www.thehindubusinessline.com/news/uapa-amendment-bill-gets-rajya-sabha-approval/article28796520.ece.
31. Siddharth Varadarajan, "Allowing the State to Designate Someone as a 'Terrorist' Without Trial is Dangerous", *The Wire*, 2 अगस्त, 2019, https://thewire.in/rights/uapa-bjp-terrorist-amit-shah-nia.
32. देखें Geeta Pandey, 'Jai Shri Ram : The Hindu Chant That Became a Murder Cry', *BBC News*, 10 जुलाई, 2019, www.bbc.com/news/world-asia-india-48882053.
33. देखें Abhishek Angad, 'Tabrez Ansari 18th Mob Violence Victim in Jharkhand in Three Years', *Indian Express*, 1 जुलाई, 2019, https://indianexpress.com/article/india/tabrez-ansari-18th-mob-violence-victim-in-jharkhand-in-three-years-5808122/.

6. अन्त की इत्तिला

1. Ephrat Livni, 'Nearly 2 Million People in India Have Just Been Rendered Stateless by a Bureaucratic Act', *Quartz India*, 31 अगस्त, 2019, https://qz.com/1699761/indias-national-register-of-citizens-makes-nearly-2-million-stateless/.

2. Annalisa Merelli, 'The BJP's Threat to Restrict Indian Citizenship Unmasks the Ugliest Side of Nationalism', Quartz India, 11 अप्रैल, 2019, https://qz.com/india/1591557/bjp-threat-to-restrict-indian-citizenship-targets-muslims/.
3. Rebecca Ratcliffe, 'India Set to Withdraw Kashmir's Special Status and Split It in Two', *Guardian*, 5 अगस्त, 2019, www.theguardian.com/world/2019/aug/05/india-revoke-disputed-kashmir-special-status.
4. See Masha Gessen, "'The Right to Have Rights' and the Plight of the Stateless", *New York*, 3 मई, 2018, www.newyorker.com/news/our-columnists/the-right-to-have-rights-and-the-plight-of-the-stateless.
5. Narendra Modi, 'Full Text of Modi's First Speech After Historic Election Victory', *Business Insider*, 26 मई, 2019, www.businessinsider.in/full-text-of-modi-speech-lok-sabha-election-2019/articleshow/69467611.cms.
6. Krishna N. Das, 'Hindu Group Behind Modi's Rise in India Opens Up as Elections Near', Reuters, 18 सितम्बर, 2018, www.reuters.com/article/us-india-election-rss/hindu-group-behind-modis-rise-in-india-opens-up-as-elections-near-IDUSKCNILYIGI.
7. Avinash Dutt Garg, 'Muzaffarnagar: Tales of Death and Despair in India's Riot-Hit Town', BBC News, 25 सितम्बर, 2013, www.bbc.com/news/world-asia-india-24172537.
8. Sruthi Gottipati and Annie Banerji, "Modi's 'Puppy' Remark Triggers New Controversy over 2002 Riots", Reuters, 12 जुलाई, 2013, https://in.reuters.com/article/narendra-modi-puppy-reuters-interview/modis-puppy-remark-triggers-new-controversy-over-2002-riots-IDINDEE96B08S20130712.

9. Sai Manish, '86% of Currency by Value in India Are of Rs 500 & Rs 1,000 Denominations', Business Standard, 9 नवम्बर, 2016, www.business-standard.com/article/economy-policy/86-of-currency-by-value-in-india-are-of-rs-500-rs-1-000-denominations-116110801416_1.html.
10. Asit Ranjan Mishra, 'Arvind Subramanian Speaks Up, Says Demonetisation Was a Draconian Move', Mint, 30 नवम्बर, 2018, www.livemint.com/Politics/Zwagzf4FCtXQsAdy0JLWpK/Arvind-Subramanian-speaks-up-says-demonetisation-was-a-drac.html.
11. Anand Patel, 'Cat Finally Out of the Bag: Unemployment at 45-Year High, Government Defends Data', *India Today*, 31 मई, 2019, www.indiatoday.in/business/story/india-unemployment-rate-6-1-per-cent-45-year-high-nsso-report-1539580-2019-05-31.
12. Concern Worldwide and Welthungerhilfe, *2019 Global Hunger Index by Severity*, www.globalhungerindex.org/results.html.
13. Archis Mohan, 'BJP Richest Political Party with Rs. 10.03 Billion Income in FY17: ADR', *Business Standard*, 11 अप्रैल, 2018, www.business-standard.com/article/politics/bjp-richest-political-party-with-rs-10-03-billion-income-in-fy17-adr-118041001008_1.html.
14. Sanjay Singh, 'Mohan Bhagwat Meets Diplomats: Signs of 'Secretive' Sangh Shedding Reticence', *Firstpost*, 13 सितम्बर, 2017, www.firstpost.com/politics/mohan-bhagwat-meets-diplomats-signs-of-secretive-sangh-shedding-reticence-4039533.html.
15. Sidharth Bhatia, 'The Cruel Irony of the German Ambassador's Visit to the RSS Headquarters', *The Wire*, 20 जुलाई, 2019, https://thewire.in/world/german-ambassador-walter-lindner-rss-headquarters.
16. Maria Abi-Habib and Sameer Yasir, 'Court Backs

Hindus on Ayodhya, Handing Modi Victory in His Bid to Remake India', *The New York Times*, 8 नवम्बर, 2019, www.nytimes.com/2019/11/08/world/asia/ayodhya-supreme-court-india.html.

17. Alison Saldanha and Chaitanya Mallapur, 'Crime Rate against Dalits Increased by 25% from 2006 to 2016; Cases Pending Investigation Up by 99%', Firstpost, 9 अप्रैल, 2018, www.firstpost.com/india/crime-rate-against-dalits-increased-by-25-from-2006-to-2016-cases-pending-investigation-up-by-99-4419369.html.
18. Bilal Kuchay, 'Dalit Children Beaten to Death in India for Defecating in Public', Al Jazeera, 26 सितम्बर, 2019, www.aljazeera.com/news/2019/09/dalit-children-beaten-death-india-defecating-public-190926110658711.html. यह भी देखें Annalisa Merelli, 'The Problem with the Gates Foundation's Award to Narendra Modi', Quartz India, 27 सितम्बर, 2019, https://qz.com/1714568/why-is-the-gates-foundations-award-to-narendra-modi-controversial/.
19. Samah Hadid, 'A Gulf Red Carpet for Modi and Silence for Kashmir', *Asia Times*, 22 अगस्त, 2019, www.asiatimes.com/2019/08/opinion/a-gulf-red-carpet-for-modi-and-silence-for-kashmir/.
20. 'Kashmir under Lockdown: All the Latest Updates', *Al Jazeera*, 27 अक्तूबर 2019, www.aljazeera.com/news/2019/08/india-revokes-kashmir-special-status-latest-updates-190806134011673.html.
21. Satyajeet Kumar, 'Tabrez Ansari Lynching: New Medical Report Suggests Cardiac Arrest Was Due to Skull Fracture, Other Injuries', *India Today*, 13 सितम्बर, 2019, www.indiatoday.in/india/story/tabrez-ansari-lynching-medical-report-cardiac-arrest-skull-fracture-jharkhand-police-1598668-2019-09-13.

22. Rupinder Kaur et al., 'Hunted: India's Lynch Files', The Quint Lab. Special interactive report available online at www.thequint.com/quintlab/lynching-in-india/.
23. Michael D. Shear, 'At Rally for India's Modi, Trump Plays Second Fiddle But a Familiar Tune', *The New York Times,* 22 सितम्बर, 2019, www.nytimes.com/2019/09/22/us/politics/trump-modi-houston-rally.html.
24. *A Night at the Garden,* Marshall Curry द्वारा निर्देशित (Field of Vision, 2019), https://anightatthegarden.com/.
25. Kai Schultz, 'India's Soundtrack of Hate, with a Pop Sheen', *The New York Times,* 10 नवम्बर, 2019, www.nytimes.com/2019/11/10/world/asia/india-hindutva-pop-narendra-modi.html. See also Sheikh Saaliq, "India's 'Patriotism Pop' Songs Urge Hindus to Claim Kashmir", Associated Press, 22 अगस्त, 2019, https://apnews.com/3df3740cf2204553b66c8b5a0a3d08f5.
26. Scroll staff, 'Jammu and Kashmir: 125 Projects Cleared on Forest Land Since August, Only 97 Approved Last Year', Scroll.in, 21 अक्तूबर, 2019, https://scroll.in/latest/941222/jammu-and-kashmir-125-projects-cleared-on-forest-land-since-august-only-97-approved-last-year.
27. Furquan Ameen, 'Normalcy in Kashmir? Government Ad Says It All', *Telegraph* (India), 12 अक्तूबर, 2019, www.telegraphindia.com/india/normalcy-in-kashmir-government-ad-says-it-all/cid/1711019.
28. Suhasini Raj and Jeffrey Gettleman, 'Abused by Soldiers and Militants, Kashmiris Face Dangers in Daily Life', *The New York Times,* 15 सितम्बर, 2019, www.nytimes.com/2019/09/15/world/asia/kashmir-india-militants.html. Aijaz Hussain, 'Kashmiris Allege Night Terror by Indian Troops in Crackdown', Associated Press, 14 सितम्बर, 2019, https://apnews.com/52b06a124a5a4469984793d3c208733d.

29. Mudasir Ahmad, 'Fearing Arrest, Youth in Srinagar Avoid Hospitals, Treat Pellet Injuries Themselves', *The Wire,* 2 सितम्बर, 2019, https://thewire.in/rights/fearing-arrest-youth-in-srinagar-avoid-hospitals-treat-pellet-injuries-themselves.
30. Niha Masih and Joanna Slater, 'Among the 3,000 Detained by Indian Authorities in Kashmir: Children', *Washington Post,* 29 अगस्त, 2019, www.washingtonpost.com/world/asia_pacific/among-the-3000-detained-by-indian-authorities-in-kashmir-children/2019/08/29/1616b5c0-c91c-11e9-9615-8f1a32962e04_story.html.
31. Ananthakrishnan G, 'Restrictions Only in the Mind, Not in J&K: Amit Shah', *Indian Express,* 30 सितम्बर, 2019, https://indianexpress.com/article/india/restrictions-only-in-the-mind-not-in-jk-amit-shah-6039579/; *India Today Web Desk,* 'Phone Lines are Not Important for Kashmiris, Their Lives are Important: Satya Pal Malik', *India Today,* 14 अक्तूबर, 2019, www.indiatoday.in/india/story/phones-not-important-for-kashmiris-j-k-governor-satya-pal-malik-1609175-2019-10-14; *Press Trust of India,* 'People Moving Around Freely in J&K: General Rawat', *Economic Times,* 25 सितम्बर, 2019, https://economictimes.indiatimes.com/news/defence/people-moving-around-freely-in-jk-general-rawat/articleshow/71294201.cms.
32. Public Service Broadcasting Trust India, *What the Fields Remember,* Subasri Krishna द्वारा निर्देशित, YouTube, 13 मार्च, 2016 को अपडेट किया गया, www.youtube.com/watch?v=599LmFwHJwU.
33. Abdul Kalam Azad, "The Struggle of 'Doubtful Voters' Has Intensified in BJP's Assam", *The Wire,* 12 जुलाई, 2017, https://thewire.in/law/assam-doubt-

ful-voters-sonowal.
34. Outlook Web Bureau, "1,000 'Foreigners' Lodged in 6 Detention Centres in Assam, 28 Died in 3 Years: Home Ministry", *Outlook*, 27 नवम्बर, 2019, www.outlookindia.com/website/story/india-news-1000-foreigners-lodged-in-6-detention-centres-in-assam-28-died-in-3-years-home-ministry/343142.
35. TNN, 'SC Strikes Down IMDT Act as Unconstitutional', *Economic Times*, 13 जुलाई, 2005, https://economictimes.indiatimes.com/sc-strikes-down-imdt-act-as-unconstitutional/articleshow/1168803.cms.
36. Dhananjay Mahapatra, 'Don't Drag Your Feet Over Illegal Migrants, SC [Supreme Court] Tells Assam', *Times of India*, 1 अप्रैल, 2015, https://economictimes.indiatimes.com/news/politics-and-nation/Dont-drag-your-feet-over-illegal-migrants-SC-tells-Assam/articleshow/46766776.cms.
37. Ipsita Chakravarty, 'In Assam, the Congress [Party] Spars with BJP Over Its Chief Ministerial Candidate's Past', *Scroll*, 29 मार्च, 2016, https://scroll.in/article/805772/in-assam-the-congress-spars-with-bjp-spar-over-its-chief-ministerial-candidates-past.
38. "Original Petitioner Assam Public Works Unhappy with 'Flawed' NRC, Questions Software Used", News18, 31 अगस्त 2019, www.news18.com/news/india/original-petitioner-assam-public-works-unhappy-with-flawed-nrc-questions-software-used-2291933.html.
39. *Assam Sanmilita Mahasangha & Ors. v. Union of India & Ors.*, Supreme Court of India, 17 दिसम्बर, 2014, www.nrcassam.nic.in/pdf/17%20Dec%202014%20Record%20Of%20Proceedings_SUPREME%20COURT.pdf.
40. 'India Excludes Nearly 2 Million People from Assam

Citizen List', *Al Jazeera*, 31 अगस्त, 2019, www.aljazeera.com/news/2019/08/nrc-list-19-million-excluded-india-citizens-list-190831044040215.html.

41. Press Trust of India, '1,000 Foreigners Tribunals to be Established in Phases, Assam Govt to Set Up 200 Additional FTs by Sep 1', *News18*, 12 जुलाई, 2019, www.news18.com/news/india/1000-foreigners-tribunals-to-be-established-in-phases-assam-govt-to-set-up-200-additional-fts-by-sep-1-2228343.html.
42. Syeda Ambia Zahan, 'Assam NRC: 6 Kill Self in 13 Days as State Prepares Final List; Lack of Recourse Pushes Residents to Edge, Say Activists', Firstpost, 12 जुलाई, 2019, www.firstpost.com/india/assam-nrc-6-kill-self-in-13-days-as-state-prepares-final-list-lack-of-recourse-pushes-residents-to-edge-say-activists-6984691.html.
43. देखें Newsclick Team, "I Am 'Miya'—Reclaiming Identity Through Protest Poetry", *Newsclick*, 1 जुलाई, 2019, www.newsclick.in/I-am-miya-reclaiming-identity-protest-poetry-karwan-e-mohabbat.
44. Helen Regan, Swati Gupta, and Omar Khan, 'India Passes Controversial Citizenship Bill That Excludes Muslims', *CNN*, 17 दिसम्बर, 2019, www.cnn.com/2019/12/11/asia/india-citizenship-amendment-bill-intl-hnk/index.html.
45. Rahul Tripathi, 'National Population Register to Include Aadhaar Details', *Economic Times*, 5 अगस्त, 2019, https://economictimes.indiatimes.com/news/politics-and-nation/national-population-register-to-include-aadhaar-details/articleshow/70528850.cms.
46. M. S. Golwalkar, *We or Our Nationhood Defined* (Nagpur : Baharat Publications, 1939), Hinduism E Books edition, 51-2, 99, 100, 104-5.

47. वही, 87-8.

7. क़ब्रिस्तान से उठती आवाज़ें

1. देखें अध्याय 6.
2. Roy, *Ministry of Utmost Happiness*, 184, 185.
3. Kritika Sharma Sebastian, 'We Want Freedom in India, Not from India: Kanhaiya', *The Hindu*, 5 मार्च, 2016, www.thehindu.com/news/national/other-states/we-want-freedom-in-india-not-from-india-kanhaiya/article8315890.ece.
4. 'Yogi's Revenge: UP Govt Sets Up Panel to Seize Property of CAA Protesters', *Clarion India*, 24 दिसम्बर, 2019, https://clarionindia.net/yogis-revenge-up-govt-sets-up-panel-to-seize-property-of-caa-protesters/.
5. Liz Mathew and Abhinav Rajput, 'Minister Anurag Thakur Chants Desh Ke Gaddaron Ko, Poll Rally Crowd Completes Goli Maaro...', *Indian Express*, 28 जनवरी 2020, https://indianexpress.com/article/india/anurag-thakur-slogan-rithala-rally-6238566/.
6. "Hours after Man Shot at Jamia Students, Amit Shah Asks Delhi Voters, 'With Modi or Shaheen Bagh?'" *Scroll India*, 31 जनवरी 2020, https://amp.scroll.in/latest/951665/hours-after-man-shot-at-jamia-students-amit-shah-asks-delhi-voters-with-modi-or-shaheen-bagh.
7. Agence France-Presse, "India Can Now Defeat Pakistan 'In 7-10 Days', Says Narendra Modi", *Live Mint*, 29 जनवरी 2020, www.livemint.com/news/india/india-can-now-defeat-pakistan-in-7-10-days-says-narendra-modi-11580304232357.html.
8. Kai Schultz, "Indian Children's Book Lists Hitler as Leader 'Who Will Inspire You'", *The New York Times*, 17 मार्च, 2018, www.nytimes.com/2018/03/17/world/asia/

india-hitler-childrens-book.html.

9. Arundhati Roy, *The Doctor and the Saint: Caste, Race, and Annihilation of Caste, the Debate Between B. R. Ambedkar and M. K. Gandh*i (Chicago: Haymarket Books, 2018).
10. Dhirendra K. Jha, 'The Apostle of Hate', *Caravan,* 1 जनवरी, 2020, https://caravanmagazine.in/reportage/historical-record-expose-lie-godse-left-rss.
11. M. K. Gandhi, *The Collected Works of Mahatma Gandhi* (eBook) (New Delhi : Government of India, Publications Division, 1999), vol. 1, 192-3.
12. "'Go to Pakistan', Says India Officer as Leader Praises Crackdown", Al Jazeera, 28 दिसंबर, 2019, www.aljazeera.com/news/2019/12/pakistan-india-officer-leader-praises-crackdown-191228080506372.html.
13. Arup Roychoudhury, 'India's Top 63 Billionaires Have More Wealth Than 2018–19 Budget Outlay', *Business Standard,* 21 जनवरी, 2020, www.business-standard.com/article/economy-policy/india-s-top-63-billionaires-have-more-wealth-than-2018-19-budget-outlay-120012100038_1.html.
14. 'Mettupalayam Untouchability Wall: The Fall of It and the Rise of Islam', *Dalit Camera,* 19 जनवरी, 2020, www.dalitcamera.com/mettupalayam-untouchability-wall-the-fall-of-it-and-the-rise-of-islam/.
15. Roy, *Ministry of Utmost Happiness,* 90-91.
16. Neethu Joseph, "Police Complaint against Kerala Critic for 'Offensive' Remarks against Arundhati Roy", *News Minute,* 2 फरवरी, 2020, www.thenewsminute.com/article/police-complaint-against-kerala-critic-offensive-remarks-against-arundhati-roy-117351.
17. 'Human Shield : Paresh Rawal Wants Arundhati Roy [to] be Tied to Army Jeep Instead of Stone Pelter', *Times*

of India, 22 मई, 2017, https://timesofindia.indiatimes.com/india/human-shield-paresh-rawal-wants-arundhati-roy-be-tied-to-army-jeep-instead-of-stone-pelter/articleshow/58785670.cms.

18. Babu Bajrangi, 'After Killing Them I Felt Like Maharana Pratap', *Tehelka*, 1 सितम्बर, 2001.
19. A. Vaidyanathan, '14 Gujarat Riots Convicts Get Interim Bail, Supreme Court Orders Social Service', NDTV, 28 जनवरी, 2020, www.ndtv.com/india-news/gujarat-riots-supreme-court-grants-bail-to-14-convicted-in-a-case-orders-them-to-do-social-and-spiri-2170755.
20. Roy, *Ministry of Utmost Happiness*, 65-7.
21. वही, 67.
22. वही, 88.
23. वही, 431-32.
24. वही, 349.
25. वही, 316-17, 334-35.
26. Roy, *The God of Small Things*, 208.
27. Roy, *Ministry of Utmost Happiness*, 438-40.

8. क़ातिल ही मुंसिफ़ हैं

1. Anumeha Yadav, 'Ground Report: Delhi Police Actions Caused Death of Man in Infamous National Anthem Video', *HuffPost India*, 1 मार्च, 2020, 2 मार्च, 2020 को अपडेट किया गया, www.huffingtonpost.in/entry/delhi-riots-police-national-anthem-video-faizan_in_5e5bb8e1c5b6010221126276.
2. देखें अध्याय 5.
3. *The Truth: Gujarat 2002: Babu Bajrangi, YouTube*, 25 अक्तूबर, 2007, www.youtube.com/watch?v=mf-nTl_Fwvbo.

9. महामारी एक दहलीज़ है

1. https://caravanmagazine.in/politics/delhi-police-ignored-complaints-against-kapil-mishra-bjp-leaders-leading-mobs-delhi-violence)
2. National Herald Web Desk, 'PM National Relief Fund Has Only 15% Funds as Cash', *National Herald,* 30 मार्च, 2020, www.nationalheraldindia.com/india/pm-national-relief-fund-has-only-15-funds-as-cash.
3. Child malnutrition: Fatima Khan, 'Over 8.8 Lakh Deaths—India on Top in UNICEF Report on Under-5 Child Mortality in 2018', *The Print,* 17 अक्तूबर, 2019, https://theprint.in/india/8-lakh-deaths-india-unicef-report-child-mortality-2018/306950/; Tuberculosis : Teena Thacker, 'India Continues to Record Maximum Number of Tuberculosis (TB) Cases', *Economic Times,* 17 अक्तूबर' 2019, https://economictimes.indiatimes.com/news/politics-and-nation/india-continues-to-record-maximum-number-of-tuberculosis-tb-cases-/articleshow/71638359.cms.